F. John-Ferrer
Nächte ohne Erbarmen

F. John-Ferrer

Nächte ohne Erbarmen

Hinter der Front –
Neapel 1944

rosenheimer

Das militärische Geschehen entspricht den Tatsachen.
Die Namen der handelnden Personen sind frei erfunden.
Eventuelle Ähnlichkeiten sind daher rein zufällig und
unbeabsichtigt.

2., neu bearbeitete Auflage
© 2001 Rosenheimer Verlagshaus GmbH & Co. KG,
Rosenheim

Titelbild: Scherl, Süddeutscher Verlag Bilderdienst, München
Satz: Buch-Werkstatt GmbH, Bad Aibling
Druck und Bindung: GGP Media, Pößneck
Printed in Germany

ISBN: 3-475-53196-8

Die He 111 war um dreiundzwanzig Uhr zehn vom Flugplatz Rom gestartet, flog genau sechsundvierzig Minuten lang den befohlenen Kurs und durchstieß in der Nähe von Campobasso die Wolkendecke.

Die Maschine trug keine Bomben, sondern drei Männer zum Neapolitanischen Apennin, über dem sie in wenigen Minuten den Sprung ins Ungewisse wagen mussten.

»Fertig machen!«, erscholl es hohl aus dem Bordlautsprecher.

Die Männer erhoben sich und kontrollierten noch einmal den Sitz der Fallschirmgurte; dann begaben sie sich zur Ausstiegsluke.

Die Motoren dröhnten gleichmäßig stark. Die Nacht, in die sie springen mussten, war schwarz wie Tinte.

»Es ist so weit«, sagte der Pilot. »Macht's gut, Kameraden, und Hals- und Beinbruch!«

Die Luke wurde aufgerissen. Rasend fuhr der Fahrtwind herein und zerrte an den dicht hintereinander stehenden Männern. Tenente Pietro Perugio sprang als Erster, dann Sotto-Tenente Michele Garza und als Letzter der deutsche Oberfähnrich Lorenz Gruber.

Der Sturz währte nur ein paar Sekunden – Sekunden, in denen das Denken gelähmt war. Dann öffneten sich mit dumpfem Laut die schwarzseidenen Fallschirme und ließen ihre Last hinabgleiten.

Die Landung der drei vollzog sich glatt. Sie kamen

in kurzen Abständen zur Erde, befreiten sich von den Fallschirmen, vergruben sie sorgfältig und trafen sich alsbald am Rande eines Waldes.

»Va bene«, sagte Perugio, »das wäre geschafft. Wir können gehen.«

Hoch am rabenschwarzen Himmel verlor sich das Dröhnen der davonfliegenden Maschine. Im Westen paukte das Feuer der Front.

Es war in der Nacht vom 16. zum 17. April 1944, als sich die drei Sabotagespezialisten auf Geheiß ihrer Dienststellen nach Neapel auf den Weg machten, um dort einen gefährlichen Auftrag auszuführen.

Zwei Tage später hielt ein alter Fiat, aus Richtung Capua kommend, am zerbombten Bahnhof von Neapel und lud drei staubbedeckte Männer ab.

»Mille grazie«, sagte der Älteste der drei zum Fahrer und reichte ihm die Hand, »es war nett von dir, Amico!«

»Prego, prego«, lachte der krausköpfige Neapolitaner. »Bon viaggio!«

Der Fiat klapperte davon und verschwand im regen Straßenverkehr.

Die drei Männer schulterten ihre Rucksäcke und überquerten die Straße, schlenderten ohne Eile die Front der Geschäftshäuser entlang und sahen sich die Auslagen an. Das blanke Glas spiegelte die Gestalten wider.

»Wir sehen wie die Räuber aus«, sagte Gruber. »Es wird Zeit, dass wir in unser Quartier kommen.«

Niemand ahnte, wer durch die vom Krieg gezeichnete Stadt ging. Sie sahen aus wie Landarbeiter, die einen Job suchen wollten. Es fiel nicht auf, dass sie unrasiert und mehr als salopp gekleidet waren. Denn zurzeit besaßen viele Neapolitaner nicht mehr als ein geflicktes Hemd, ein altes Jackett, ausgefranste Hosen und ausgetretene Segeltuchschuhe, wie Seeleute sie bei den Deckarbeiten zu tragen pflegen.

Lorenz Gruber gehörte zum deutschen Abwehramt IIa, Abteilung Sabotage, und betrat die von den Alliierten besetzte Stadt bereits zum dritten Mal. Er war der Jüngste in diesem Dreigespann, 21 Jahre alt, von großer, breiter Statur und betont schmalen Hüften, die den Sportsmann verrieten. Gruber sah älter aus, als er war. Sein Gesicht, von kaum verheilten Narben verunstaltet, war tief gebräunt und markant geschnitten. Er besaß eisgraue, kalt wirkende Augen und blondes Haar, das er unter einer schmierigen Mütze versteckte.

Tenente Perugio war dunkel und ähnelte in der Gestalt Gruber, nur dass sein Kopf wie der eines klassischen Olympioniken wirkte. Michele Garza war der Kleinste und knabenhaft schmal. In seinem hübschen, klugen Gesicht zeigte sich gelegentlich ein Zug von Hochmut; Garza stammte aus Mailand und galt als ehrgeiziger Offizier. Er und Perugio gehörten der DECIMA an, wo sie eine harte Ausbildung als Kampfschwimmer bekommen hatten.

Auch Gruber war ausgebildeter Froschmann. Er hatte bereits erfolgreiche Einsätze auf afrikanischem Boden und in Palermo, Salerno und Bari hinter sich.

Diese Männer hatten den Auftrag, sich nach geglückter Fallschirmlandung auf schnellstem Wege nach Neapel zu begeben, Verbindung mit den Agenten der O. V. R. A. (ORGANISAZIONE VOLONTARI REPRESSALIO ANTIFASCISMO) aufzunehmen und unter der Leitung eines bereits in der Stadt

sitzenden Geheimdienstmannes Sabotageakte durchzuführen.

Sie kamen zu einem Zeitpunkt, als Deutschlands
Siegessterne im steten Fallen waren, das afrikanische
Abenteuer zu Ende war und die Italienfront sich immer mehr nach Norden schob: Sie kamen, um der rö-
chelnden Kriegsbestie noch ein paar Schwertstreiche
zu versetzen; sie kamen, um Abtrünnige und Verräter
zu bestrafen; sie kamen, um jenes schmutzige Geschäft
des Krieges abzuwickeln, dem sie sich einstmals, von
der gerechten Sache überzeugt, zur Verfügung stellten;
sie kamen in der gleichgültigen Bereitschaft, den Tod
zu finden oder noch einmal davonzukommen.

Für Garza war es der erste Einsatz, für die beiden
anderen die Rückkehr auf blutgetränkten Boden.

Als am 1. Oktober 1943 die Deutschen Neapel verließen und das Massaker gegen die verhassten Bedrü-
cker durch den Einmarsch der Alliierten zu Ende ging,
jubelte das Volk von Neapel den Siegern zu und er-
hoffte den Anbruch einer besseren Zeit.

Der Sieger ging lächelnd durch die Stadt, wohl genährt, gut gekleidet. Das Volk war arm, verhungert,
doch jetzt voll Jubel und demütiger Opferbereitschaft,
voll heißem Dank und bereit, den Sieger zu ehren, zu
lieben, ihm die Schuhe zu putzen und zu dienen.

Aus der Schmach jahrelanger Bedrückung war
plötzlich Freiheit geworden.

Armes Neapel! Armes Volk!

Das Gesicht der Stadt blieb das einer Aussätzigen,
einer Bettlerin in Lumpen, der man Almosen schenkt.
In den Trümmervierteln lag der Gestank der Gestor-
benen, doch ein paar Steinwürfe weiter lachte, trubelte, jubelte das Leben auf den Straßen und Piazzas,

wurde gehandelt, betrogen, gemordet und wurden dem Leben die schnöden Genüsse abgebettelt.

Der Sieger gab – und nahm!

Von Capodimento bis Possillipo, auf allen Straßen, vor den Cafés und in den finsteren Kneipen, in den schauerlich engen Gassenschluchten, in den Stundenquartieren, Bordellen, in den armseligen Bassos und übervölkerten Internos – überall sah man die Vertreter des Sieges: Wenig weiße Amerikaner, noch weniger Engländer oder Franzosen, dafür aber umso mehr Farbige: Schwarze, Senegalesen, Madagassen, Marokkaner, Algerier, da und dort auch ein paar Taihitianer, Indonesier, Filipinos.

Wer war Schuld daran, dass Mütter ihre Töchter den Siegern feilboten, betrunkene Väter ihre Söhne den Marokkanern verkauften? Für ein paar dreckige Lirescheine! Für ein paar Büchsen Cornedbeef! Für eine Tafel Schokolade, die man im P. X. um ein paar Cents bekommen konnte! Wer war Schuld daran? Das Volk oder die Sieger?

Die Amerikaner brauchten vielleicht Neapel, um sich amerikanisch zu fühlen, die Engländer, um den Sieg zu kosten, die Farbigen, um das tun zu können, was sie anderswo niemals tun durften. Was war schon dabei, wenn irgendwo ein Toter in der Gosse lag oder die M. P. mit heulender Sirene heranjagte, in eine Kaschemme stürmte und einen Knäuel Soldaten und Zivilisten auseinander knüppelte? Was war dabei, wenn die billigen Waren aus dem P. X. gegen noch billigere ausgetauscht wurden? Wer war es, der ein Schiff aus dem Hafen verschwinden ließ und irgendwohin verkaufte?

Niemand brach über diese abgründige Moral den Stab. Neapel zeigte sich dem Sieger gegenüber aus tiefstem Herzen dankbar und gab, was es zu geben hatte: sich selbst.

Die drei Männer verließen die Hauptstraße und bogen in die winkelige Via Galateo ein. Sie führte in Stufen bergan. Mädchen saßen vor den Haustüren und rauchten amerikanische Zigaretten, freimütig das zeigend, was sich unter den billigen Fähnchen verbarg.

Tenente Perugio marschierte mit zusammengepresstem Mund voran, neben ihm Garza, dessen dunkles Gesicht erschrocken und nachdenklich wirkte.

Ein Mädchen hielt Gruber am Hosenbein fest. »Na, Biondo, wie wär's mit uns zwei?«

Der Deutsche schaute in ein verwüstetes Gesicht und dann in den Kleidausschnitt. Das Mädchen trug keine Unterwäsche und war recht gut gewachsen.

»Ein andermal, Cara mia«, sagte er freundlich. »Muss mir erst mein Bett suchen.«

»Kannst das meine kriegen, Biondo – du bist nämlich genau meine Kragenweite.« Sie lachte schrill, und die anderen Mädchen lachten mit.

»Grazie, Puppetta«, lehnte Gruber ab.

Sie zog die Nase kraus. »Va tal diavolo! – Geh zum Teufel!« Er warf ihr eine Packung »Popolari« zu und eilte den Kameraden nach.

Von dieser schrecklich schmutzigen Gasse bog eine andere ab. Perugio ging auf eine Tür zu, zog einen schmierigen Zettel aus der Tasche und verglich die darauf stehende Zahl mit der Hausnummer. Sie stimmte.

Noch ehe Perugio in das Haus eintreten konnte, kam eine zottelige Alte heraus.

»He, Mama«, sagte Perugio zu ihr, »wohnt hier ein gewisser Umberto Pucci?«

Die Alte warf einen flinken Blick über die drei staubigen Männer. »Was wollt ihr von dem versoffenen Hund?«, fragte sie mit heiserer Stimme.

»Das geht dich nichts an!«

»So, das geht mich nichts an?« Sie schnäuzte sich mit den Fingern. »Na ja, dann geht mal in den zweiten Stock 'rauf. Dritte Tür links. Ein Schild ist dran.«

»Grazie!«, sagte Perugio und winkte den Kameraden, ins Haus zu kommen.

Sie betraten einen finsteren, übel riechenden Flur, stolperten eine enge Treppe hoch und hörten Kindergeschrei und quäkende Jazzmusik. Eine Frauenstimme sang den englischen Text. Dann waren sie im zweiten Stock und standen schnaufend vor der Tür.

»Umberto Pucci«, las Perugio und klopfte an.

Drinnen ertönte das Quietschen eines eisernen Bettgestelles. Schlurfende Schritte nahten. Die Tür ging auf, und ein verwahrlost aussehender Mann mit dunklem Stoppelbartgesicht und wirrem Haar stand vor den drei Männern.

»Was wollt ihr?«, fragte der Stoppelbärtige und musterte misstrauisch die Besucher.

»Bist du Umberto Pucci?«, fragte Perugio.

»So viel ich weiß – ja!«, grinste der andere. Er roch nach Schnaps und hatte nur Hemd und Hose an. »Nun sagt schon, was ihr von mir wollt.«

»Das sagen wir dir, wenn du uns reingelassen hast.«

Noch ein taxierender Blick, dann ein Wink mit dem Kopf.

Die drei trampelten in Umbertos Wohnung. Sie sah unordentlich und armselig aus. Das Inventar bestand nur aus einem zerwühlten Bett, an dessen Kopfende eine Schnapsflasche stand, einem Tisch mit zwei Stühlen, einer Waschkommode und ein paar billigen Öldrucken an der Wand. Das Fenster führte in einen Hof; man hörte unten Kindergeschrei.

Umberto schloss das Fenster, drehte sich um und fragte: »Also – was wollt ihr?«

Perugio ließ den Rucksack von der Schulter sinken. »Wir sollen dir Grüße von deinem Schwager Tuffi bestellen. Er trug uns aber auch auf, dir zu sagen, dass du uns bei deinen Geschwistern unterbringen sollst.«

»Aha«, grunzte Umberto und nickte. »Ihr seid Tuffis Freunde?«

»Seit drei Jahren und einem Monat.«

»Stellt euch mit Namen vor.«

»Das sind meine Brüder!«, sagte Perugio, den genauen Text verwendend. »Der Blonde heißt Lorenzo, der Kleine Beppo, und ich bin Fabian.«

Mit Umberto ging eine seltsame Veränderung vor sich. Das trübe Augenblinzeln war verschwunden, die schwammige Gestalt straffte sich; mit ausgestreckten Händen kam er heran und sagte halblaut: »Willkommen. Ich habe euch schon erwartet und freue mich, dass ihr da seid. – Setzt euch, wo ihr gerade Platz findet.« Er drückte jedem die Hand und half beim Abnehmen der Rucksäcke.

»Ist alles gut gegangen?«, fragte er Perugio.

»Ziemlich gut.«

»War der Verbindungsmann pünktlich zur Stelle?«

»Der dämliche Hund kam erst eine Stunde später an den vereinbarten Ort, aber sonst war er verlässlich.«

Die Besucher nahmen auf den wackeligen Stühlen Platz und knöpften sich die Jacken auf. Man sah darunter die Pistolenhalfter, aus denen die Griffe herausschauten.

»Ich bin Nummer A. S. 29«, stellte sich Umberto

vor, »und spiele seit acht Wochen den versoffenen Hausbewohner. Langsam gewöhne ich mich dran – noch ein paar Wochen, und ich saufe wirklich!« Er lachte kullernd. »Wollt ihr was zu essen haben, Kameraden?«

»Jede Menge«, sagte Perugio.

»Es ist nicht viel«, bemerkte Umberto, »ich habe nur Brot, Tomaten und Salami im Haus.«

»Das reicht.« Perugio griff mit spitzen Fingern in den gehäuft vollen Aschenbecher und holte eine zerdrückte »Camel« heraus. »Hast du welche von dieser Sorte da?«

»Si«, brummte Umberto und patschte auf nackten Sohlen zum Bett, wo er das Kopfkissen beiseite warf. Darunter lagen eine schussbereite 08 und ein paar Packungen amerikanische Zigaretten. »Attenzione!«, rief er. »Fangt auf – hopp!«

Die drei fingen auf, und Minuten später vernebelte sich der Raum. Man unterhielt sich halblaut, während Umberto Brot, Käse, Tomaten und Salami auftischte.

»Wann bringst du uns in die Quartiere?«, fragte Perugio.

»Sobald es dunkel geworden ist!«

»Und wie viel sind wir jetzt?«, schaltete sich Gruber ein.

»Mit euch – achtzehn Mann. Ein paar Helfer kommen vielleicht noch hinzu, aber das macht der Chef.«

»Wo wohnt er?«, fragte Perugio, mit vollen Backen kauend.

»Droben, am ›Dreiundzwanzigsten März‹!«, erwiderte Umberto. »Nobles Quartier – ganz nobel sogar. In der Nähe wohnt noch ein Scheich von der C. I. C. Die Villa gehört einem Kerl, der's gut mit den Amis kann.« Umberto wandte sich an Gruber und legte ihm

13

die haarige Pranke auf die Schulter. »Man sagt, dass du in Neapel Helfer hättest.«

Gruber sah Umberto überrascht an. Wie gut doch der Verein informiert war. »Das kann schon sein!«, lachte er.

Die anderen warfen neugierige Blicke herüber. Diesen Deutschen konnte man einfach nicht durchschauen! Redete wenig, schloss schwer Freundschaft.

»Na, rede doch schon«, drängte Perugio. »Oder soll's ein Staatsgeheimnis bleiben?«

»Weiber oder Männer?«, forschte Umberto.

Gruber würgte erst einen Brocken Salami hinunter. »Einen guten Bekannten und ein Mädchen«, antwortete er dann.

»Aha«, grinste Perugio.

Garza schien nur Hunger zu haben, aber er aß mit vornehmer Langsamkeit.

»Wer ist es?«, fragte Umberto. »Ich kenne hier allerhand Leute.«

»Ich möchte nicht darüber sprechen«, erwiderte Gruber. Jetzt hob Garza den schmalen, dunklen Kopf und schaute Gruber an. »Also eine dienstliche Sache?«

»Stimmt«, nickte Gruber. »Ich habe den Auftrag, mit euch zusammen ein paar Feuerwerke zu veranstalten.« Sein narbenbedecktes Gesicht blieb ernst, unbeweglich. »Mehr darf ich im Augenblick nicht verraten. Ich muss erst mit dem Einsatzleiter gesprochen haben.«

»Wir halten dicht«, drängte Umberto und boxte Gruber in die Seite. »Nun sag schon, was du im Sack hast!«

Da mischte sich Perugio ein: »Schluss jetzt! Wir erfahren es noch früh genug! Rück etwas Trinkbares heraus, Umberto, egal, was, nur kein Aqua!«

Umberto stellte eine Flasche Rotwein auf den Tisch. Dann unterhielt man sich über das Treiben der Alliierten in der Stadt. Darüber verging eine weitere Stunde.

Perugio war der Erste, der sich mit einem Gähnen erhob. Man hatte einen weiten Weg hinter sich. Der Körper sehnte sich nach Ruhe. »Können wir uns hier hinhauen?«, fragte er.

»Das könnt ihr«, sagte Umberto. »Ich wecke euch, wenn es so weit ist.«

Sie legten sich auf den schmutzigen Fußboden, schoben die Rucksäcke unter die Köpfe und schliefen sofort ein.

Unten im Hof lärmten die Kinder. Die drei Schläfer hörten es nicht mehr.

Die hübsche Villa am Hügel »Dreiundzwanzigster März« gehörte vor dem Einmarsch der Amerikaner einem faschistischen Arzt. Er setzte sich mit den abrückenden Deutschen nach Norditalien ab und hinterließ seinen Besitz den Siegern.

Mario Celesti gehörte zwar nicht zu den Siegern, bewohnte aber trotzdem die von Zitronenbäumen und Oleanderbüschen umgebene Villa und verstand es alsbald, Offiziere aller Waffengattungen und Dienstbereiche in der Villa zu vielen und amüsanten Festen zu versammeln, Feste, die gelegentlich in orgienhafter Tollheit endeten und gerade deshalb von den alliierten Gästen gern besucht wurden, wobei niemand ahnte, dass der charmante, elegante Hausherr dem italienischen Geheimdienst angehörte und in dessen Liste als Colonello di Clartis geführt wurde.

Auch heute waren die Fenster der Villa strahlend erleuchtet und verrieten, dass der Hausherr Gäste hatte.

Dulfio, Celestis intimster Freund und Geschäftspartner, hatte den amerikanischen Major James Newman, Schreibtischinhaber in der »Peninsular Base Section«, mitgebracht. Man saß im Salon, trank eisgekühlten Whisky und rauchte schwere Brasilzigarren.

Die Unterhaltung wurde in englischer Sprache geführt. Der Major, ein kleiner, rotgesichtiger Herr mit einer Warze auf der rechten Wange, hörte dem Hausherrn zerstreut zu und verfolgte die Bewegungen einer dunkelhaarigen, sehr attraktiv gewachsenen Dame, die damit beschäftigt war, Eisstückchen in die Gläser klimpern zu lassen und sich dabei so weit vorzubeugen, dass der Blick des Majors zwangsläufig in ihr Dekolletee hinabtauchen musste.

Indessen versuchte der Hausherr, den Major zu überreden, der Not leidenden Landbevölkerung mit ein paar möglichst noch intakten Lastwagen beizuspringen und hierfür einen größeren Posten Olivenöl zu erwerben. Ein Kompensationsgeschäft also, wie es in dieser Zeit üblich war.

»Ich möchte meinem guten Freund in Monteforte so gern helfen«, gestand der Hausherr, und Dulfio, dessen Figur einem schlecht gefüllten Kartoffelsack nicht unähnlich war, pflichtete rasch bei:

»Ja, Major, es geht uns in erster Linie darum, die landwirtschaftlichen Betriebe so schnell wie möglich auf die Beine zu bringen.«

Die Beine, dachte der Major, sie hat ausgezeichnete Beine. Diese Italienerinnen haben überhaupt schöne Beine …

»Und deshalb«, fuhr der Hausherr mit suggestiver Eindringlichkeit fort, »müssen Sie diese Aktion in die Wege leiten, Sir.«

»Yes«, nickte der Major und beugte sich im Sitzen zu der schwarzhaarigen Dame hinüber, die ihm Whisky ins Glas goss. Bis obenhin voll. »Ich werde darüber nachdenken«, setzte er zerstreut hinzu.

»Salute!«, lächelte die Dame.

Die Herren griffen nach den Gläsern.

In diesem Augenblick ertönte aus dem Hintergrund ein Hüsteln. An der Tür stand Amadeo, der Diener des Hauses. Er gab durch Zeichen zu verstehen, dass er den Signore belästigen müsse.

»Sorry«, wandte sich Celesti zu dem Major und ging zu Amadeo hinüber, während die Dame plötzlich den Radioapparat andrehte.

»Was gibt's?«, fragte Celesti mit gefurchter Stirn.

»Es ist Besuch da«, sagte der Diener und kniff kaum merklich das linke Auge zusammen.

Celesti verstand sofort, eilte noch einmal zu seinem Gast und bat darum, sich für ein paar Augenblicke entschuldigen zu dürfen. »Rosana, unterhalte unseren Gast!«, rief Celesti der Dame zu und verließ den Salon.

In der Diele warteten vier ramponiert aussehende Gestalten. Sie saßen schon eine Weile auf den Samtstühlen und sprangen beim Erscheinen des Hausherrn auf.

»Guten Abend, Signore Celesti«, sagte Umberto.

Der Colonello nickte nervös und musterte die drei anderen. »Wer sind die Herren?«, fragte er halblaut.

»Meine Neffen«, grinste Umberto.

»Aha«, bemerkte Celesti und deutete eine knappe Verbeugung an. »Bitte folgen Sie mir in mein Arbeitszimmer.«

Das Arbeitszimmer lag eine Etage höher. Durch das geöffnete Fenster strömte der Duft des Gartens herein.

17

Es war ein sehr eleganter Raum, in dem vier schwere Klubsessel vor einem riesigen Schreibtisch standen.

»Es ist gut, Amadeo«, sagte Celesti zum Diener. »Du kannst gehen.«

Der weißhaarige Alte mit den uhuartigen Haarbüscheln über den Augen verschwand und schloss lautlos die hohe Polstertür.

»Bitte«, sagte Celesti mit einer auffordernden Handbewegung, »mit wem habe ich es zu tun?«

Umberto trat einen Schritt vor und nahm so etwas Ähnliches wie eine militärische Haltung an. »Es sind die drei Angekündigten von drüben, Colonello. Zwei von der DECIMA und ein Deutscher.«

»Va bene. – Wer von den Herren hat den höchsten Dienstrang?«

»Ich«, ließ sich Perugio vernehmen und trat neben Umberto. Hacken klappten leise zusammen. »Tenente Perugio von der DECIMA mit Sotto-Tenente Garza und dem deutschen Aspirante Offiziale Gruber zum Einsatz abkommandiert. Melden uns zur Stelle, Colonello.«

»Danke.«

Celesti reichte jedem die Hand. Vor Gruber blieb er stehen und musterte ihn aufmerksam. »Sie sind der Deutsche?«

»Si, Colonello.«

Celesti lächelte flüchtig. »Ich bin unterrichtet, dass Sie einen Sonderauftrag durchzuführen haben, und soll Sie mit meinen Leuten unterstützen.«

Gruber verbeugte sich leicht. »Und ich habe den Befehl, mit Ihnen über diesen Sonderauftrag zu sprechen, Colonello.«

»Das können wir morgen tun«, sagte Celesti

18

freundlich, griff hinter sich nach der Zigarrenkiste und reichte sie herum. »Bitte, bedienen Sie sich, meine Herren.«

Umberto nahm sich fünf Zigarren, Perugio nur eine. Die anderen dankten und baten, Zigaretten rauchen zu dürfen. Schweigend begann das Zeremoniell des Anrauchens. Celesti musterte dabei die drei Neuen. Am längsten sah er Gruber an, dessen narbenbedecktes Gesicht ihn interessierte.

»Womit ist Ihnen das passiert, Aspirante Offiziale?«

»Ich geriet in den Stacheldraht, Colonello, wurde angeschossen und musste neun Stunden warten, bis mich die Kameraden herausholten. Bei Salerno.«

Der Colonello nickte. Dann erkundigte er sich, wie der Absprung und die Anreise geklappt hätten. Perugio gab knappe Auskunft.

Der Colonello machte auf den ersten Blick einen guten Eindruck. Garza beneidete den Vorgesetzten um den gut sitzenden Abendanzug und um die blütenweiße Wäsche. Er selbst sah wie ein Landstreicher aus. Scheußlich.

Irgendwoher ertönte gedämpfte Tanzmusik. Im Salon tanzte Rosana mit dem Major. Enrico Dulfio mixte indessen einen Flip.

Jetzt wandte sich Celesti an Umberto, der genussvoll an der schwarzen Brasil saugte. »Pucci, was ist bei Ihnen los?«

»Ich kriege langsam Ärger mit Raffael, Colonello – er lässt mir keine Ruhe und kniet mir ständig mit dem Vorschlag im Genick, Schnee und Stäbchen unter meine Bekannten zu bringen.«

Celesti schob die schwarzen Brauen zusammen. »Sie sind selber schuld daran«, sagte er.

»Ich? Wieso?«

»C 321 sagte mir, dass Sie zu viel in der Öffentlichkeit herumlaufen und mit den Amerikanern handeln.«

Umberto ließ erschrocken die Zigarre sinken. »Ich bitte Sie, Colonello – das muss ich machen, um nicht aufzufallen. Ganz Neapel handelt. Aber mit Kokain und Marihuana will ich nichts zu tun haben.«

Der Colonello winkte ab. »Ich werde mir überlegen, ob ich die C. I. C. auf Raffael aufmerksam mache. Ziehen Sie sich von dem Kerl zurück.« Er wandte sich an Perugio. »Ihr bleibt bei mir über Nacht. Amadeo wird euch die Zimmer zeigen. Morgen sprechen wir dann ausführlich über alles, meine Herren. Sie werden sicher müde sein und das Verlangen haben, sich vom Reisestaub zu säubern und in einem anständigen Bett ausstrecken zu können.«

»So ist es«, lachte Perugio.

Auch Celesti lachte. »Das wär's für heute, meine Herren. Pucci, Sie gehen wieder auf Ihren Posten zurück und halten die Augen offen. Ich lasse Ihnen Nachricht zukommen, wenn etwas anliegt.«

Die vier Männer erhoben sich. Celesti betätigte einen Klingelknopf. »Ich habe Gäste im Haus«, sagte er wie entschuldigend, »und muss mich ihnen widmen. Wenn Sie Wünsche haben, wenden Sie sich bitte an Amadeo.«

Der Gerufene trat ein.

»Bringe die Herren auf ihre Zimmer«, befahl Celesti und verabschiedete sich von seinen Mitarbeitern. »Bis morgen also. – Gute Nacht, meine Herren!«

»Gute Nacht, Colonello«, ertönte es gedämpft im Chor.

Eine Stunde später lag Gruber im Bademantel, ge-

20

säubert, mit frischer Wäsche am Körper, auf der Couch, rauchte eine Zigarette und dachte nach.

Nebenan auf dem Balkon unterhielten sich Perugio und Garza im Flüsterton über die gewonnenen Eindrücke.

Im dunklen Fensterviereck hingen die Sterne. Milde, wohlriechende Nachtluft strömte in das Zimmer hinein. Im Garten sangen die Zikaden. Der Lärm Neapels drang schwach aus der Tiefe.

Gruber dachte an die letzten Tage. Genau zweiundsiebzig Stunden war es her, dass er sich aus dem Flugzeug ins Ungewisse, in das neue und vielleicht letzte Abenteuer stürzte. Alles hatte geklappt. Würde es auch weiter klappen?

Perugio war der Einzige, mit dem Gruber sich verbunden fühlte, von dem er wusste, dass man sich auf ihn verlassen konnte. Anders war es schon bei Michele Garza.

Ein komischer Kerl, dieser Garza; man wurde einfach nicht warm mit ihm – man hatte immer das Gefühl, als schaue er einen über die Schulter an, als stünde eine Glaswand dazwischen. Woran lag das? – Schämte sich der kleine Mailänder vielleicht, weil seine Landsleute den Treubruch begingen und den deutschen Bundesgenossen im Stich ließen? Weil sie jetzt auf Seiten der Alliierten standen? Oder fand Garza es deplatziert, dass ein deutscher Oberfähnrich mehr vom bevorstehenden Einsatz wusste als die italienischen und ranghöheren Kameraden? Stieß sich der kleine Leutnant daran, dass Gruber das Kommando führen sollte?

Garza war für Gruber ein Rätsel – ein Rätsel, zu dessen Lösung er noch keine rechte Lust verspürte.

Die nächsten Wochen würden es ja bringen. Im Augenblick gab es anderes zu tun. Von Mario Celesti hatte Gruber einen recht guten Eindruck gewonnen. Ein bisschen zu elegant vielleicht, zu verbindlich und glatt. Vermutlich war das die richtige persönliche Note, mit der man sich tarnen musste.

Gruber war von seinem Vorgesetzten einigermaßen über Colonello di Clartis informiert worden.

»Wir haben keine greifbaren Beweise in der Hand, dass di Clartis unzuverlässig ist«, hatte Oberst Moldenauer, der deutsche Chef des Amtes II in Italien, gesagt. »Er war längere Zeit bei der O. V. R. A., Abteilung VI, eingesetzt und fungierte als Dienststellenleiter der Politischen Polizei in Genua.« Und weiter eröffnete Oberst Moldenauer Gruber, dass di Clartis damals, als Mussolini gefangen genommen wurde, plötzlich spurlos verschwand und erst wieder auftauchte, als der Duce erneut zu Würden gekommen war.

»Dieser di Clartis ist ein Fuchs«, erklärte er noch, »aber wir brauchen ihn. Die O. V. R. A. hat ihn in Neapel eingesetzt und meint, dass er dort gute Dienste leistet.«

Gruber lag still und hörte nebenan leise Geräusche. Perugio und Garza begaben sich zur Ruhe.

Aus den unteren Räumen tönte gedämpft Tanzmusik. Also waren die Gäste noch immer da – ein amerikanischer Major! Komisch! Man befand sich in einem Haus, in dem der Feind saß, Whisky trank und sich ahnungslos unterhielt.

Der Mann auf der Couch lächelte, zerdrückte dann die Zigarette im Aschenbecher, erhob sich geschmeidig und lautlos und trat an das offene Fenster.

Die Tausenden Lichter Neapels brannten. Schemenhaft ragte der Vesuv zum sternklaren Himmel auf, ohne Röte auszuatmen, mit bleichem Haupt.

Und irgendwo dort unten lag auch der Hafen, in dem man die Hölle entfesseln sollte, den berstenden Tod, das lodernde Flammenmeer verbrennenden Tankeröls.

Es ist noch Zeit, dachte Gruber, es ist noch nicht so weit. Vorher gibt es noch andere Dinge zu tun – nicht minder wichtige.

Der Mann trat vom Fenster zurück, als unten Stimmen ertönten. Der Hausherr geleitete seinen Gast zur Pforte. Major James Newman begab sich nach Hause. Er ahnte nicht, dass ihm ein Augenpaar folgte und ein Mann grimmig hinter ihm hergrinste.

Sie hatten gut geschlafen und ausgezeichnet gefrühstückt. Nun lagen sie in Liegestühlen auf der rückwärtigen Terrasse und ließen sich von der Sonne und dem duftgeschwängerten Wind streicheln.

Die drei Männer waren zu faul, um etwas zu sprechen. Perugio schlief schon wieder, Garza und Gruber waren wach, hatten sich aber nichts zu sagen.

Als von der Terrassentür ein Geräusch ertönte, drehte Gruber sich um.

»Signore Celesti wünscht Sie zu sprechen«, sagte Amadeo und bedeutete mit einer Handbewegung, dieser Aufforderung Folge zu leisten.

Gruber erhob sich; er trug wieder die knapp sitzende, sich unter der linken Achsel verdächtig ausbeulende Lederjacke, ein sauberes, am Hals geöffnetes Hemd, die zerknautschte Leinenhose und Segeltuchschuhe, aber er war sorgfältig rasiert. Die Narben glühten in rosiger Frische, das blonde Haar war gebürstet und legte sich wie ein silbriger Helm um den schmalen Schädel. Mit langen Katzenschritten folgte Gruber dem Diener.

Celesti saß in seinem Arbeitszimmer; er hatte für den Vormittag einen grauen Anzug gewählt, auf die Krawatte verzichtet und dafür ein dunkelblaues Seidentuch um den Hals gelegt. Celesti sah sehr vorteilhaft aus und war in aufgeräumter Stimmung.

Die Begrüßung fiel herzlich aus.

»Nehmen Sie Platz, Gruber. – Zigarren?«

»Ich möchte bei meinen Zigaretten bleiben.«

»Wie Sie wollen! Aber einen Whisky lehnen Sie wohl nicht ab?«

»Nein.«

Celesti schenkte zwei Gläser mit Black & White ein. Dann nahm er Gruber gegenüber im Klubsessel Platz, schlug die Beine übereinander und sagte:

»Wir können hier ungestört sprechen, Herr Gruber. Im Übrigen möchte ich Sie bitten, mich künftighin nicht mehr mit meinem Dienstrang anzureden. Ganz einfach Signore Celesti! Capito?«

»Capito«, grinste Gruber und prostete Celesti zu.

Sie tranken.

»Also, mein Lieber«, lächelte Celesti, »schießen Sie los! Wie lautet Ihr Sonderauftrag?«

»Ich soll Dollars umsetzen.«

Celestis braunes Gesicht spannte sich. »Dollars? – Wie viel?«

»Fünfzigtausend!«

Celesti fuhr sich mit der flachen Hand über das Haar und beugte sich vor. »Fünfzigtausend Dollar? – Ich bin überrascht.« Er warf sich lachend in den Sessel zurück. »Ich bin sehr überrascht, mein Lieber!«

Das Narbengesicht blieb unbewegt. Grubers graue

Augen sahen mit starrem Ausdruck Celesti an. Unter diesem Blick verflog Celestis Heiterkeitsausbruch.

»Also bitte – was soll das?«, sagte er dienstlich.

»Ich habe den Auftrag, fünfzigtausend gefälschte Dollars in Umlauf zu bringen. Das Unternehmen läuft unter dem Decknamen ›Reichsache Uncle Sam‹ und verfolgt den Zweck, unsere Arbeiten hier in Neapel zu finanzieren, die alliierte Währung zu schockieren und die Kaufkraft des Dollars zu erschüttern. Mein Befehl lautet, das Geld hier umzusetzen, dafür Provisionen und Beteiligungen in Höhe von fünfzig Prozent des Betrages zu zahlen und den Rest des umgesetzten Geldes an meine Dienststelle abzuführen.«

Celesti nagte an der schmalen Unterlippe und sah an Gruber vorbei. Dann zerdrückte er die eben erst angerauchte Zigarre in der Bronzeschale. »Interessant!« murmelte er. Und dann rasch: »Sind die Noten wenigstens einigermaßen gut?«

»Sie sind ausgezeichnet. Es wird sehr schwer fallen, die echten Dollars von den falschen zu unterscheiden. Sogar das Papier ist echt und wurde von einem Herrn der Abwehr aus den Staaten gebracht. Das heißt«, fügte Gruber hinzu, »die Formel der Papierherstellung.«

Celesti vollführte eine hilflose, überraschte Bewegung.

»Nur einen Fehler hat die Fälschung«, setzte Gruber gelassen fort. »Wir haben von jedem Nennwert nur fünf Seriennummern.«

Celesti sprang auf und lief ein paar Mal im Zimmer auf und ab. Eine tolle Sache! Damit hatte er nicht gerechnet! Was den Deutschen doch alles einfiel! Aber immerhin – dabei konnte ein ganz gutes Geschäft herauskommen! Er blieb vor Gruber stehen.

»Sapristi«, sagte er. »Sie haben mich sehr überrascht. Die Sache gefällt mir!« Er warf sich wieder in den Sessel. »Und wie haben Sie sich den Verdienst für die Verteiler gedacht?«

»Fünfundzwanzig Prozent für den Verteiler, fünfundzwanzig Prozent für unsere Ausgabenkasse – der Rest geht nach drüben.«

»Ganz anständig«, musste Celesti zugeben. »Und wie sehen die Noten aus?«

»Fünfziger-, Fünfundzwanziger-, Zehner- und Fünferscheine. Alles gebündelt, versteht sich.«

Celesti schaute zur Zimmerdecke empor, als er sagte: »Das würde also ein Verdienst von … äh … Ich meine, wenn wir den Dollar mit hundert Lire berechnen … dann ergäbe das fünf Millionen Lire. Davon gehen zweieinhalb Millionen nach drüben zurück, bleiben also für Kasse und Verteiler noch einmal zweieinhalb Millionen übrig.« Celesti schwitzte plötzlich und wischte sich mit dem seidenen Taschentuch über die Stirn.

Der Deutsche verzog das Gesicht zu einem unmerklichen Lächeln. »Wie viel Dollar können Sie umsetzen, Signore Celesti?«

»Mindestens dreißigtausend«, kam es wie aus der Pistole geschossen.

»Gut«, nickte Gruber, »die gebe ich Ihnen. Die Abrechnung erfolgt, wenn wir den Anschlag auf den Hafen durchgeführt haben, Signore Celesti. Ich bekäme bis dahin also drei Millionen von Ihnen.«

»Abzüglich meiner Provision natürlich«, fiel Celesti rasch ein und grinste.

»Natürlich«, nickte der andere.

»Am liebsten würde ich das schriftlich fixieren«, bemerkte Celesti nervös.

Gruber sah sein Gegenüber scharf an, worauf Celesti rasch versicherte:

»Aber das ist wohl nicht notwendig, da wir alle im selben Boot sitzen, nicht wahr?«

»So ist es.«

»Und wie wollen Sie die restlichen zwanzigtausend verteilen?«, erkundigte sich Celesti dann.

»Ich denke an eine alte Bekannte – allerdings weiß ich noch nicht, ob ich sie dahingehend ansprechen werde.«

»Freundin?«

»Ja.«

»Wo arbeitet sie?«

»In einem uralten Gewerbe.«

»Ach so«, grinste Celesti, »ich verstehe. – Seien Sie vorsichtig, Gruber!«

»Das werde ich sein, Signore Celesti.«

»Eine einzige unzuverlässige Adresse, und wir fliegen in den Topf!«, warnte Celesti.

»Und was haben Sie für Möglichkeiten?«, fragte Gruber.

»Eine Menge. Die Verteilung der Blüten wird keine Schwierigkeiten machen.«

Es klopfte.

»Avanti!«

Amadeo trat ein.

»Was gibt's?«, fragte Celesti.

»Die Herren sind da«, meldete der weißhaarige Alte.

»Sie sollen im Salon warten, ich komme gleich.«

Amadeo verschwand wieder. Celesti wandte sich an Gruber: »Es sind zwei Kameraden, mit denen Sie zusammenarbeiten werden. Brandon und Menestri. Menestri ist unser Funker. Brandon können wir ruhig als unser bestes Pferd im Stall ansprechen. – Übrigens, was ich noch sagen wollte, Gruber. Ich muss Sie und Ihre Kameraden umquartieren. Hier können Sie nicht bleiben, weil ich häufig Besuch bekomme. Sie werden in der Stadt untergebracht; es sind sichere Quartiere.«

»Wenn's irgendwie geht, möchte ich mit Perugio zusammenbleiben, Signore Celesti.«

»Das wird sich ohne weiteres machen lassen«, nickte Celesti. Er erhob sich. »Gehen wir jetzt, Gruber. – Kommen Sie, bitte.«

Umberto Pucci hatte zwei Männer mitgebracht. Der eine besaß eine lange, hagere Figur, ein gelbliches Gesicht und schwarze, wachsame Augen; es war Menestri, der Funker. Der andere war untersetzt, sehr breit in den Schultern und hatte ein Gesicht, das Intelligenz und Willensstärke ausdrückte. Das Auffallendste an Brandon waren die Augen. Grüne, scharf blickende Katzenaugen, die auf jeden lossprangen und Besitz von ihm ergriffen. Ansonsten sah man es den beiden Männern nicht an, dass sie Offiziere, die besten sogar, des italienischen Geheimdienstes waren: Sie trugen abgetragene Kleider und konnten für Hafenarbeiter gehalten werden.

Perugio und Garza waren bereits anwesend und hatten sich in der Zwischenzeit mit den beiden neu Hinzugekommenen bekannt gemacht.

Beim Eintritt Celestis und Grubers verstummte die halblaut geführte Unterhaltung.

»Buon giorno«, grinste Celesti und stellte dann Gruber vor. »Das ist unser deutscher Kamerad, der mit einer ganz tollen Sache zu uns gekommen ist.«

Gruber drückte Umberto, Menestri und zum Schluss Brandon die Hand. Sie schauten sich an. Gruber fand Brandon sofort sympathisch, was auf Gegenseitigkeit zu beruhen schien. Denn Brandon grinste und knurrte ein halblautes: »Hallo, ich freue mich wirklich!«

Celesti bat, Platz zu nehmen. Er rieb sich die gepflegten Hände, als mache ihm alles großen Spaß.

Die Männer sahen ihren Chef erwartungsvoll an.

Celesti räusperte sich erst einmal, bevor er begann: »Also, meine Herren, wie gesagt: eine tolle Sache. Kamerad Gruber brachte uns fünfzigtausend Dollar mit.«

Überraschte Blicke auf Gruber, der am Fenster lehnte und die Arme vor der Brust verschränkt hielt.

Umberto stieß einen Pfiff aus.

»Es sind allerdings falsche Dollars«, ergänzte Celesti.

»W-a-a-a-s ...?«, ertönte es wie aus einem Mund.

Perugio und Garza warfen sich Blicke zu. Umberto rieb sich mit Daumen und Zeigefinger die Nase, Menestri schüttelte den Halbglatzenkopf; nur Brandon verriet keine Überraschung; er betrachtete das Ornament des Teppichs.

»Bitte, Gruber«, sagte Celesti, »holen Sie die Blüten, wir wollen sie uns mal genauer ansehen.«

»Si, Colonello«, murmelte Gruber und verließ den Salon. Als er die Tür schloss, hörte er Garzas aufgebracht klingende Stimme: »Falschgeld! Unser Geschäft wird immer dreckiger.« – Worauf Umbertos Bass erwiderte: »Mach halb lang, mein Sohn! Geld stinkt nicht – egal, ob's falsch oder echt ist!«

Gruber grinste vor sich hin, setzte in langen Sprüngen die Treppe hinauf und eilte in sein Zimmer. Das Falschgeld hatte er im Rucksack, unter der schmutzigen Wäsche, versteckt. Es waren sauber gebündelte Noten. Ein ganzer Arm voll.

Als er in den Salon zurückkam, sah er an den Gesichtern der Anwesenden, dass die Meinungen geteilt waren. Garza warf Gruber einen feindlichen Blick zu. Auch Perugio schien wenig Gefallen an der neuen Sache zu finden und machte einen verdrießlichen Eindruck. Menestri rauchte, und Brandon flegelte mit unbeweglicher Miene im Sessel. Celesti lächelte maliziös und erhob sich. Nur Umberto verriet, dass ihn die Falschgeldsache brennend interessierte.

Gruber trug die Notenbündel zum Rauchtisch, zählte dreißigtausend Dollar ab und schob sie an den Rand der Marmorplatte. »Dieses Geld«, sagte er wie nebenbei, »ist, wie gesagt, falsch.« Er zog einen Zehner-Schein aus einem der Bündel und hielt ihn gegen das Licht. »Es ist eine Meisterarbeit, Kameraden. Bitte, überzeugen Sie sich selbst.«

Er reichte jedem einen Geldschein. Nur Garza winkte schroff ab.

»Ausgezeichnet«, ließ sich Celesti vernehmen.

»Wunderbar«, grinste Umberto. »Wenn's recht ist, übernehme ich den ganzen Mist da.«

Gruber lachte und schüttelte den Kopf.

»Ich habe gute Beziehungen!«, rief Umberto.

»Du hast andere Aufgaben«, berichtigte Gruber.

Jetzt ließ sich Celesti vernehmen; er sprach rasch und voll Eifer: »Meine Herren! Es geht hier darum, die Sache ganz am Rande zu betreiben. Diese fünfzigtausend Blüten werden nebenbei umgesetzt, ohne dass unsere eigentliche Aufgabe beeinflusst wird. Kamerad Gruber hat den dienstlichen Befehl bekommen, das Geld umzusetzen. Also muss es auch getan werden. Wir erhalten für diese Arbeit fünfzig Prozent Beteiligung am Umsatzwert. Ich weise in diesem Zusammenhang darauf hin, dass wir Geld brauchen. Außerdem erscheint es mir als sehr richtig, unserem Gegner auch in dieser Form einen Hieb zu versetzen.«

»Sehr richtig«, echote Umberto. »Stellt euch doch bloß vor, was die Amis für dämliche Gesichter machen werden, wenn sie auf einmal merken, dass sie falsches Geld in den Pfoten haben!« Er lachte dröhnend.

Niemand lachte mit.

Umberto verstummte plötzlich und erschrak. »Entschuldigt nur«, brummte er.

Da fuhr Celesti fort: »Ich habe mich entschlossen, selbst dreißigtausend Blüten in bestimmte Kanäle fließen zu lassen. Die Abrechnung kommt, wenn der Rückfluss des echten Geldes erfolgt ist.«

»Va bene«, antwortete jemand. Es war Brandon. Er grinste den Colonello an.

Gruber hielt sich etwas im Hintergrund. Er verstand die Abwehr der anderen Kameraden. Italien, ihre Heimat, sollte mit diesem falschen Geld betrogen werden. Das ging jedem Patrioten gegen den Strich – besonders diesen Männern, die bis zur letzten Minute die Treue zu halten bereit waren.

»Dreißigtausend für mich, Gruber«, sagte Celesti und nahm das Bündel Geld.

Gruber nickte nur.

Es herrschte noch immer Schweigen, als Celesti das Geld ins Nebenzimmer trug. Eisiges Schweigen. Nur Umberto schnaufte wie ein Schwerarbeiter.

»Kameraden«, sagte Gruber, »es ist Krieg – und im Krieg sind alle Mittel erlaubt. Ich habe nichts weiter getan als einen Befehl ausgeführt. Ihr wisst, dass meine Sache auch die eure ist.«

»Sehr richtig«, ertönte es von der Verbindungstür her,

und Celesti kam elastisch heran. Er klatschte in die Hände. »So, das wär's für heute.« Seine Stimme nahm einen schnarrenden Ton an: »Brandon, Sie bringen die Kameraden Perugio, Garza und Gruber in die neuen Quartiere. Garza, Sie schlüpfen bei Menestri und Brandon unter. Perugio und Sie, Gruber, bleiben beisammen. – Haben Sie schon die Ausweise für die Herren, Brandon?«

»Si, Colonello«, nickte Brandon, und zu den anderen: »Ihr kriegt sie, wenn wir im Quartier ankommen.«

»Va bene«, bemerkte Celesti. »Den Termin unserer nächsten Zusammenkunft überbringt euch C. S. 185, Lucio.«

Brandon und Menestri erhoben sich.

»Wir können gehen«, sagte Brandon.

Die Männer verabschiedeten sich von Celesti. Ein paar Minuten später fuhr ein alter Fiat-Pkw die Bergstraße hinunter und verschwand mit klappernden Kotflügeln in Richtung Torre Annunziata.

Enrico Dulfio saß gerade im Schaumbad, als das Telefon anschlug. Die Masse Fleisch in der duftenden Seifenschaumwolke rührte sich nicht.

Das Telefon schrillte aufdringlich weiter. Dulfio grunzte verärgert und riss den Hörer ans Ohr.

»Pronto!«

»Ich bin es – Mario«, ertönte Celestis Stimme. »Ich muss dich sofort sprechen.«

»Ich bade gerade.«

»Dann wirst du dich beeilen, hörst du!«

»Was ist denn los?«

»Das sage ich dir, wenn du da bist.«

»Na schön – ich komme. In einer halben Stunde bin ich bei dir.«

Enrico Dulfio versank in der Schaumwolke und genoss noch fünf Minuten lang die Köstlichkeit des Bades. Er dachte nicht daran, dass ein paar hundert Meter weiter seine Mutter ihr Jüngstes in einer viel zu kleinen Waschschüssel badete; er dachte nicht daran, dass seine Mitmenschen im Schmutz finsterer Behausungen erstickten. Es war Enrico Dulfio auch vollkommen gleichgültig, dass zerlumpte Kinder Abfalltonnen umkippten und aus dem Unrat ein paar faulige Kartoffeln oder sonst etwas heraussuchten, um damit ihren Hunger zu stillen.

Enrico Dulfio, der ehemalige Leiter der Widerstandsbewegung, abgerüsteter Partisanen-Major, jetzt als Kaufmann und Großschieber tätig, ohne Gewissen, ohne Ehrgefühl, nur darauf bedacht, auf den schmutzigen Wogen der Zeit geschickt zu reiten und aus dem Elend des Volkes Nutzen zu ziehen – dieser Mann dachte intensiv darüber nach, was Freund Mario Celesti von ihm wollte.

Ein Geschäft? Sicher! Was konnte es anderes sein? Oder war irgendeine Gefahr im Anzug? Bei diesem Gedanken verlor das Wasser die köstliche Wärme, und eine Faust krallte sich um das verfettete Herz.

Dulfio entstieg dem Bad, rieb sich trocken, kleidete sich an und fuhr zu Mario Celesti.

Celesti saß allein an der Hausbar und sog den dritten Portwein-Cobbler leer.

Dulfio kollerte in den Raum, schwitzte und grüßte zerstreut, nervös, nahm neben Celesti auf dem Hocker Platz. »Was gibt's, Amico?«

Celesti drehte sich herum und lächelte.

Dulfio atmete auf. Wer lächelt, hat keine Sorgen – oder nur unwichtige. »Na, rede schon!«, drängte er.

33

Celesti legte dem anderen die Hand auf die schwammige Schulter. »Enrico, jetzt können wir beide das beste Geschäft unseres Lebens machen.«

»Die bisherigen waren auch nicht schlecht.«

»Die nächsten werden noch besser sein.«

»Ich bin gespannt.«

Celesti schenkte dem Freund einen Angostura-Kirsch in die hauchdünne Schale. »Rate mal, was der Deutsche mitgebracht hat, Amico.«

»Was soll er schon mitgebracht haben? Einen neuen Zünder vielleicht, den man vom Bett her auslösen kann.«

Celesti schüttelte schmunzelnd den grau melierten Kopf.

»Na sag's schon«, grunzte Dulfio ungeduldig.

»Etliche tausend Dollar.«

Dulfio riss die Schweinsäuglein auf. »Madonna! – Wie viel?«

»Fünfzigtausend.«

Dulfio blinzelte. Dann goss er den Angostura-Kirsch mit einem Ruck in den Hals und knallte das Glas so hart hin, dass es zerbrach.

»Scherben bringen Glück«, lachte Celesti.

»Hast du das Geld schon?«

»Ja.«

»Zeig es mir.«

Celesti holte das Geld und legte die gebündelten Banknoten auf den Bartisch. Dulfio riss eines der Bündel auf und ließ die Scheine durch die zitternden Hände flattern, hob eine Note gegen das Licht und betrachtete sie mit Kennerblick.

»Ausgezeichnete Fälschung!«, kommentierte Celesti.

»Scheint so«, brummte der andere. »Wie hängt das alles zusammen, Amico?«

»Ganz einfach. Der Deutsche brachte die Blüten herüber und hat den Auftrag, sie hier in Neapel zu verteilen.« Celesti setzte Dulfio die Gewinnaussichten auseinander.

Der Dicke schwitzte und zerrte die Krawatte locker. »Das ist eine ganz tolle Sache«, sagte er. »Aber eines dürfen wir nicht vergessen, Mario: Wir können uns verdammt in die Nesseln setzen.«

»Ich habe keine Angst.«

»Hm, du hast nie Angst – bis du eines Tages im Gefängnis sitzt oder an der Wand stehst.«

Celesti zuckte die Schultern. »Ich werde das zu vermeiden wissen, Amico.«

»Du hast dich also entschlossen, die Blüten umzusetzen?«

»Natürlich – ich wäre ein Idiot, wenn ich's nicht täte. Und du« – er tippte dem Dicken an die Brust – »wirst mitmachen.«

»Für fünfundzwanzig Prozent? Ich bin doch nicht verrückt!«

»Aber für fünfzig – oder?«

»Ich denke, du musst insgesamt fünfundsiebzig Prozent abliefern?«

Jetzt tippte sich Celesti an die Schläfe.

»Mensch ... Mario, was hast du vor?«, ächzte der andere.

»Du scheinst heute auf deinem Verstand zu sitzen, Amico.« Celesti senkte die Stimme zu einem Murmeln, als er sagte: »Doch ganz einfach: Wir beide teilen uns den ganzen Schmonzes. Fifty-fifty also. Die Deutschen kriegen keinen Cent, keine einzige Lira. Ich warte ab, bis der Anschlag im Hafen stattgefunden hat, dann sehe ich zu, dass keiner mehr hinüberkommt. Du weißt, dass ein einziger Hinweis, ein Wort nur genügt, um alle Amerikaner mobil zu machen.«

Dulfio hatte sich gefasst. Was Mario vorhatte, war ungeheuerlich. Er empfand vor dem Freund Respekt und Abscheu zugleich. »Mein Lieber«, sagte er flüsternd, obwohl kein Mensch im Raum war, »das klingt alles ganz gut – scheint auch leicht zu machen zu sein, aber …«

»Aber?« Celestis dunkles Gesicht spannte sich. Die nachtschwarzen Augen funkelten. »Was heißt ›aber‹, Amico?«

»Ich … ich denke daran, dass die anderen auch nicht dumm sind, Mario. Wenn sie dir auf die Schliche kommen, dann …« Dulfio vollführte eine bezeichnende Handbewegung. »Du weißt, was mit Verrätern geschieht!«, setzte er noch ermahnend hinzu.

»Du sabberst heute«, seufzte Celesti, »du musst also mehr Geld beisammen haben, als du mir verraten hast.«

»Das ist nicht wahr, Mario. Wir wissen beide, was wir besitzen, wir haben bisher alle Geschäfte zusammen gemacht und recht gut verdient. Aber bei dieser Sache … ich weiß nicht recht, Mario – sie stinkt mir zu sehr.«

Celesti glitt vom Barhocker und ging zum Fenster, schaute eine Weile in den frühlingshaft blühenden Garten hinaus, ohne die Pracht der Blumen, der Magnolienblüten zu sehen. Plötzlich fuhr er herum. »Ich habe dir die Sache anvertraut, Enrico. Du bist der Einzige, der etwas davon weiß« – er kam langsam und mit drohendem Blick auf den anderen zu –, »und deshalb gibt es für dich nur eine Möglichkeit, und das ist die: Du machst mit!«

Dulfio war eine viel zu feige Natur, als dass er jetzt gewagt hätte zu widersprechen. Celesti war ihm über. In allen Dingen. Schon seit eh und je. »Na schön«, ächzte er.

»Viel Spaß scheint es dir nicht zu machen, wie?«, grinste Celesti.

»Was heißt Spaß! Wir haben bisher alles gemeinsam gemacht, wir werden auch noch diese Sache schaukeln.« Es klang ohne Schwung.

Celesti klopfte dem Freund auf die Schulter. »Sie wird klappen.« Er klemmte sich neben Dulfio auf den Barhocker und nahm das transpirierende Gegenüber scharf ins Auge. »Hör zu, Enrico«, sagte er halblaut und eindringlich. »Wir beide sind für unsere Vaterlandsdienste sehr dürftig belohnt worden. Du als ehemaliger Partisanen-Major und ich als so genannter Oberst des Geheimdienstes. Oder kannst du dich erinnern, dass das Vaterland dir irgendetwas für deine Verdienste gegeben oder ob es dir auch nur eine einzige Anerkennung dafür ausgesprochen hat?«

Dulfio schüttelte den Kopf.

»Na siehst du«, fuhr Celesti sanft fort. »Und jetzt frage dich auch, wofür du das alles getan hast?«

Der andere wollte den Mund aufmachen, aber Celesti nahm ihm die Antwort ab:

»Nichts ... für nichts hast du, habe ich alles getan. Wir müssen uns also selbst bezahlen. Oder glaubst du«, hob er mit theatralischer Gestik an, »dass dir auch nur ein einziger Italiener eine Lira für deine Verdienste schenkt? Dir die Hand dafür drückt, dass du dich vor den Deutschen verstecken und sie aus dem Hinterhalt umbringen musstest? Meinst du, Neapel dankt es dir, wenn du dich auf die Piazza Olivella stellst, dir auf die

Brust schlägst und ausrufst: Hört auf mit der Hurerei! Geht in die Kirche! Betet! Oder arbeitet! Enrico, sie würden dich steinigen, sie würden dich erst auslachen und, wenn du weiterredest, dich in Stücke reißen.«

»Hör auf, Mario«, stöhnte Dulfio.

Aber der andere fuhr mit teuflischer Beredsamkeit fort: »Wir ändern die Zeit nicht, wenn wir uns als Ehrenmänner, als Patrioten, als Idealisten auf die Bühne stellen, wir ändern das Elend nicht, wenn wir selber hungern, wir müssen mitmachen bei den Betrügereien, Enrico!« Er rüttelte Dulfio so stark, dass der Dicke vom Hocker zu fallen drohte.

»So sei doch schon still!«, fauchte Dulfio. »Ich mache ja mit! Gib her den Zaster!« Er wollte die Banknotenbündel zusammenraffen, aber Celesti legte beide Hände darüber.

»Halt! – Erst unterschreibst du mir eine Quittung. Das ist so üblich in der Geschäftswelt«, grinste er und sah gar nicht mehr wie ein patriotischer Eiferer aus.

»Gib auch das her«, keuchte Dulfio.

Er unterschrieb einen bereits ausgefertigten Vertrag.

»Grazie«, lächelte Celesti und faltete das Papier zusammen. »Noch etwas, mein Guter«, sagte er freundlich. »Falls es dir einfallen sollte, mich übers Ohr zu hauen, drehe ich dich durch den Wolf. Falls es dir einfallen sollte«, fuhr er leise fort, »mich bei meinen Leuten zu verpfeifen, ist immer jemand da, der dir den Hals umdreht!«

»Was denkst du von mir, Mario!«, entrüstete sich der andere.

»Ich baue ja nur vor«, beschwichtigte Celesti und klopfte Dulfio gönnerhaft die Schulter. »So, und jetzt pack die Blüten ein, und bringe sie so schnell wie

möglich unters Volk. Ich erwarte dich jeden Sonnabend mit der Abrechnung.«

»Si, Amico«, beeilte sich Dulfio zu versichern.

Sie tranken noch einen doppelten Whisky, sprachen
eine Weile von der sonnigen Zukunft und schieden als
gute Geschäftspartner.

Die Autowerkstatt Emilio Marzis lag unweit der
Hauptstraße in einem ruhigen Viertel. Hier wohnten
wohl arme, aber redliche Leute, die sich alle Mühe gaben, ohne Prostitution, Schwarzhandel oder sonstige
Zeitkrankheiten über die Gegenwart zu kommen.

Das Haus, in dem Perugio und Gruber einquartiert
wurden, war alt und hätte schon längst einer Instand-
setzung bedurft, aber Mastro Marzi, ein von der Gicht
vornüber gebeugter Alter mit grauem Wuschelhaar,
runzeligem Gesicht und grauem Schnurrbart, besaß
die Gleichmütigkeit des Südländers und sparte sein
mühsam erworbenes Geld für andere Zwecke. Signora
Anna war eine rundliche, nette Frau, die fest der Meinung war, Lorenzo und Pietro seien die neuen Gehil-
fen ihres Mannes; deshalb freute sich Mama Anna auch
und gab den beiden Männern gern das hübsche Zimmer im ersten Stock, aus dem man in ein verwildertes,
aber gerade deshalb anmutiges Gärtchen schauen
kannte, das sich an einen Felsen anschmiegte. Oben-
drauf thronte eine kleine Kapelle, die oft zu läuten
pflegte. Die Autowerkstatt Mastro Marzis war keineswegs modern, sondern hatte sich aus einer Schlosserei
entwickelt. Marzi galt als ausgezeichneter Schlosser
und verstand auch ziemlich viel von den neumodi-
schen Vehikeln, die dann und wann wegen eines mehr
oder weniger bedenklichen Defektes von der Auto-

straße, die unweit der Werkstätte vorbeiführte, abbogen auf Grund eines Schildes, das auf die Existenz dieser Autohilfe hinwies.

Die anderen Geheimdienstmänner wohnten ein paar Straßen weiter in einem ebenso unauffälligen Quartier. Brandon hatte Perugio die neuen Ausweise ausgehändigt, wonach Perugio jetzt Aris hieß und als Automechaniker galt, und Gruber als Lorenzo Fondi, geboren in Bozen und von Beruf Schlosser, ausgewiesen wurde. Die Ausweise waren so gut wie echt. Perugio und Gruber waren eben dabei, die Daten auswendig zu lernen.

Perugio lag angezogen auf dem Bett, die Zigarette im Mundwinkel, Gruber hockte am Fensterbrett und sah in den Garten hinunter. Ein weißes Taubenpaar gurrte verliebt um einen Napf Wasser herum. Die Sperlinge lärmten auf den Dächern. Es war eine friedliche Stimmung.

»Was hältst du von Celesti?«, fragte Perugio plötzlich.

Gruber schaute herüber. »Als Geheimdienstmann mag er gute Fähigkeiten besitzen, als Mensch möchte ich mit ihm nichts zu tun haben.«

»Genau mein Eindruck«, bemerkte Perugio und legte den Ausweis in die Brieftasche. »Glatt wie 'n Aal, skrupellos und, wie's scheint, in jeder Beziehung an der Quelle sitzend. Die Sache mit den Blüten ist bei ihm in guten Händen.«

Gruber nickte, und sie schwiegen wieder. Perugio schob die behaarten Arme unter den Nacken und schaute nachdenklich den Mann am Fenster an.

»Du bist ein komischer Kerl, Lorenzo«, sagte er.

»Ich? – Wieso?«

»Rennst tagelang neben uns her und schleppst einen

Sack voll Geld mit herum, das falsch ist. Stell dir vor, was passiert wäre, wenn sie uns unterwegs kontrolliert hätten! – So was kommt hier häufig vor, Amico!«

»Ich musste dieses Risiko auf mich nahmen, Pietro.«

»Wir sind nicht sehr erfreut von dieser Sache, das wirst du wohl inzwischen schon bemerkt haben.«

Gruber brannte sich eine Zigarette an. »Das weiß ich«, brummte er, das Streichholz in den Garten werfend. »Garzas Gesicht schien mir ganz besonders giftig zu sein.«

»Die Sache ist sehr dreckig.«

»Alles, was wir machen, ist dreckig, Pietro.«

»Das mag stimmen. Aber mit dem, was du uns da aus Deutschland gebracht hast, gewinnen wir den Krieg keineswegs. Wir verkürzen ihn damit auch nicht – wir plündern unser Land nur noch mehr aus. Und das ist das Hundsgemeine an dieser Sache.«

»Ich kann's nicht ändern, Pietro; es ist ein Befehl. Oder sollte ich das Geld wegwerfen?«

»Mir wär's nur recht gewesen und den anderen auch.«

»Die anderen sind Garza. Nur er reißt sein Maul auf.«

»Er mag dich nicht.«

»Das spüre ich.« Gruber glitt vom Fensterbrett und setzte sich neben Perugio auf die Bettkante. »Was hat Garza gegen mich?«

»Vielleicht ist dein zerhacktes Gesicht daran schuld, Lorenzo.« Perugio grinste gutmütig-spöttisch. »Du musst zugeben, dass man sich an deine Visage erst gewöhnen muss. Mir ist das gelungen – dem Garza noch nicht.« Er klopfte Gruber auf die Schulter und lachte kullernd.

41

Gruber blieb ernst und starrte auf den rissigen Fußboden nieder. »Es ist nicht das allein, Pietro«, murmelte er. »Garza hat etwas Besonderes gegen mich – ich spür's genau. Er weicht mir aus, er will sich nicht anschließen.«

»Er hat Angst vor dir.«

Grubers Gesicht kam langsam herum. Es sah wirklich zum Fürchten aus. Die hellen Augen in der zernarbten Landschaft eines Menschengesichtes schufen einen seltsamen Kontrast. Jetzt glühten diese Narben, und die Augen funkelten wie Glasscherben in der Sonne. »Er spinnt«, sagte er.

»Nein, er spinnt nicht, Lorenzo – er hat wirklich Angst.«

»Vor mir?«

»Ja, vor dir«, nickte Perugio. »Er weiß, dass du ein eiskalter Hund bist. Irgendjemand – ich weiß nicht, wer – muss ihm erzählt haben, dass du damals den Succi erschossen hast, als er schwer verwundet liegen blieb.«

Der andere senkte den Kopf. »Du weißt selber, wie's damals war.«

Perugio nickte. »Das habe ich Garza auch gesagt – ich habe ihm erklärt, wozu wir verpflichtet sind, wenn einer liegen bleibt und dem Feind in die Hände zu fallen droht.«

»Und was hat er darauf gesagt?«

»Dass er so etwas nicht machen könnte.«

Gruber erhob sich und ging zum Fenster hinüber. Dort stand er eine Weile und schaute hinaus. Groß und breit stand seine Figur im grün gefilterten Sonnenlicht. »Ich werde veranlassen, dass er heimgeschickt wird«, sagte Gruber nachdenklich. Dann warf er mit einem

42

Ruck die Zigarette in den Garten hinunter und drehte sich um: »Wir können keinen gebrauchen, der zimperlich ist.«

»Zimperlich ist er nicht«, korrigierte Perugio. »Nur jung. Sehr jung. Und vergessen wir nicht, dass er seinen ersten Einsatz mitmacht, Lorenzo.«

»Ich denke, Garza ist mit einer ausgezeichneten Note von der Schule abgegangen? Da muss man ihm doch auch gesagt haben, wie es bei uns zugeht und wozu wir verpflichtet sind, wenn es hart auf hart geht!«

»Manches von dem, was man uns eingetrichtert hat, bleibt Theorie, Lorenzo. Garza ist lediglich vor der Tatsache erschrocken, dass so etwas schon passiert ist.«

Kurzes Schweigen.

Von der Straße her ertönte das Geräusch eines Motorrades. Mastro Marzi hatte Kundschaft bekommen.

»Tja«, ließ sich Gruber vernehmen, »ich bin mir jetzt nicht mehr ganz sicher, ob wir Garza mitmachen lassen sollen. Du weißt selber, wie es zugeht, Pietro. Wenn auch nur ein Mann die Nerven verliert oder umfällt, sind wir alle zusammen erledigt. Dann war alles umsonst. Garza scheint mit falschen Vorstellungen zu uns gekommen zu sein. Ich werde mal mit ihm reden müssen.«

»Lass das, Lorenzo – das mache ich.«

Gruber schaute Perugio zweifelnd an. »Unter diesen Umständen erscheint es mir ratsamer, Garza noch beizeiten auszubooten. Vielleicht ist er auch schon bereit, einen Rückzieher zu machen.«

Perugio schüttelte den Kopf. »Der Junge ist trotzdem ehrgeizig. Es träfe ihn schwer, wenn er wieder gehen müsste. Meiner Meinung nach wird er ein guter Einzelkämpfer sein. Er ist nur noch nicht so abgestumpft, wie wir es sind, Lorenzo – er hat noch ein Gewissen. Wir haben keines mehr.« Perugio war aufgesprungen und lief im Zimmer hin und her. Dann blieb er vor Gruber stehen. »Ich werde mit ihm reden, Lorenzo. Ich werde ihm die abscheulichsten Dinge vorsetzen. Schluckt er sie, ist's gut – schluckt er sie nicht, muss er gehen.«

»Sage ihm bei dieser Gelegenheit auch, dass ich das Kommando übernehme, sobald die Sache im Hafen steigt.«

»Va bene, das werde ich tun.«

»Gut.« Gruber erhob sich und ging zum Schrank. »Ich gehe jetzt noch einmal in die Stadt, Pietro. Will mal herumhorchen, wo Nina steckt.«

»Vielleicht ist sie gar nicht mehr da.«

»Kann sein. Ich werde es ja von Alfredo erfahren.«

»Grüße den alten Knochen von mir.«

»Mache ich.« Gruber schnallte das Armhalfter um, kontrollierte die Pistole und zog dann die Lederweste an. »Wie machen wir das mit unserer Arbeit in der Werkstatt? Ich verstehe von der Schlosserei so gut wie nichts.«

»Dann werde ich mich unter die Autos legen«, sagte Perugio. »Etwas verstehe ich davon – zwar nicht viel, aber ich denke, es wird ausreichen. Auf jeden Fall kann ich einen Vergaser sauber machen.«

Sie lachten, und das makabre Thema von vorhin war vergessen.

Gruber fuhr mit der Vorortbahn nach Neapel. Sie war brechend voll mit schnatternden oder müde aussehenden Menschen, sogar auf den Trittbrettern hingen sie. Hafenarbeiter, Handwerker, Frauen und Mädchen.

Die Bahn rumpelte beängstigend und ächzte unter der Überlastung.

Gruber atmete auf, als er das fürchterliche Gedränge verlassen konnte. Er befreite sich aus dem Strom der Menschen, überquerte die Straße und strebte in eine der dunklen, zum Teil zerbombten Seitengassen hinein. Ein Konglomerat von Gerüchen lag in der dunklen Enge. Die Behausungen der Menschen lagen zwischen und in den Trümmern. Kindergeschrei, schrille Frauenstimmen, grölender Gesang, Musikfetzen verwoben sich zu einer fast unwirklichen Geräuschkulisse. Ein paar trübselige Gasfunzeln verliehen der elenden Gegend das Antlitz einer hohlwangigen Bettlerin.

Für Gruber hatte sich in diesem erbärmlichen Stadtviertel nichts geändert; er erkannte es am Gestank wieder, an den Geräuschen, an den schwindsüchtig schmalen Häusern. Niemand hatte die Trümmer beseitigt, die alliierte Bomben in dieses Elendsviertel gerissen hatten. Die übel riechenden Abfalltonnen standen wie eh und je in den finsteren Winkeln, Rendezvousplatz für verhungerte Köter und Gespensterkatzen, aber auch Ort eifriger Nahrungssuche für jene, die fernab des neuen Reichtums standen und nicht die Energie besaßen, sich an die Quelle neuer Genüsse zu setzen.

»He, Biondo – komm zu mir!«, rief eine Mädchenstimme aus einem finsteren Hauseingang.

Gruber eilte weiter. In einem der nächsten Häuser musste Alfredo Menzina wohnen.

Das Haus stand noch da, angehaucht vom matten Schein einer Gaslampe, schäbig, dem Verfall noch näher als vor Monaten. Die Geräusche überbelegter Internos drangen an Grubers Ohren, als er eine schmale

Treppe hinaufstolperte. In den zweiten Stock. Misstrauische Blicke, neckende oder freche Rufe folgten Gruber. Er beeilte sich, an Alfredo Menzinas Tür zu kommen; er fand sie. Dahinter plärrte ein Kleinkind. Wasser platschte in eine Schüssel. Jetzt sprach eine Frauenstimme.

Gruber klopfte an.

Aus den Stubengeräuschen ertönte eine Männerstimme. »Avanti!«

Gruber drückte die Tür auf und stand in einen spärlich erleuchteten, schrecklich unordentlichen Wohnraum. Eine Frau stand am Ofen und badete ein schreiendes Baby in der Emailleschüssel.

Der Geruch von Windeln, angebrannter Milch und Rauchgasen prallte Gruber ins Gesicht und legte sich beklemmend auf die Lungen.

»Mama mia, er ist es!«, rief Alfredo Menzina. »Lorenzo! Mich haut's um!«

»Buona sera, Signora«, sagte Gruber.

Die Frau hob das zappelnde Baby aus der Waschschüssel und packte es in einen Kinderwagen. Das Kind schrie schrill. Jetzt tauchte aus dem dunklen Hintergrund eine männliche Gestalt in Hemd und Hose auf, hüpfte auf einem Bein heran und hielt sich an der Tischkante fest.

»Madonna mia!«, stammelte die Frau. »Lorenzo!«

Nun kam auch die Frau heran. Sie trocknete ihre Hände an der durchnässten Schürze und rief: »Sie sind noch am Leben? Madonna mia, Madonna mia!«

Die Begrüßung war herzlich und wurde vom Geschrei des Kleinkindes begleitet. Im Hintergrund saßen noch drei Kinder im Alter zwischen drei und sechs Jahren. Sie waren halb nackt und hielten im Spielen inne, schauten mit großen Augen auf den Fremden und rissen die Mäulchen auf.

»Maria, Maria – wo sind meine Krücken?«, rief Alfredo. Die Frau reichte sie ihrem Mann. Alfredo hing sich daran und bat Gruber, Platz zu nehmen, sich die Jacke auszuziehen, es sich gemütlich zu machen.

»Na, das ist aber eine Überraschung«, sagte er. »Ich kann's noch immer nicht glauben, dass du es bist, Lorenzo.« Gruber starrte das leere Hosenbein des Freundes an. »Was ist dir passiert, Alfredo?«

»Amputiert worden. Blutvergiftung. – Nun setz dich doch schon, Lorenzo! – Ach so, du hast keinen Stuhl! – He, Peppo! Hol einen Stuhl! Fa presto!«

Der Sechsjährige, ein netter, schwarzer Kerl mit Kirschaugen und krausem Haar, schleppte einen Stuhl heran.

»Ich mache gleich Kaffee«, sagte die Frau. Sie musste früher einmal schön gewesen sein. Jetzt sah man in ihrem Gesicht die Spuren des schnellen Alterns, die Sorge, das Leid der Zeit. Die Unterhaltung kam sofort in Gang. Die Kinder krabbelten um Gruber herum. Das Kleine im Kinderwagen hatte sich beruhigt.

»Habt ihr wieder etwas in Neapel zu tun?«, fragte Alfredo.

»Wahrscheinlich, Amico«, grinste Gruber. »Erzähle jetzt, wie es dir ergangen ist.«

Da begann Alfredo zu erzählen, dass er sich bei der Arbeit am Bein verletzt hatte. Eine Blutvergiftung stellte sich ein. Das Bein musste abgenommen werden. »Es wäre nicht passiert, wenn wir Medikamente gehabt hätten«, sagte er mürrisch und bediente sich aus der dargebotenen Zigarettenpackung. »Damals hatten wir ja nicht einmal Wasser. Alles ging drunter und drüber. Heute zwar auch noch, nur anders 'rum.«

»Konnte dir Doktor Nervi nicht helfen?«

»Nervi?« Alfredo schüttelte den Kopf. »Der hing eines Morgens in seiner Wohnung.«

»Selbstmord?«

»Nein. Partisanen machten das, zwei Tage nach dem Einrücken der Amerikaner. Seine Tochter, die Antonia, sitzt heute noch im Gefängnis. Man hat ihr die Haare abgeschnitten. Und so ist es vielen ergangen, die damals mit euch Deutschen zusammenarbeiteten.«

Sie schwiegen. Die Kinder standen um Gruber herum und schauten ihn aus großen, neugierigen Augen an.

»Bekommst du wenigstens eine Rente?«, fragte Gruber den Freund.

Alfredo lachte bitter. »Rente? Natürlich! Dreiundvierzig Lire, Amico. Das ist zum Leben zu wenig und zum Sterben zu viel. – Ah … pah, hören wir auf davon!«

Die Frau war herangekommen und streichelte ihrem Mann das zerzauste Haar. »Es wird eines Tages besser werden, Alfredo«, sagte sie.

»Ich erleb's nicht mehr«, brummte er.

Gruber suchte in der Rocktasche nach einer Tafel Schokolade. Die Kinder jubelten auf und streckten ihre dünnen Ärmchen empor. »Bitte, bitte, Signore!«

»Bettelt nicht, ihr Bälger!«, schrie Alfredo. »Verschwindet!«

»Lass sie«, sagte Gruber und verteilte die Schokolade. »Grazie, Signore«, lispelte der hübsche Bub.

Die Kinder verschwanden mit ihrer leckeren Beute im Hintergrund.

Alfredo warf einen Seitenblick auf Gruber. »Du bist

noch immer der gute Kerl, Lorenzo – du hast dich nicht verändert. – Entschuldige, dass ich mich so gehen ließ.«

Gruber winkte ab. »Was ist aus Nina geworden?«, fragte er.

»Oh, Nina«, rief Alfredo. »Sie war vor kurzem hier. – Maria, sag, wann war Nina bei uns?«

»Vorigen Donnerstag«, kam es vom Ofen her.

»Und wo arbeitet sie jetzt?«, erkundigte sich Gruber.

»In der Calle Armenia einunddreißig. Warte, ich habe ihre Telefonnummer. – Maria, gib mir mal meine Brieftasche aus dem Rock!«

Die Frau brachte die verschlissene Brieftasche, und Alfredo begann darin herumzusuchen, bis er schließlich einen Zettel fand.

»Hier, das ist die Nummer, Amico.«

»Ich danke dir.« Gruber steckte den Zettel ein.

»Nina hat sich oft Gedanken und Sorgen um dich gemacht«, sagte Alfredo. »Sie wollte sogar nach drüben und dich suchen.«

Gruber lächelte. Sein Gesicht verlor dadurch den unheimlichen, starren Ausdruck. »Aber sie ist doch hier geblieben«, sagte er.

»Weil wir es ihr angeraten haben, Amico. Ich sagte zu ihr, du würdest schon mal wiederkommen, und jetzt bist du wirklich gekommen. Du weißt nicht, wie ich mich freue, Amico.« Er drückte Grubers Hand. Das Gesicht des Invaliden wurde plötzlich ernst. »Hör zu, Lorenzo«, sagte er mit abgewandtem Blick. »Ich muss dir etwas eingestehen. Das Geld, das du mir damals gegeben hast und das ich für dich aufheben sollte … ich hab's verbraucht. Mein Pech mit dem Bein, weißt du … der Aufenthalt im Hospital … es ging uns damals ganz dreckig, Amico. Es blieb mir nichts anderes …«

49

»Schon gut«, winkte Gruber ab. »Du hast mir damals auch geholfen, Alfredo. Damit ist die Sache ausgeglichen.«

Menzina bekam feuchte Augen. »Du bist ein feiner Kerl!«, sagte er und drückte Grubers Hand noch einmal.

Maria brachte den Kaffee und stellte Polenta auf den Tisch. Die Kinder kamen heran und machten lange Hälse. »Ich trinke nur eine Tasse Kaffee«, entschied sich Gruber, denn er wollte den Kindern nichts wegessen. Dabei blieb er, obzwar Alfredo ihn drängte, mitzuessen.

Das Abendessen war mehr als einfach. Arme Leute aßen sich an Polenta satt, während ein paar Straßen weiter die Schwarzmarktstrategen bei Schlemmergerichten saßen und dafür horrende Preise zahlten.

»Ich möchte mich noch mit Nina in Verbindung setzen«, sagte Gruber.

»Die wird Augen machen!«, lachte Alfredo. »Sie wird es nicht glauben wollen.«

»Kommst du noch ein Stück mit, Alfredo?«, schlug Gruber in bestimmter Absicht vor.

»Aber ja, Amico, gern.«

Alfredo zog seinen verschlissenen Rock an, setzte die speckige Baskenmütze auf den Kopf und klemmte die Krücken unter die Achseln.

»Sie besuchen uns doch bald wieder?«, fragte die Frau.

»Ganz sicher«, versprach Gruber, reichte der Frau die Hand, streichelte die Köpfe der Kinder und verließ das armselige Interno des Freundes mit einem heiteren »Ciao!«.

»Ciao!«, riefen helle Kinderstimmen hinter ihm her.

Sie gingen Seite an Seite die dunkle Gasse entlang und schwiegen. Geflüster, Zurufe verfolgten die beiden unterschiedlichen Gestalten. Groß und elastisch ging der Deutsche neben dem zwischen Krücken schwingenden Italiener her.

»Zigaretten, Signore?«, flüsterte es aus der Dunkelheit.

Gruber erstand ein paar Pakete Camel und gab sie Alfredo.

»Kommt nicht in Frage!«, protestierte der Invalide.

»Mach keinen Quatsch!«, schimpfte Gruber und schob ihm die Zigaretten in die Tasche.

Auf einer der vielen kleinen Piazzas blieben sie stehen und setzten sich auf die Stufen eines Brunnens. Von irgendwo ertönte Mandolinenmusik. Ein paar Mädchen gingen mit klappernden Absätzen über das Katzenkopfpflaster und verschwanden kichernd in Richtung der Hauptstraße. Die beiden Männer auf der Steinstufe rauchten.

»Wie lange bleibst du diesmal hier?«, fragte Alfredo.

»Genau weiß ich das nicht. Es liegt allerhand an. Sicher werden es ein paar Wochen werden, Alfredo.«

»Kann ich dir irgendwie behilflich sein?«

»Deshalb habe ich dich gebeten, mich zu begleiten. Ich brauche dich. Du musst mir eine Gelegenheit verschaffen, in den Hafen zu kommen.«

»Du willst wieder ein Ding drehen?«, fragte Alfredo leise.

»So lautet mein Auftrag, Amico.«

»Hm …« Alfredos Zigarette glühte ein paar Mal auf – »natürlich könnte ich dir eine Gelegenheit verschaffen«, ließ er sich vernehmen. »Ich kenne Rocco, meinen früheren Vorarbeiter. Wenn du gute Papiere mitbringst, könnte ich dich in seiner Kolonne unterbringen.«

»Die Papiere sind da.«

»Va bene. – Nur eine Sorge habe ich, Lorenzo.«

»Na?«

»Wenn du im Hafen ein Ding drehst, kommt mir die C. I. C. auf den Hals, und ich habe schließlich Familie, Lorenzo. Du weißt selber, wie unangenehm diese Burschen werden können, wenn sie einen im Schwitzkasten haben.«

»Du kannst beruhigt sein, Alfredo – ich will mich nur umschauen im Hafen. Mehr nicht. Sobald ich die Gegend genauer kenne, verschwinde ich aus der Kolonne. Dann verstreicht noch eine längere Zeit und …« Gruber brach ab.

»Ich werde mit Rocco reden«, sagte der andere. »Komm in den nächsten Tagen zu mir, dann sage ich dir, was ich ausgemacht habe.«

»Gut. – Du tust mir damit einen großen Gefallen. Du machst es auch nicht umsonst, Alfredo.«

»Quatsch nicht.«

Gruber holte die Brieftasche hervor und nahm ein paar Scheine heraus. »Hier. Fünfhundert. Mehr kann ich im Augenblick nicht entbehren. Nimm sie!«

»Nein, Lorenzo. Du hast mir schon Geld gegeben, damals …«

»Nimm, sag ich!«

Alfredo wollte nicht.

»Zum Teufel, du sollst das Geld nehmen!«, zischte Gruber und schob ihm die Scheine in die Tasche.

»Grazie, Amico«, brummte Alfredo und rappelte sich hoch. Auch Gruber stand auf.

»Du wirst jetzt Nina anrufen müssen«, erinnerte

Alfredo. »Grüße sie von mir. – Triffst du dich noch heute mit ihr?«

»Ich hab's vor.«

»Dann viel Spaß, Lorenzo.«

Gruber drückte Alfredo die Hand.

»Wir hören noch voneinander«, sagte der Italiener.

»In den nächsten Tagen. Mach mir einen anständigen Job aus, hörst du! Als Stauer oder so.«

»Wird in Ordnung gehen, Amico. Ciao!«

»Ciao, Alfredo!«

Alfredo Menzina klemmte die Krücken unter die Achseln und schaukelte in das finstere Elendsviertel zurück, aus dem er sich wohl nie mehr würde befreien können. Ein anständiger Kerl humpelte in die Gassenschlucht – ein Mensch, der ein besseres Schicksal verdient hätte. Aber weil er anständig war, musste er im Dreck leben. Für immer.

Gruber zuckte zusammen. Jemand hatte ihn berührt. Seine Hand fuhr unter die linke Achsel.

»Biondo, so allein?«, fragte eine Mädchenstimme.

Gruber zog die Hand zurück. »Nicht mehr lange, Ragazza«, lachte er.

»Du hast schon eine?«, fragte sie. Ihre Zähne schimmerten aus der dunklen Fläche ihres Gesichtes, ihre Augen hatten einen feuchten Glanz.

»Genau, Cara mia«, sagte Gruber.

»Ich bin gesund«, lockte sie.

»Bleib's weiterhin, Cara mia.«

»Gib mir wenigstens eine Zigarette«, bettelte sie.

Er gab ihr eine Packung Camel und ließ sie stehen. Ihr halbblaues »Grazie« klang hinter ihm her. Armes Neapel, dachte Gruber, als er der Hauptstraße zustrebte. Warum bist du so? Warum liebe ich dich trotzdem?

Auf der Hauptstraße empfing ihn der Lärm des Verkehrs. Militärautos, Karetten, Motorräder fluteten auf und ab. Die Gehsteige waren dicht bevölkert. Mädchen flanierten mit GIs, schwarzen Soldaten, Franzosen – mit all den vielen Siegern, die sich in diese gemarterte Stadt ergossen hatten und ihren Wert und Unwert bestimmten.

Gruber schlenderte inmitten des lachenden, schäkernden Völkergemisches. Aufgedonnerte Signorinas saßen vor den Cafeterias und zeigten auffordernd lächelnd ihre Beine. Schieber und Zuhälter lehnten an den Häusern und lauerten auf Kundschaft.

»He, du – suchst du Anschluss?«, flüsterte es neben Gruber.

Er ging weiter, wich einer Gummiknüppel schwingenden Militärstreife aus und kam etwas später am »Albergo Universo« vorüber. Früher war hier das deutsche Marine-Bordflak-Kommando einquartiert, jetzt patrouillierte ein Kaugummi kauender Posten vor dem Portal auf und ab.

An der nächsten Straßenecke war eine Cafeteria. Musik und Lärm drangen aus der offen stehenden Tür.

Gruber ging hinein. Das Lokal war bis auf den letzten Platz besetzt. Und wieder sah Gruber nur Soldaten und Mädchen. Als ob es in Neapel nur diese Sorten Menschen gäbe! Ein riesenhafter Schwarzer stand vor der Theke und bewegte den athletisch gewachsenen Körper im Takt der Rumba, die eine Drei-Mann-Kapelle spielte. Die Mädchen klatschten den Takt, und aus der Menge kamen anfeuernde Zurufe.

Hinter der Theke stand der fette Wirt und schenkte Wein und Schnaps aus.

»Kann ich bei Ihnen mal telefonieren?«, fragte Gruber.

Der Wirt musterte ihn rasch und deutete mit dem Glatzkopf über die Schulter. Das Telefon hing neben der Theke an einer schmutzigen, mit Zahlen und Namen bekritzelten Tapetenwand.

Gruber suchte den Zettel hervor und wählte dann Nina Morins Telefonnummer.

Das Haus Nummer 31 in der Calle Armenia lag in einem parkähnlichen Gartenstück. Man gelangte durch ein schmiedeeisernes Tor zu dem kastenförmigen, mit hohen Fenstern und einem Mittelbalkon versehenen Gebäude. Vor dem herrschaftlichen Portal standen vier amerikanische Limousinen.

»Casa Stellina« nannte sich das feudal wirkende Anwesen, in dem Madame Dubois, eine gebürtige Pariserin, ihre Apartements samt lebendem Inventar an zahlungskräftige Amerikaner vermietete.

»Casa Stellina« erfreute sich regen Zspruches, was nicht zuletzt darauf zurückzuführen war, dass Madame Dubois ein paar gute Bekannte in der Militärregierung hatte.

Im ersten Stockwerk spielte jemand Klavier. Die hohen Fenster waren mit Gardinen zugezogen, die rötliches Licht filterten.

Es war kurz nach zweiundzwanzig Uhr, als das Dienstmädchen den Hörer vom Telefon hob und dem Anrufer die gewählte Nummer bestätigte.

»Sie wünschen, Signore?«, fragte das hübsche Mädchen.

»Ich möchte Signorina Nina sprechen«, sagte eine tiefe Männerstimme.

»Einen Augenblick, ich muss erst Madame fragen.«

Madame Isabelle Dubois hatte den ersten Frühling schon lange hinter sich, aber sie sah trotzdem – zumal bei abgeschirmtem Licht – noch so gut aus, dass ihr die Offiziere der Siegermächte Komplimente machten und die Hand küssten. Sie hätte es keinem verziehen, wenn er in einem Anfall von Zorn oder Eifersucht das »Casa Stellina« als Bordell oder sonst wie seiner gewerblichen Bestimmung entsprechend bezeichnet hätte.

Madame Dubois legte stets den größten Wert darauf, dass die Ouvertüren zu den irdischen Freudenakten kunstvoll und den Regeln des Hauses entsprechend gespielt wurden. Die Preise dafür waren entsprechend hoch, schlossen dafür aber auch jedes gesundheitliche Risiko aus, dem man anderswo ausgesetzt war.

Im Augenblick, als das Dienstmädchen an die Tür klopfte, saß Madame Dubois hinter ihrem zierlichen Rokoko-Schreibtisch und trug die Verdienste des vorigen Tages in das sauber geführte Wirtschaftsjournal ein.

»Prego?«, rief Madame, ohne von ihrer Arbeit aufzuschauen, worauf das Mädchen eintrat, knickste und meldete: »Ein Herr ruft an und wünscht Nina zu sprechen.«

Madame schaute auf: »Wer ist es?«

»Das hat er nicht gesagt.«

»Dann frage ihn.«

Das Mädchen ging an den Apparat zurück, forderte Gruber auf, seinen Namen zu sagen, und betrat mit dem Bescheid: »Es ist ein Herr Lorenzo«, wieder den Salon.

»Lorenzo?«, wiederholte Madame und dachte nach. Sie kannte niemanden dieses Namens und schüttelte den Kopf. »Da könnte ja jeder kommen.«

Das Mädchen lief noch einmal in die Diele zurück und sagte das dem Teilnehmer.

»Ich bin ein alter Bekannter von Nina«, bat die tiefe Männerstimme. »Ich muss Nina in einer sehr wichtigen Angelegenheit sprechen.«

Madame Dubois runzelte die stark gepuderte Stirn, als sie erneut gestört wurde. Möglich, dass Nina mit Herren in Verbindung stand, die irgendwie von Wichtigkeit waren. Das hätte sie ihr aber doch sagen können!

»Wer ist bei Nina?«, fragte sie das Mädchen.

»Leutnant Charles Dombrowsky, Madame.«

»Ach ja – stimmt«, nickte Madame zerstreut.

Dieser Charles Dombrowsky, ehemaliger polnischer Staatsangehöriger, 1940 auf abenteuerlichem Wege von Deutschland nach Amerika geflohen, jetzt Leutnant in der US-Army und als Warenverteiler im P. X. tätig, war für Madame Dubois genauso wichtig wie Jean Greville, der Sektlieferant. Es musste daher überlegt werden, ob man Nina von ihm wegholen konnte, woraus für Charles die Meinung entstehen könnte, hier eine Kuh zu sein, die fleißig gemolken wurde. Andererseits, so überlegte Madame, konnte man auch nicht wissen, wen die eigensinnige und manchmal sehr undurchsichtige Nina noch an der Strippe hatte; man musste in der heutigen Zeit nach allen Richtungen hin Vorsicht walten lassen.

»Gut«, nickte Madame endlich, »verständige Nina, dass sie am Telefon verlangt wird. Sage es ihr aber so, dass es Monsieur Leutnant nicht hört.«

»Si, Signora.« Das Mädchen knickste und lief in den ersten Stock hinauf, wo die Apartements der Signorinas lagen. Das Nina Morins war ein großer Doppelraum mit hohen, jetzt verhangenen Fenstern und einem Balkon. Aus einer arabischen Öllampe schwelte

rotes Licht und beleuchtete sehr ungewiss die plüsch-
farbene Pracht dieses intimen Interieurs.

Das Dienstmädchen hätte gar nicht so leicht anzu-
klopfen brauchen, denn Leutnant Charly lag auf Ninas
Couch, nur mit Hemd und Hose bekleidet, das blat-
ternarbige Gesicht müde zur Seite gerollt, den Mund
halb offen – schlafend. Charly hatte entschieden zu
viel warmen Sekt getrunken.

Nebenan klimperte jemand mit Gläsern und Flaschen. Radio Rom sendete leise Tanzmusik.

»Was ist, Betty?«, fragte Nina durch die Tür.

»Sie werden am Telefon verlangt«, hauchte das
Mädchen herein.

»Ich?« Nina trat vor die Tür und zog sie hinter sich zu.

»Si, Signorina«, flüsterte Betty. »Ein Signore Lorenzo möchte Sie sprechen.«

Nina Morin war das, was man eine südliche Schönheit nennt: von herrlich gewachsener, ebenmäßiger
Gestalt, mit langem, blauschwarzem, über die Schultern flutendem Haar. Ihr großflächiges Gesicht war
von bronzefarbener Tönung. Im reizvollen Kontrast
zu diesem südländischen Antlitz mit den starken, über
der Nasenwurzel zusammengewachsenen Brauen und
der kleinen, kühn gebogenen Nase standen ihre Augen. Hellblaue, lang bewimperte Augen, die ihre je-
weilige Stimmung widerspiegelten. Sie konnten zu
schmalen Hasslichtern werden oder verwandelten sich
in abgrundtiefe, hingebungsvolle Seen der Zärtlichkeit – oder sie konnten, wie jetzt, maßlos erschrocken
schauen, weit offen, ungläubig.

»Lorenzo?«, stammelte sie, und zugleich tasteten
ihre wunderbar schmalen Hände zum Mund, als müss-
ten sie einen Schrei der Freude unterdrücken.

»Si, Signorina«, nickte Betty.

Da raffte Nina den seidenen Morgenmantel zusammen, jagte die teppichbelegte Treppe hinab und stürzte zum Telefontischchen, auf dem der Hörer lag.

Nina hielt ihn in der Hand. Sie atmete erregt. Die Nasenflügel blähten sich. Die langen Wimpern verdeckten die Augen. Ihr sinnlicher, zu großer und deshalb gewöhnlich wirkender Mund lächelte glücklich. Sie gab sich einen Ruck.

»Pronto?«, meldete sie sich und lehnte sich an die Wand.

»Bist du es, Nina?«, fragte Grubers Stimme.

Sie zögerte mit der Antwort, sie genoss noch einmal die Freude, das jäh auflodernde Glück dieser Begegnung und sagte dann: »Ich bin es.«

»Na endlich«, kam die Antwort. »Freust du dich, Ragazza?«

»Ja, Lorenzo – ja … ja … Mehr, als ich jetzt sagen kann.« Sie hielt wieder die Augen geschlossen. Der seidene Morgenmantel hatte sich geteilt; man sah die bronzefarbenen, ebenmäßig gewachsenen Beine aus den dunklen Kleidfalten schimmern.

»Ich muss dich wieder sehen, Ragazza«, bat Grubers tiefe Stimme.

»Heute geht es nicht mehr, Biondo.«

»Wann?«

»Morgen. – Morgen, Biondo. –« Ihr rannen plötzlich dicke Tränen über die Wangen und verloren sich auf dem schwarzseidenen Mantelgewebe. »Morgen, Biondo«, wiederholte sie noch einmal.

»Wo, Ragazza – und wann?«

Sie wischte die Tränenspuren mit dem Handrücken fort. »Komm morgen um vier zur Vicolo della Torretta. Du weißt doch, wo das ist? Am Ende der Riviera di Chiaia!«

»Ich weiß, Nina. Ich freue mich irrsinnig auf unser Wiedersehen!«

»Biondo, ich bin völlig durcheinander.« Sie warf einen gehetzten Blick zur Treppe hinauf. »Wir können nicht mehr weitersprechen, Biondo. Morgen ... morgen sagen wir uns alles. Ich werde pünktlich sein. – Gute Nacht, Biondo.«

»Es wird eine lange Nacht für mich werden, Nina.«

»Denke an morgen.«

»Ja, Nina – bis morgen also. Gute Nacht.«

Es knackte in der Leitung.

Nina Morin legte leise den Hörer auf die Gabel zurück und lächelte wie im Traum.

Vor einem Jahr war es, als sie sich kennen lernten. Sie lag am Strand und sonnte sich. Plötzlich spürte sie, dass ein Schatten auf sie fiel. Da stand er vor ihr, nur mit der Badehose bekleidet, mit nasser Haut, braun, gesund wie seine schimmernden Zahnreihen. Biondo, nannte sie ihn ein paar Stunden später. Blonder. Mein Blonder. Und sie streichelte sein Haar, sie ließ sich von ihm küssen und sagte ihm erst am nächsten Morgen, wer sie war. Er nahm es gelassen hin und nickte nur. Und weil er nichts fragte, weil er sie trotzdem liebte, liebte sie ihn. Nur ihn. Dann verschwand er, wie er gekommen war. Und das Warten begann, das schreckliche, hoffnungslose Warten. Sie träumte von ihm und sah ihn in einer Sprengwolke verschwinden. Sie sah ihn sterben und wollte zu ihm, doch etwas hielt sie krampfhaft fest, und sie schrie – schrie, bis sie erwachte und der fremde Mann neben ihr fragte, was los sei.

Nun war ihr Biondo wieder da. Sie hatte seine Stimme gehört, sie hörte sie noch immer und lauschte ihr.

»Domani, morgen!«, flüsterte sie lächelnd, als sie die Treppe hinaufstieg.

Leutnant Charly schlief noch immer und merkte nicht, dass Nina Morin ihn geringschätzig ansah, sich dann abwandte und die Nacht im Liegestuhl auf dem Balkon verbrachte.

Der deutsche Oberfähnrich war mit dem Erfolg des nächtlichen Ausfluges zufrieden und dachte, während er den Weg nach Torre Annunziata zu Fuß zurücklegte, über alles nach, was erledigt worden war. Alfredo würde den Job im Hafen besorgen, und Nina war aus der Million Menschen in der Stadt herausgefunden worden. Zufall oder Glück?

Gruber ging rasch und vergaß nicht, die nächtliche Umgebung im Auge und die Hand in der Nähe des Pistolenhalfters zu halten. Überall lungerte zwielichtiges Volk herum. Man musste auf der Hut sein.

Liebe ich Nina?, fragte er sich. – Nein, aber ich mag sie gerne. Sie ist das, was man einen »feinen Kerl« nennt, sie ist verlässlich und immer da, wenn man sie braucht. Gruber war über Ninas Vergangenheit im Bilde. Drüben auf Sardinien hatte sich vor knapp zwei Jahren eine Eifersuchtstragödie abgespielt, wie sie auf den Mittelmeerinseln häufig vorkommen. Der frühere Liebhaber der schönen Nina, Thomasino, musste dem bildhübschen Vermessungsingenieur Romano Monti weichen. Monti kam auf die Insel, um eine Küstenbefestigung vorzubereiten. In Olbia lernte er Nina kennen und verliebte sich auf den ersten Blick in sie. Kurze Zeit darauf fand man ihn erstochen in seinem

Quartier. Thomasino, der Mörder, flüchtete in die Berge, wurde von einem Kommando gestellt und erschossen. Den Gesetzen der Insel entsprechend schwor Thomasinos Sippe der schönen Nina Rache, worauf Nina bei Nacht und Nebel die Insel verlassen musste. Von nun an begann für Nina jenes Leben, in das sie sich immer mehr verstrickte: das Leben einer Prostituierten. Erst waren es deutsche Offiziere, dann alliierte. Gruber lernte Nina vor einem Jahr kennen. Sie arbeitete damals für ihn und entpuppte sich als geschickte Agentin.

Gruber fühlte sich zu Nina hingezogen, ohne jedoch die Kontrolle über sich selbst zu verlieren; er behielt immer einen klaren Kopf. Sie reizte ihn als Frau, sie war wertvoll für ihn und seine gefährlichen Aufgaben. Es war nicht schwer, Nina zu lieben, und er, der lautlose Kämpfer im Dunkel, er, der Mann, dem das Sterben jeden Tag befohlen werden konnte, er genoss an Ninas Seite das Leben in seinen gelöstesten und glücklichsten Momenten. So kam es also, dass Nina Morin für den deutschen Oberfähnrich und Geheimdienstmann Lorenz Gruber Geliebte und Mittel zum Zweck zugleich war.

Es ging schon auf zwei Uhr morgens zu, als Gruber sein Quartier erreichte. Leise schlich er ins Haus, stieg über die knarrende Treppe in den ersten Stock und tastete nach der Türklinke. Drinnen ertönte das Geräusch einer ächzenden Bettstelle. Leise Schritte näherten sich der Tür.

»Ich bin's«, flüsterte Gruber. »Lorenzo.«

Die Tür ging auf. Perugio stand hinter ihr, die Pistole in der Hand.

»Steck das Ding weg, Pietro«, brummte Gruber.

»Mensch«, sagte der andere ärgerlich, »wo treibst du dich 'rum? Ich dachte schon, dir wäre etwas passiert.«

Gruber tastete sich zum Bett, warf sich darauf nieder und streifte die Schuhe von den Füßen.

»Alles in Ordnung, Pietro.«

Der Freund kam heran und nahm Grubers Jacke. »Hast du Nina ausfindig gemacht?«

»Jawohl.«

»Und?« Perugio hängte die Lederjacke über die Stuhllehne, nahm jetzt Grubers Pistolengehänge.

»Ich treffe mich morgen mit ihr.« Gruber streifte die Hosen ab und schleuderte sie mit dem Bein in den Raum. Perugio hob auch die Hose auf und legte sie über die Lederjacke. »Sonst noch was Neues?«, fragte er.

»Ich war auch bei Alfredo. Dem armen Kerl geht's dreckig. Hat ein Bein amputiert bekommen.« Gruber streckte sich und gähnte unterdrückt. »Neapel ist noch ärmer geworden, Pietro. Wohin du schaust: Schieber, Huren und Soldaten.«

Perugio setzte sich auf den Bettrand. »Bist du noch fähig, etwas aufzunehmen?«, fragte er.

»Na klar«, lallte Gruber, die Arme unter dem Nacken und sich in die Decke wühlend. »Was ist los?«

»Ich habe mit Garza gesprochen.«

»So, so …«

»Vermutlich wird er sich jetzt dir gegenüber etwas freier benehmen. Ich habe ihm gesagt, wer du bist und was du für unser Land schon alles getan hast. Als Garza hörte, dass du die ›Goldene‹ hast, wurde er klein.«

»Mhm …«, grunzte Gruber schläfrig. »Und … und was hast du … ihm noch erzählt?«

»Dass du damals in Alexandrien zum Tode verurteilt wurdest und noch rechtzeitig abgehauen bist, dass du dich für mich bei deinen Landsleuten eingesetzt hättest, als Badoglio den Waffenstillstand mit den Alliierten schloss – kurzum, sich habe Michele Verschiedenes erzählt, was er bisher nicht wusste.«

»Mhm.«

»Jemand muss dich bei ihm madig gemacht haben. Er sagt nicht, wer es war, hat aber zugegeben, dass man ihn vor dir warnte. Wo du mitmachtest, sagte Michele, blieben immer Tote liegen.«

»Mhm.«

Pietro schwieg.

Gruber atmete tief und gleichmäßig. Da wusste Perugio, der Kamerad schlief. Er deckte ihn fürsorglich zu und ging zu seinem Bett zurück.

Die Nacht war vollkommen still. Im Garten begann ein Vogel zu piepsen. Ein Balken Mondlicht wanderte durch die Stube. Oberleutnant Pietro Perugio lag noch lange wach und dachte über das nach, was er vorhin zu Gruber gesagt hatte.

Gruber schmatzte leise mit den Lippen; dann drehte er sich mit einem Schnaufer um und murmelte etwas.

Pietro Perugio grinste vor sich hin, denn er hatte deutlich den Namen Nina gehört.

Es war Punkt vier Uhr, als sie kam.

Sie trug ein groß geblümtes Sommerkleid, hatte die Haare einfach im Nacken zusammengebunden und kam auf hohen Absätzen, eine große, helle Tasche am Arm, herangestöckelt.

Sie ist es, dachte Gruber und drehte sich um, ging langsam an einem mit Jasminbüschen gesäumten Zaun entlang und horchte mit spitzbübischem Lächeln auf das rasche Klappern der hohen Absätze. Er ging etwas schneller. Plötzlich drehte er sich um und breitete die Arme aus.

»Nina!«

Sie flog auf ihn zu und warf sich in seine Arme. »Biondo!« Sie küsste ihn auf die Wangen, Stirn und dann auf den Mund.

»Du«, lachte er heiser, und die Narben in seinem Gesicht glühten, die Augen funkelten. »Du!« Er bog ihren Kopf in den Nacken. »Du hast dich nicht verändert, Cara mia, du bist noch immer schön.«

»Und glücklich«, ergänzte sie strahlend, »sehr glücklich.«

Sie küssten sich wieder und wussten beide, dass diese Nacht nur ihnen gehören würde.

Am Ende des Zaunes begannen Platanen, unter denen Bänke standen. Ein paar alte Leute saßen im Schatten. Drüben auf einem Sandhaufen spielten Kinder.

Nina hing schwer an Grubers Arm, als er sie auf eine leere Bank zuführte. Sie setzten sich. Nina schmiegte sich an ihn und streichelte seine Hände, küsste sie und streichelte sie wieder.

Gruber spürte, dass Nina ihn noch immer liebte, spürte ihre Sehnsucht, ihre hingebungsvolle Bereitschaft. Nina ist voller geworden, stellte er fest. Die festen Brüste spannten den dünnen Kleiderstoff, die Haut schimmerte goldbraun. Er küsste ihre Schulter und ihren Nacken.

»Bleibst du länger hier?«, fragte sie.

»Ein paar Wochen«, sagte er, sich zur Ruhe zwingend. »Und wie ist es dir ergangen?«

Sie begann zu erzählen, dass sie seit Oktober vorigen Jahres bei Madame Dubois arbeite und bei ihr als »bestes Pferd« im Stall gelte. Sie lachte dabei. Dann plapperte sie von gutem Verdienst und anständiger Behandlung.

Die beiden auf der Bank vergaßen die Umwelt, vergaßen, dass Krieg war und die Front unweit von Neapel, bei Cassino, rumpelte, dass in den Krankenhäusern und Lazaretten die Verwundeten wimmerten und ihre Glieder verloren. Die Sonne schien durch das frische Laub der Bäume, die Kinder lärmten drüben auf dem Sandhaufen, und ein paar Spatzen hüpften frech vor den Füßen des Liebespaares hin und her und warteten auf Futterkrumen.

»Sagte dir Alfredo, dass ich nach drüben wollte?«, fragte Nina ihn jetzt.

»Ja. Es ist aber besser, dass du hier bliebst, Nina.«

»Das hat er mir auch eingeredet, der gute Alfredo«, nickte sie. »Er ist sehr arm dran. Ich versuchte öfters, ihm zu helfen, aber er nimmt nichts an – er tut dann sehr beleidigt.«

»Er ist ein komischer Kerl, der Gute!«

Nina presste sich an Gruber und legte den Arm um seinen Nacken. »Ich musste viel an dich denken, Biondo. Ich träumte oft von dir. Ganz schreckliches Zeug.« Sie rieb ihre Stirn an seiner Schulter und schaute dann zu ihm auf. Ihre Augen waren weit offen und abgründig. »Und wenn du wieder fortgehst, dann … dann nimmst du mich mit, nicht wahr?«

»Vielleicht lässt es sich so einrichten«, murmelte er, an ihr vorbeisehend. »Fest versprechen kann ich es dir nicht, Nina. Es müssen viele Frauen warten.«

Sie schwiegen eine Weile. Dann seufzte Nina und fragte:

»Brauchst du ein Zimmer? Ich habe dir eins besorgt.«

»Ich danke dir. Natürlich brauche ich ein Zimmer.

Wir sind vorläufig in Torre Annunziata untergeschlüpft, aber ich möchte gern ein Ausweichquartier haben. Wo liegt es?«

»In Portici! Es war nicht leicht, ein Zimmer zu bekommen und es so lange freizuhalten, aber Signora Glori machte es doch möglich. Sie ist eine nette Frau. Ihr Sohn wurde beim Einzug der Amerikaner vom Mob umgebracht, weil er zu den Deutschen hielt. Sie wird es dir erzählen, Biondo, denn sie redet von nichts anderem als von ihrem Enrico.«

»Va bene«, nickte Gruber. »Und wie lange hast du Zeit für mich?«

»Bis Montag«, sagte sie rasch.

»Oh, das ist wunderbar. Dann haben wir ja drei Tage für uns, Cara mia.«

Sie küssten sich lange und heiß.

Nina schob ihn sanft von sich und strich sich eine dunkle Haarsträhne aus der Stirn. »Ich schlage vor, dass wir jetzt in dein Quartier gehen. Ich habe deinen Koffer hingebracht. Du kannst dich umziehen, und dann gehen wir aus. Wir machen uns drei wundervolle Tage. Einverstanden?«

»Aber ja«, lachte er. »Komm, gehen wir. Ich möchte erstens ein Bad nehmen, zweitens meine Klamotten wechseln und drittens ...« – er sah ihr tief in die Augen und sagte leise: – »... mit dir ganz allein sein.«

Signora Gloris Häuschen lag in einem entzückenden Gartenstück.

Bevor sie auf das Einfamilienhaus zugingen, blieb Nina stehen und drehte an Grubers Jackenknopf.

»Hör zu, Biondo. Ich habe dich bei Signora Glori als meinen Bräutigam angekündigt. Du arbeitest bei den Alliierten in Palermo, verstanden?«

Er schmunzelte und sah die Verlegenheit in ihrem bronzefarbenen Gesicht. »Aha«, sagte er, »zum Bräutigam hast du mich also gemacht. Es kann mir nur recht sein.«

»Komm jetzt«, haspelte sie und zog ihn auf das Haus zu.

Nina zog eine Schelle. Niemand kam. Alles blieb still.

»Sie ist bestimmt zu Hause!«, flüsterte Nina.

Gruber spürte ein eigenartiges Prickeln im Blut. Rasch beugte er sich über Nina und küsste sie mit schmerzhafter Heftigkeit. In diesem Augenblick ertönten hinter der Haustür schlurfende Schritte. Ein Schlüssel rasselte im Schloss.

»Buon giorno, Signora«, grüßte Nina eine kleine, weißhaarige Frau, der man den Kummer auf den ersten Blick ansah.

»Oh, Sie sind es, Signorina«, lächelte Signora Glori.

Nina stellte Gruber vor. Er drückte eine weiche, zitternde Frauenhand, schaute in ein trübes Augenpaar und murmelte seinen Gruß.

»Ich habe schon von Ihnen gehört«, sagte die weißhaarige Frau. »Kommen Sie nur herein, das Zimmer ist für Sie reserviert.«

Es war ein hübsches, sonniges Zimmer, in dem sich Gruber beifällig umschaute. Hier ließ es sich gut wohnen. Alles blitzte vor Sauberkeit. An der Tapetenwand hing ein großes Bild, aus dem ein junges Gesicht herauslächelte.

»Mein Sohn Enrico«, sagte eine brüchige Stimme neben Gruber. Signora Glori weinte in die Hand hinein.

Nina legte den Arm um die kleine, schmale Frau und sprach leise Trostworte. Unbekümmert lächelte

Enrico Glori aus dem Bilderrahmen, ein junger italienischer Soldat, der unter dem Wüten des Mobs sein Leben ausgehaucht hatte. Ein Held?

Die alte Frau fasste sich. »Das Bad ist nebenan«, sagte sie. »Wenn Sie etwas brauchen, dann sagen Sie es mir. Hoffentlich fühlen Sie sich wohl in Enricos Zimmer.«

Sie verließ gebeugt das Zimmer und schloss leise die Tür. Gruber ging zum Fenster und schaute hinaus, zog einen im Wind wehenden Weinlaubzweig heran und roch daran. Der Blick fiel auf frisches Grün und blühende Büsche. Blütenweiße Wäschestücke flatterten fröhlich im lauwarmen Frühlingswind, und scheinheilig blau spannte sich der Himmel.

»Gefällt es dir hier?«, fragte eine weiche Stimme.

Gruber ließ den Zweig los und drehte sich langsam um. »Es ist mein glücklichster Tag, Nina«, sagte er leise.

»Du sollst bei mir nur glücklich sein, Biondo«, flüsterte sie und senkte die langen Wimpern über die Augen.

Sie küssten sich. Ihre Körper drängten zueinander. Zeit und Raum versanken, und für zwei Menschen erfüllte sich das Glück einer kurzen Stunde.

Es mochte ungefähr zur gleichen Zeit gewesen sein, als ein vierschrötiger Mann in das Büro des Hafenbeamten und Dolmetschers Vittorio Ruffo trat und bei dem schwindsüchtig aussehenden Schreiberling anfragte, ob Signore Ruffo zu sprechen sei.

»Wie ist Ihr Name?«, lispelte der Schreiber, den Mann mit den grünen Katzenaugen durch eine Nickelbrille musternd.

»Sagen Sie einfach, Ricardo sei da.«

»Einen Augenblick, bitte.«

Der Schreiber verschwand hinter einer sich knarrend öffnenden und schließenden Tür. Augenblicke später ging sie wieder auf, und Vittorio Ruffo stand auf der Schwelle.

»Ach, Sie sind es«, sagte er mit krächzender Stimme und bedeutete mit einer laschen Handbewegung, dass Ricardo Brandon eintreten möge.

Ruffo schwitzte plötzlich. Auf seinem feisten Schlemmergesicht war der Ausdruck von Erschrecken und Ärger. Als sich die Tür hinter dem Schreiber schloss, verlor sich das verbindliche Lächeln aus Brandons Gesicht.

»Sind wir ungestört, Signore?«, fragte er dienstlich.

»So gut wie«, grinste der andere und ließ sich auf seinen Schreibtischstuhl sinken.

»Va bene.« Brandons grüne Raubtierlichter richteten sich auf das schwitzende Gegenüber. Dieser Mann dort war mit größter Vorsicht zu behandeln. Man musste ihm ständig die Faust in den Nacken setzen, um ihn gefügig zu halten. Capitano Ricardo Brandon, Offizier im italienischen Geheimdienst, wusste genau Bescheid, wen er vor sich hatte. Man brauchte Ruffo. Er war seit Monaten in der Hand der O. V. R. A.

»Womit kann ich Ihnen dienen, Ricardo?«, fragte der Feiste und versuchte, möglichst verbindlich zu grinsen.

»Sie müssen einen Mann von uns einstellen.«

Ruffo verzog das Gesicht, als hätte er an einer Zitrone gesaugt. »Schon wieder«, jammerte er halblaut. »Ihr bringt mich noch in Teufels Küche.«

»Da sind Sie schon drin«, bemerkte Brandon kühl.

»Wer ist es?«, fragte der andere.

70

»Er wird Arbeitspapiere auf den Namen Lorenzo Fondi vorlegen.«

»Sind die Papiere in Ordnung?«

»Fragen Sie nicht so naiv, Ruffo. Wir machen keine halben Sachen.«

Ruffo zog ein seidenes Taschentuch und wischte damit über Glatze und Nacken. Er war sehr aufgeregt. Er war immer zittrig und aufgeregt, wenn einer dieser Männer mit einem Wunsch ankam, der so gut wie ein Befehl war.

»Va bene, Ricardo«, seufzte Ruffo. »Ich werde das wieder machen.«

Brandon grinste. »Ich habe nichts anderes erwartet, Ruffo. Im Übrigen«, fügte er rasch hinzu, »sind wir auch im Bilde, dass Sie am Donnerstag in Amalfi waren und mit einem gewissen Signore Dulfio zusammentrafen. Dieser gab Ihnen fünftausend gefälschte Dollars, die Sie innerhalb Ihres Amtsbereiches umsetzen sollten.«

Ruffo riss die schwarzen Äuglein auf. »Verdammt, ihr wisst aber auch alles, ihr Brüder.« Er versuchte, seinen Ausruf mit einem Lächeln der Anerkennung zu tarnen.

»So ist es in jeder Beziehung, Ruffo«, nickte Brandon. »Ein einziger Anruf von uns bei einer bestimmten Adresse, und Sie sind …« Brandon schnippte mit dem Finger.

Ruffo nickte zerfahren. »Ich weiß, wozu ihr im Stande seid, und halte mich ja auch an alle Anweisungen. – Demnach soll also wieder eine Sache steigen, wie?«

»Wahrscheinlich.«

»Und wann?«

»Irgendwann«, grinste Brandon und ruckte den Hosenbund höher. »Nicht so viel fragen, Ruffo. Je mehr einer weiß, umso gefährlicher ist das für ihn. – Wir verstehen uns doch? Oder?«

»Wir verstehen uns«, nickte Ruffo.

»Das wär's für heute.«

»Kommt der Neue bald?«, fragte Ruffo.

»Voraussichtlich morgen oder übermorgen.« Brandon ging zur Tür und hatte schon die Hand auf dem Drücker liegen, als er sich noch einmal umdrehte. »Noch etwas, Ruffo: Fondi ist in keiner Weise dazu verpflichtet, Ihnen von seinem Verdienst Prozente abzugeben!«

»Wie käme ich dazu, Ricardo?«, entrüstete sich Ruffo scheinheilig.

»Na eben«, grinste Brandon, »aber ich wollte Sie nur daran erinnern, mein Guter. – Ciao!«

»Ciao«, grunzte Ruffo.

Die Tür schloss sich hinter der breitschultrigen Gestalt des Geheimdienstlers.

Ruffo ballte die Fäuste. »Va tal diavolo«, knirschte er. Dann griff er nach dem Telefon.

Brandon strebte mit raschen Schritten aus dem Hafengelände, passierte das Tor Nummer vier und grüßte den amerikanischen Wachtposten betont freundlich, gab in der Wachstube den Passierschein ab und eilte an der mit Kampfparolen beschmierten Bretterwand entlang, um in die nächste Seitengasse einzubiegen.

Es war eine Ruinengasse, in der halb verhungerte Katzen und bissige Köter herumstreunten: Brandon schlängelte sich durch eine Schuttgasse und verschwand in einem Kellereingang. Es war ein fürchterlich feuchter, aber zweckmäßiger Raum, in dem Tonio Menestri seinen Tätigkeitsbereich aufgeschlagen hatte.

An der rohen Ziegelwand stand ein Feldbett, in der Mitte des Kellers ein Tisch, auf dem allerlei Apparate aufgebaut waren. Aus einer mit Schimmelflecken bedeckten Ecke liefen Leitungsdrähte zu dem Tisch heran und endeten in einem Abhörapparat. Zwischen den Klamotten lag eine schussbereite Maschinenpistole.

Als Brandon dreimal kurz und zweimal lang klopfte, erhob sich Menestri von einem Hocker und öffnete.

»Alles in Ordnung, Ricardo?«, fragte der gelbgesichtige Mann, dessen Lebenstage gezählt waren. Menestri wusste, dass seine Leber nicht mehr lange arbeiten würde.

»Alles klar«, sagte Brandon.

»Das Schwein hat eben mit Celesti telefoniert.« Menestri ging zum Tisch zurück und schaltete das Magnetofon ein. Das Telefongespräch zwischen Vittorio Ruffo und Signore Celesti lief ab.

»Chef«, sagte die krächzende Stimme Ruffos, »eben war Ricardo bei mir. Ich soll wieder einen Mann einstellen. Dazu habe ich nicht die geringste Lust, Chef.«

»Machen Sie keine Dummheiten, Vittorio. Sie müssen den Mann einstellen.«

»Hab's ja auch getan, Chef.«

»Ihr Glück.«

»Aber ich hab's satt, Chef – ich komme mir vor, als stünde ständig einer neben mir, der mir die Pistole ins Genick setzt.«

»Nicht die Nerven verlieren, Vittorio.«

»Wann werde ich endlich diese Schweinehunde los, Chef?«

»Bald.«

»Was heißt – bald?«

»Zum Teufel, Vittorio – werden Sie nicht hysterisch! Den Zeitpunkt, wo wir die Herren auffliegen lassen, bestimme ich, verstanden?«

»Wenn's nur schon so weit wäre, Chef.«

»Sie erfahren es rechtzeitig genug. – Äh … wie hat die Sache mit den Dukaten geklappt?«

»Ich habe bereits mit Signore Dulfio abgerechnet, Chef.«

»Va bene«, sagte Celesti.

An dieser Stelle schaltete Menestri das Tonbandgerät ab und tauschte mit Brandon einen Blick. »Was sagst du dazu, Ricardo?«

Brandon zündete sich eine Zigarette an und blies den Rauch durch die Zähne. »Solange wir wissen, wo die Schweinehunde sitzen, kann uns nicht viel passieren.«

»Ich würde ihm nicht mehr allzu viel Zeit lassen, Amico.«

»Ich muss ihn noch fester in die Hand kriegen.«

»Auf den Moment freue ich mich«, grinste Menestri. »Hoffentlich erlebe ich ihn noch.«

Im »Ambassador«, wo noch vor knapp sieben Monaten den deutschen Offizieren und Soldaten das Essen serviert wurde, hatte sich – bis auf die Bedienungen und Preise – nichts geändert. Das Essen war noch von der gleichen Güte und der Wein aus den besten Gärten Italiens.

Nina und Gruber speisten in einer gemütlichen Ecke: Schildkrötensuppe, Ragoût fin in der Muschel überbacken, Poulets grillés à la diable und als Nachspeise Mailänder Dessert. Dazu tranken sie Marsala.

In Ninas Augen glänzte noch immer das Glück einer im Taumel der Sinne verflossenen Stunde.

Sie aßen mit prächtigem Appetit und unterhielten sich wie zwei Kinder, die der Enge der Erziehungsstube entwischt waren und ohne strenge Aufsicht scherzen konnten.

Als Gruber die Zigaretten anbrannte und Nina den Glimmstängel zwischen die korallenroten Lippen schob, fragte er wie nebenbei: »Was hast du in der Zwischenzeit an Geld für mich ausgelegt?«

Sie winkte ab. »Sprich nicht davon, Biondo.«

»Ich möchte es aber wissen.«

»Und ich werde es dir nicht sagen«, sagte sie belustigt.

»Dann befehle ich es dir«, flüsterte er ihr ins Ohr. »Du weißt, ich bin nicht nur dein Liebhaber, sondern auch dein ...«

Sie verschloss ihm mit der Hand den Mund und sah ihn bittend an. Dann nickte sie.

Er nahm ihre Hand und drückte sie sanft auf den Tisch. »Bitte sage mir jetzt, was du für mich ausgelegt hast, Nina.«

»Ungefähr viertausend Lire.« Sie gab ihm einen Klaps. »Du bist ein Scheusal, Biondo. Wie kannst du jetzt von Geld reden?«

Gruber nahm einen Schluck Wein, setzte das Glas bedachtsam auf das Damasttuch zurück und drehte den schlanken Glasfuß. »Nina, ich muss mit dir über Geld sprechen.« Er sprach nur so laut, dass sie es hören konnte. Sein Blick glitt dabei durch das besetzte Lokal. Es waren viele Amerikaner in Zivil da; man erkannte sie trotzdem als Soldaten. Am Haarschnitt, an den mehr oder weniger eleganten Zivilsachen, an den Krawatten und den wohlgenährten Gesichtern. Die Kellner, im Frack, mit schwarzer Fliege am Hals, flitzten durch die Tischreihen. Im Hintergrund, von einer Palmengruppe verdeckt, konzertierte eine Kapelle.

Gruber sah Nina an. Ihr Blick ruhte groß und gehorsam auf ihm.

»Bitte sprich«, sagte sie leise.

»Was hast du für Bekanntschaften, Nina?«, fragte er.

»Du kennst ja meine Kundschaft.«

»Schildere sie mir genauer.«

Sie sog an der Zigarette und streifte die Asche in der Kristallschale ab.

»Manchmal kommt ein Major aus Boston, manchmal ein Captain, meistens aber Charles Dombrowsky. Er ist Leutnant und leitet das P. X.«

Gruber spürte einen heißen Stich in der Herzgegend. »Du magst ihn von allen am liebsten?«, forschte er beunruhigt. »Du kannst es mir offen sagen, Nina.«

Ihr Blick glitt an ihm vorbei, als sie erwiderte: »Charles tut sehr verliebt. Einmal hat er sogar vom Heiraten gesprochen.«

Gruber zupfte an seiner Krawatte. Bisher hatte er sich in dem dunklen, ihm ausgezeichnet sitzenden Anzug wohl gefühlt. Jetzt aber war es ihm, als müsse er den Rock vom Körper reißen. Komisch, dass er plötzlich etwas wie Eifersucht verspürte. Er wusste doch, wer Nina war.

»Erzähle mir mehr von diesem Charles«, sagte er heiser.

Nina schüttelte den Kopf sehr entschieden und setzte ein leises, fest klingendes »Nein« hinzu.

»Na gut«, murmelte Gruber, »dann nicht.«

Sie legte ihm die Hand auf den Arm und kniff ihn beschwörend. »Biondo, sei vernünftig. Alles war so

schön … und jetzt fragst du mich plötzlich über …«
Sie brach ab.

Gruber gab sich einen Ruck. »Ich wollte dich fragen, ob du falsche Dollars umsetzen kannst, Nina.«

Ihr Gesicht kam langsam herum und drückte Bestürzung aus.

»Pssst …«, zischelte er und warf einen Blick auf die Umgebung.

Niemand nahm Notiz. Man saß gut und brauchte keine Zuhörer zu befürchten.

»Blüten?«, fragte sie konsterniert.

»Du könntest dabei gut verdienen«, fuhr er leise fort. »Fünfundzwanzig Prozent des Umsatzwertes für dich, der Rest wird bei mir abgeliefert. – Wie gefällt dir die Sache?« Er sah sie aufmerksam an.

Nina schürzte die Lippen. »Bis jetzt noch gar nicht, Biondo.«

Er neigte sich zu ihr. »Und wenn ich dich darum bitte, für mich zu arbeiten?«

»Könnte ich schlecht Nein sagen.«

Er küsste sie aufs Ohr. »Ich wusste, dass ich dich nicht umsonst gebeten habe.«

Sie schob ihn sanft von sich. »Und wie soll ich die Sache machen? Ich habe nämlich keine Ahnung.«

»Einfach umsetzen«, schmunzelte er. »Deine guten Verbindungen ausnützen und – mit Verstand natürlich! – das Geld unters Volk bringen.«

Sie schwieg und starrte vor sich hin. Zwischen ihren schwarzen Brauen war eine Falte gewachsen. »Bist du nur deshalb zu mir zurückgekommen, Biondo?«, fragte sie.

Er legte den Arm um sie und drückte sie zärtlich. »Dummchen«, sagte er. »Natürlich nicht deswegen.«

Sie hob den Blick und sah ihn nachdenklich an. »Schwöre«, sagte sie leise.

Jetzt runzelte Gruber die Stirn. Er sah in diesem Augenblick drohend aus, hart, gefährlich. »Was soll der Unsinn, Nina?«

»Liebst du mich?«

»Ich glaube, ja. Jedenfalls bist du die einzige Frau, zu der ich mich hingezogen fühle.«

Ihr Blick ruhte noch immer auf ihm. Dann lächelte sie und hob ihr Glas. »Va bene«, sagte sie nur und trank, ohne ihn aus den Augen zu lassen. Als sie das Glas auf den Tisch stellte, fragte sie: »Mit wie viel soll ich den ersten Versuch unternehmen?«

»Ich gebe dir fünftausend.«

»Nun gut.« Sie nickte. »Vielleicht kann ich Charles für die Sache gewinnen.«

»Glaubst du, dass er …?«

Sie zuckte die Schultern und sagte kurz: »Wahrscheinlich. Er dreht allerhand Sachen.«

»Sei vorsichtig, Nina.«

»Gewiss«, nickte sie, »das werde ich sein.«

»Jetzt aber Schluss damit, Carissima mia. Wir wollen uns einen schönen Abend machen.«

Dieser Abend kostete Gruber rund 5000 Lire. Seine ganze Barschaft. Aber er gab das Geld gern aus und genoss dafür den Himmel auf Erden.

Tenente Pietro Perugio, Offizier des italienischen Geheimdienstes und mehrfach wegen Tapferkeit vor dem Feind dekorierter Kämpfer im Dunkel, fand seine Beschäftigung bei Mastro Emilio nicht übermäßig interessant. Trotzdem verrichtete Perugio alle anfallenden Arbeiten mit der ihm eigenen Genauigkeit und fand

Spaß daran, Bremsseile nachzustellen, verstopfte Benzinleitungen durchzublasen oder verkohlte Zündkerzen auszuwechseln.

Vor dem offenen Werkstatttor stand ein uralter Fiat-Lastwagen, dessen linkes Hinterrad platt war. Perugio war eben dabei, den völlig abgefahrenen Reifen in sachkundige Behandlung zu nehmen und dachte an Lorenzo. Der Lümmel ließ sich seit Tagen nicht mehr sehen und trieb sich, wie er sagte, in der Stadt herum. Angeblich, um seinen »Auftrag« zu erledigen. Perugio wurde aber den Verdacht nicht los, dass Lorenzo lieber bei Nina weilte, als sich bei Mastro Emilio die Hände schmutzig zu machen.

Und während Perugio nun den defekten Reifen unter etlichen Flüchen anging, stand der Fahrer des Gemüsewagens in der Werkstatt und schwatzte mit dem alten Emilio. Perugio konnte das Gespräch mit anhören.

»Wie gehen die Geschäfte, Peppo?«, fragte der Mastro den struppigen Kerl.

»Bene, bene«, nickte Peppo und drehte sich mit bewundernswerter Schnelligkeit eine Zigarette. »Ich wüsste mir trotzdem bessere Verdienste.«

»Du wüsstest dir bessere?«

»Si, si. – Man müsste zum Beispiel mit Negern handeln.«

»Mit Negern handeln?« Mastro Emilio drohte mit der Feile. »Das ist unchristlich und verboten, Amico.«

»Unchristlich ist ganz Neapel«, lachte Peppo und leckte über das Zigarettenblättchen, »aber verboten ist gar nichts. Du kannst Neger kaufen, so viele du willst. Es ist das beste Geschäft, das man machen kann.«

»Mit Schwarzen?«

»Mit Negern! – Lebst du hinterm Mond, Emilio? Weißt du nicht, dass dir ein Neger mehr einbringt als die Arbeit von zehn Wochen?«

Emilio Marzi lehnte sich an den Schraubstock. »Was bringt er ein?«

»Alles!«, sagte Peppo, die Zigarette anbrennend. »Dollars, Zigaretten, Whisky, Cornedbeef ... eben alles, was du nicht hast.«

»Per bacco!«, rief der Mastro erstaunt aus und kam sich wirklich rückständig und hinter dem Mond lebend vor. Peppo aber schwatzte weiter und wusste zu erzählen, dass ein Farbiger wertlos geworden sei, sobald er nackt, ausgeplündert und besinnungslos betrunken in der Gosse liege. Aber es gäbe ja jede Menge Neger, hörte Perugio den Gemüsefahrer sagen. Man bekäme sie am leichtesten auf dem »fliegenden Markt«, noch leichter aber, wenn man die Tochter losschicke. Sie müsse, so erklärte Peppo eifrig und skrupellos, allerdings blond sein oder zumindest den Mut aufbringen, sich die Haare färben zu lassen. Das brächte ihr doppelten oder gar dreifachen Erfolg ein, denn die Typen flögen nur so auf blonde Mädchen.

Mastro Emilio riss Mund und Augen auf. »Dio mio«, sagte er dann, »was für ein Sündenbabel ist unsere Stadt doch geworden. Hätte ich eine Tochter, die sich die Haare blond färbt und auf den ›fliegenden Markt‹ geht – ich schlüge sie mit dem Hammer tot.«

Perugio, an dem zerlöcherten Schlauch fummelnd, nickte grimmig und fluchte. Nie hatte man Ähnliches gesehen in Neapel. Es war eine Schande, Italiener zu sein.

Der Mann im ölverschmierten Overall verrichtete seine Arbeit; er sah nicht, dass am Ende der kurzen

Gasse eine ramponiert aussehende Gestalt auftauchte, die Schlägermütze schief auf dem Kopf, Zigarette im Mundwinkel, die Hände bis an die Ellenbogen in den Hosentaschen.

Der Mann kam langsam heran, stellte sich hinter Perugio und stieß ihn leicht mit dem Fuß an. Perugio fuhr herum.

»Buon giorno«, sagte der Bursche, ohne die Zigarette aus dem Mund zu nehmen.

Perugio sah sich rasch rum. »Gibt's was Neues?«, fragte er dann leise.

Agent C. S. 185, Lucio, der Oberleutnant Mario Calsata, blinzelte. »Morgen Abend 10 Uhr Schwarzer Engel! Der Boss hat uns etwas zu sagen. Die anderen wissen schon Bescheid.«

»Va bene!« Perugio nickte und raspelte mit dem Sandpapier den Schlauch sauber.

»Ciao«, sagte der Agent und schlenderte weiter.

Die Bar »Zum schwarzen Engel« lag in einem verrufenen Hafenviertel, versteckt zwischen schmalen, elenden Häusern. Es war nicht gut, sich nachts in diese wispernde, kichernde, von unheimlichen Gestalten belebte Gasse zu wagen – es sei denn, man durchstreifte sie in Gruppen, zumindest aber zu zweit.

Gruber und Perugio mussten eine Zeit lang suchen, ehe sie den Treffpunkt fanden. Sie waren ein Stück mit der überfüllten Straßenbahn gefahren, und Gruber hatte berichtet, dass die Sache mit Nina klappe.

»Bist du sicher, dass sie verlässlich ist?«, fragte Perugio.

»Ganz sicher«, hatte Gruber geantwortet. Er war sich Ninas auch sicher. Er wusste, dass sie alles täte, was er von ihr verlangte; er hatte ein paar wunderschöne Stunden mit ihr verlebt.

»Hier muss es sein«, sagte Perugio jetzt.

Sie blieben stehen und vernahmen klimpernde Musik, gedämpftes Gelächter und spürten Kneipengeruch.

Plötzlich ertönte aus dem Dunkel eine sonore Stimme: »Wollt ihr die Nachtigall singen hören?«

Es war die Parole für dieses Treffen. »Das wollen wir«, antwortete Perugio.

»Dann kommt 'rein!« Es war Brandon, der vor der Tür wartete, aber diese Tür führte nicht ins Lokal, sondern in einen spärlich erhellten Flur, in dem es nach Urin roch. Am Ende des Flurs befand sich eine Tür, vor der Menestri, der lange Funkoffizier, lehnte und sich die Fingernägel mit dem Taschenmesser säuberte. Er sah bei dieser trüben Beleuchtung noch kränker aus als sonst.

Hinter der Tür befand sich ein fensterloses Interno mit einem langen Tisch, auf dem Wein- und Schnapsflaschen, Gläser und Aschenbecher standen, um den Tisch herum Stühle. Das Licht kam aus einer tief über den Tisch herabgezogenen Lampe mit schmutzigem Bastschirm.

Es waren alle gekommen, die sich als Geheimdienstmänner in Neapel herumtrieben und versteckt hielten: Umberto Pucci, Garza, Menestri, Brandon, Calsata, ferner vier neue Gesichter: Leutnant Carlo Mantas, Peppo Bertani, ebenfalls Leutnant, sowie die Oberleutnante Vittorio Stampas und Paolo Nenzi. Natürlich unter anderen Namen.

Elf Offiziere. Drei von der DECIMA und als Kampfschwimmer abkommandiert, acht als Angehörige der O. V. R. A. Auf das Erscheinen der Mittelsmänner und Nebenakteure hatte man verzichtet. Diese elf Männer sollten Neapel in Aufruhr und Panik versetzen. Jeder Einzelne war sich darüber klar, dass es für ihn keinen Rückweg mehr geben konnte. Es waren stahlharte Burschen, für die der Tod den Schrecken verloren hatte; sie waren ihm schon zu oft begegnet. Er ging stets neben ihnen her.

Man begrüßte sich, stellte sich vor, soweit man sich noch nicht kannte, schüttelte sich die Hände.

»Mensch, Lorenzo!«, rief der stämmige Bertani. »Dich trifft man immer nur in der Hölle wieder.«

Oberleutnant Bertanis Bruder verschwand vor acht Wochen; er war als Agent eingesetzt. Seine letzte Spur verlor sich im Hafen. Wer seine Mörder waren, das konnte man bisher noch nicht herausbekommen. Bertani aber hatte sich geschworen, den oder die Mörder zu finden.

Gruber drückte dem dunkeläugigen Mann die Hand. »Ich freue mich, dass ich dich wieder sehe, Peppo.«

»Na los«, ließ sich Umberto Pucci vernehmen, »dann trinkt gleich einen darauf.« Er fungierte als Mundschenk und schwenkte die Whiskyflasche.

Die Männer unterhielten sich leise, tranken und rauchten. Brandon, der Schweigsamste von allen, sah auf die Uhr und runzelte die Stirn. »Immer unpünktlich!«, knurrte er. Menestri kaute auf der pechschwarzen Zigarre herum und nickte. In diesem Augenblick trat Signore Celesti ein. Er trug einen hellen Staubmantel über dem Abendanzug, schwenkte den Hut und rief: »Buona sera, Signori!«

Man grüßte dumpf im Chor zurück.

Celesti ging an das oberste Ende des Tisches, legte den Mantel ab und rieb sich die ringgeschmückten

Hände. Sein braunes Gesicht lächelte verbindlich, und seine Augen glänzten, als stünden sie unter der Einwirkung einer Droge. »Bitte, nehmen Sie Platz, meine Herren. – Pucci, einen Kognak für mich.«

Umberto schwenkte die Flasche und goss ein Glas voll.

Celesti strich sich über das stark pomadisierte Haar. »Sind die Ausgänge bewacht?«

»Si, Colonello!«, ließ sich Brandons Bass vernehmen.

»Va bene«, nickte Celesti. »Was Neues?«

»Ich habe mit Ruffo gesprochen«, sagte Brandon. »Wegen Lorenzos Einstellung als Stauer.«

Celesti blinzelte den bulligen Capitano an. »Na und?«

»Ich habe das Gefühl, als wolle Ruffo nicht mehr spuren.«

»So, so.« Celesti zeigte die Zähne. »Dann werden wir dem Burschen mal die Daumenschrauben ansetzen.«

Du falscher Hund, dachte Brandon, ließ sich aber nichts anmerken. Er wandte sich an Gruber, der aufgehorcht hatte, als sein Name fiel: »Du bekommst morgen oder übermorgen die Arbeitspapiere. Ich sage dir Bescheid, wann du im Hafen antrittst.«

»Alfredo wollte mir einen Job verschaffen«, sagte Gruber.

»Das ist jetzt nicht mehr nötig, Lorenzo.«

Gruber nickte. »Gut. Ich werde Alfredo Bescheid sagen.«

»Tu das, Amico.« Brandon wandte sich wieder an den Colonello, der inzwischen seinen Kognak ausgetrunken hatte. »Colonello, bei Ruffo besteht die Gefahr, dass er uns eines Tages auffliegen lässt. Dieser

Kerl ist der unsicherste Faktor in unserer Planung. Wir müssen etwas unternehmen.«

»Ich werde mit ihm sprechen«, bemerkte Celesti. »Ruffo weiß ja, dass er in unserer Hand ist.« Er überflog die Gesichter der Männer. »Sonst noch etwas? Wie weit ist die Sache am Flughafen gediehen?«

Leutnant Carlo Mantas schob sich hoch. »So weit alles in Ordnung, Colonello. Ich habe dem Oberleutnant eingeheizt und ihm wieder Geld gegeben.«

»Wie viel?«

»Zehntausend Lire.«

»Hat er was unterschrieben?«

»Si, Colonello. Er kann uns nicht mehr entkommen. Außerdem hat er eine Puppe, die ihn eine Stange Geld kostet.«

»Pferde und Frauen sind sehr teuer«, lächelte Celesti, wurde aber sofort wieder ernst und wandte sich an den langen Funkeroffizier: »Was gibt es bei Ihnen Neues, Menestri?«

Der Gelbgesichtige nahm die Zigarre aus dem Mund. »Den letzten Empfang hatte ich, wie vorgeschrieben, heute Morgen drei Uhr. Es kam die Bestätigung der Meldung durch, dass Perugio, Garza und Gruber bei uns eingetroffen sind. Auch der Dollarkurs wurde bestätigt. Man drängt auf den baldigen Abschluss des Unternehmens. Außerdem traf die Mitteilung ein, dass hier in der Stadt noch ein Mann der deutschen Abwehr sitzen soll, der die Falschgeldsache in die Hände nehmen wird. Allerdings erst dann, wenn es sich herausgestellt hat, dass sie erfolgreich war.«

»Va bene!«, murmelte Celesti und steckte sich eine Zigarette in den Mund. Umberto reichte ihm Feuer.

»Das wäre das Wichtigste von drüben!«, schloss

Menestri seine Berichterstattung. »Ich habe Anweisung erhalten, mich in drei Tagen zu melden.«

Celesti rauchte nachdenklich und starrte vor sich hin.

Im Raum herrschte Schweigen; man hätte eine Nadel zu Boden fallen hören können.

Celesti sah auf. »Tja, Männer«, sagte er, »wir müssen uns beeilen.« Er wandte sich an Gruber. »Sie machen die Sache im Hafen klar. Sobald Sie sich ausreichend informiert haben, sagen Sie mir Bescheid. – Ähm … Was ich noch sagen wollte: Wie floriert Ihre Geldsache?«

»Sie läuft bereits, Colonello.«

Celesti zog die Oberlippe hoch. »Die meine auch. Ich könnte noch einmal zehntausend annehmen.«

»Geht in Ordnung!« Gruber nickte. »Ich werde Ihnen das Geld morgen überbringen.«

»Habt ihr noch Geld?«, fragte Celesti die Männer.

Sie nickten alle. Nur Gruber und Pietro waren mit Lire knapp, deshalb sagte Gruber:

»Können wir zehntausend Lire bekommen, Colonello?«

»Aber selbstverständlich«, erwiderte Celesti rasch. Er griff in die Rocktasche und holte ein Bündel Geld hervor, aus dem er zehntausend Lire abzählte. »Hier«, sagte er und schob die Scheine über den Tisch zu Gruber hinüber. »Für jeden die Hälfte. Wir verrechnen das Geld mit dem Dollarumsatz.«

»Danke«, murmelte Gruber, zählte die Noten durch und gab Perugio fünf Tausender.

Celesti erhob sich und zog den Mantel an. Umberto sprang dienstbeflissen bei und half.

»Also, meine Herren«, sagte Celesti, »das wär's für heute. Hat noch jemand eine Frage?«

Kopfschütteln.

»Va bene!«, sagte Celesti, setzte den Hut auf und zog die Krempe in die Stirn. »Wenn etwas Besonderes vorliegt, dann wisst ihr ja Bescheid: Ihr geht zu Brandon und macht ihm Mitteilung. Er setzt sich dann sofort mit mir in Verbindung. – Alles klar, Kameraden?«

»Alles klar, Colonello!«, murmelten sie im Chor.

»Dann – ciao, meine Herren!«

Mario Celesti, der Colonello di Clartis, verließ rasch den Versammlungsort. Umberto schloss hinter ihm die Tür, klatschte in die großen Hände und rief:

»So, und jetzt heben wir einen an die Brust, Kameraden!«

Sie blieben noch eine halbe Stunde beisammen; man trank und unterhielt sich. Nach und nach verkrümelten sie sich einzeln und begaben sich in die Stadt oder in ihre Quartiere.

»Kommst du mit zu Alfredo?«, fragte Gruber Perugio.

»Gern. Ich möchte dem armen Kerl mal die Hand schütteln.«

Sie verließen gegen halb zwölf den »Schwarzen Engel« und strebten durch die finsteren Gassen.

Plötzlich blieb Perugio stehen. »Sag mal, Lorenzo«, flüsterte er, »ist es dir nicht aufgefallen, dass Brandon den Colonello ziemlich von oben herab behandelt?«

»Mir kam's auch so vor.«

Perugio zog Gruber am Ärmel weiter. »Mir gefällt der Colonello nicht. Ich habe ihn im Verdacht, dass er sich an allen nur irgendwie dreckigen Geschäften beteiligt. Er rührt in vielen Töpfen und versteht es, mit dem Strom zu schwimmen.«

»Wir machen's genauso, Pietro. Der eine besser, der

andere schlechter. Es wurde uns zur Auflage gemacht, feste mitzuschwimmen.«

»Das liebe Vaterland verlangt ziemlich viel von uns!«, grunzte Pietro. Dann fragte er plötzlich: »Hat sie sich sehr verändert?«

»Nina?«

»Wer sonst!« Pietro stupste den Freund in die Seite. »Mir kannst du's ja sagen.«

»Sie hat sich nicht verändert – sie ist der gleiche nette Kerl geblieben, der sie früher war. Schade um sie.«

Sie gingen eine Weile schweigend nebeneinander her. Dann sagte Perugio:

»Wer einmal Dreck ins Gesicht geworfen bekommen hat, wird immer stinken. Hier in Neapel wenigstens«, fügte er hinzu. »Es gibt hier zu wenig Wasser, um sich zu waschen. Gutes Wasser, meine ich.«

Sie überquerten eine kleine, finstere Piazza und blieben wie auf Kommando stehen. Aus dem Dunkel einer abzweigenden Gassenschlucht ertönte ein dumpfes Stöhnen. Sie tasteten nach den Waffen.

»Da liegt einer«, raunte Perugio.

Sie fanden in einer Mauernische einen bis auf die kurze Unterhose ausgeplünderten, vollkommen betrunkenen Schwarzer. Er hockte mit weit von sich gespreizten Beinen an der Mauer und wackelte mit dem wolligen Schädel.

»Darling …«, lallte er. Und dann ächzend: »O Mam … o Mam …«

Der matte Schein eines Feuerzeuges leuchtete über die zusammengesunkene Gestalt des Schwarzen. Die Haut schimmerte matt und tiefschwarz. Und jetzt erbrach er sich. Sein muskulöser Körper wand sich wie im Krampf.

»Den haben sie ganz schön fertig gemacht«, sagte Gruber.

»Was machen wir mit dem armen Kerl?«, fragte Perugio.

»Am besten, wir schaffen ihn zur Hauptstraße, setzen ihn aufs Pflaster und überlassen es der Streife, ihn wegzubringen.«

»Va bene! Packen wir an.«

Sie hoben ihn auf und schleppten ihn bis zur Hauptstraße.

»Warte«, sagte Gruber, die Beine des schweren Jimmy loslassend. »Ich schaue erst nach, ob die Luft rein ist.«

Zwei Minuten später lehnte Freund Jimmy mit lang von sich gestreckten Beinen und vornüber gesunkenem Kopf laut schnarchend an der Hausmauer.

»Das sind mir noch die sympathischsten Feinde!«, grinste Perugio, als sie wieder in der Gasse untergetaucht waren. »Sie werden vom Besiegten gerupft und lachen noch dazu, sie verschenken ihren Sold und werden hinterher ausgeräubert. Sie bedanken sich sogar noch für Fußtritte. – Lorenzo, ich möchte nie in die Lage kommen, hier in Neapel einen Schwarzen umbringen zu müssen – ich könnte es nicht.«

»Aber er wird dir mit derselben Ruhe die Kehle durchschneiden, wie er sein Beefsteak auf dem Teller zersäbelt, Amico. Man hat ihm gesagt, dass wir seine Feinde sind, und deshalb tut er's. Oder hast du Lust, ein Beefsteak zu sein?«

»Sehr witzig«, bemerkte Perugio. »Entschuldige, dass ich nicht lachen kann.« Dann spuckte er aus und murmelte etwas von »Scheißkrieg«.

Alfredo schlief schon, als es klopfte. Er steckte nur den Kopf zum Türschlitz heraus und fragte, was los sei. Als er Gruber erkannte, bat er ihn und seinen Begleiter in die Stube.

Alfredo begrüßte Perugio herzlich. Perugio lehnte jedoch Kaffee und Schnaps ab, sondern sagte, dass er nicht lange stören wolle.

»Pass auf, Alfredo«, sagte Gruber, »du brauchst dich nicht mehr um einen Job für mich im Ölhafen zu bemühen. Ich habe schon einen zugewiesen bekommen.«

Alfredo Menzina war darüber nicht böse. Er sah aber zugleich einen guten Nebenverdienst davonschwimmen.

»Hast du sonst was für mich zu tun?«, fragte er.

»Ja. Ich brauche dich als Verbindungsmann zu Nina. Du bekommst Bescheid von mir, wenn etwas anliegt.« Gruber gab ihm zweitausend Lire.

»Du bist verrückt, Lorenzo«, protestierte Alfredo, wie immer, wenn er etwas annehmen sollte. Er nahm das Geld aber doch und bedankte sich brummend.

»Ich bin jederzeit für dich da!«, versicherte der Einbeinige und brachte die Freunde bis zur Haustür.

Gruber und Perugio kehrten spät in ihr Quartier zurück und fanden Mastro Marzis Haus in friedlichem Schlaf. Irgendwo schlug eine Turmuhr. Es war eins, als sich die beiden in ihre Betten legten und sofort einschliefen.

Die Vorbereitungsarbeiten für die einzelnen Anschläge liefen auf vollen Touren. Garza wurde am Flugplatz als Arbeiter eingesetzt und hielt die Augen offen. Gruber, der seinen Ausweis abgeben musste, weil er auf die

Arbeitspapiere abgestimmt wurde, vertrieb sich in der Werkstatt des alten Mastro die Zeit und bastelte aus Blechstücken ein Vogelhäuschen.

Es war am späten Nachmittag des nächsten Tages, als ein grüner amerikanischer Kantinenwagen mit stotterndem Motor von der Hauptstraße abbog und dem Hinweisschild zum »Auto-Dienst« folgte.

Perugio war nicht da, er besorgte für Mama Anna etwas in der Stadt. Mastro Marzi ging vor die Werkstatt, um nachzufragen, wo es bei der Kundschaft fehle. Gruber ließ seine Bastelei liegen und folgte dem Alten.

Marzi hing bereits mit dem Oberkörper über der Motorhaube des Fahrzeuges und suchte den Defekt. Ein amerikanischer Soldat und eine Frau in Uniform standen daneben und schauten zu.

Für Lorenz Gruber war es die erste weibliche Armee-Angehörige, die er während des Krieges sah. Sie trug die grüne Uniform eines weiblichen Leutnants, hatte das Käppi auf Pfiff sitzen, besaß dunkelblonde Haare, wie Gruber mit einem umfassenden Blick feststellte, haselnussbraune Augen und ein frisches, mit ein paar Sommersprossen betupftes Gesicht. Dem Kinn nach schien der weibliche Leutnant über einige Energie zu verfügen. Die Dame schaute offensichtlich ärgerlich den Bestrebungen des Mastro zu, die Benzinleitung vom Vergaser zu schrauben.

Der Soldat neben dem weiblichen Leutnant gab Marzi in einem schrecklichen Kauderwelsch die nötigen Hinweise. Jetzt schaute die Frau auf. Grubers Blick traf mit dem ihren zusammen.

»Was ist kaputt?«, fragte Gruber dann den Mastro. Am Vergaser läge es, meinte Emilio, mit dem Rockärmel sich über die Nase wischend; man müsse die

Benzinleitung abschrauben und das ganze Ding sauber machen.

»Beeilen Sie sich!«, sagte die Amerikanerin und schaute ungeduldig auf die Armbanduhr.

»Sie sprechen Italienisch?«, staunte Emilio Marzi.

»Si, Mastro«, nickte sie und wandte sich an den Kaugummi kauenden Soldaten, ihm etwas auf Englisch sagend, worauf dieser ein »Yes, Lieutenant« näselte, das Käppi ins Genick schob und sich hinter das Steuer setzte.

Der weibliche Leutnant suchte in der Brusttasche nach Zigaretten.

Gruber zückte das Feuerzeug. »Prego, Signorina General«, sagte er und grinste ihr in die Augen.

Sie lächelte flüchtig, nahm Feuer und bedankte sich. Dann schlenderte sie rauchend am Wagen entlang, lehnte sich an den hinteren Kotflügel und schaute nachdenklich über die kleine, vom Sonnenlicht überflutete Piazza. Ein paar Bambini spielten auf dem Katzenkopfpflaster und sangen mit hohen Kinderstimmen ein Lied.

»La vecchia fattoria, eija-eijajaja …«

Gruber stand neben dem Mastro, dessen Oberkörper über dem Motor hing, und beäugte die Amerikanerin. Sie ist wirklich nett, dachte er. Wie alt mag sie wohl sein? Höchstens zwanzig. Zierliches Figürchen, eigensinniger Typ, nimmt sich ernst und ist sich ihrer amerikanischen Abstammung ebenso bewusst wie sie weiß, dass sie gut aussieht. Ob sie schon einen Verehrer hat? – Sicher.

Schmal und lässig lehnte sie am Wagen. Jetzt drehte sie den Kopf und schaute herüber. Was guckte der narbige Kerl so?

»Hallo, Boy!«, rief sie ärgerlich. »Gaffen Sie nicht – helfen Sie lieber mit!«

Gruber spürte, dass ihm Hitze ins Gesicht flog.

»Da, nimm das Ding …«, sagte der Mastro und reichte ihm den Vergaser. »Sauber machen.« Gruber ging mit dem ölverklebten Autoteil in die Werkstatt.

Der Soldat hinter dem Steuer hatte das Käppi ins Gesicht geschoben und verschlief die Reparaturzeit.

»Fehlt sonst noch was?«, hörte Gruber den Mastro fragen.

»Überprüfen Sie die Reifen«, sagte die Amerikanerin. Gruber fummelte am Vergaser herum, zerlegte ihn und sortierte die Teile auf ein Blatt der »Gazetta«. Als ihm der Schraubenzieher aus der Hand fiel und er sich danach bückte, stand plötzlich die Amerikanerin vor ihm und hielt ihm die Zigarettenpackung hin: »Prego.«

Gruber bediente sich mit spitzen Fingern. »Grazie.«

Sie reichte ihm mit ihrer Zigarette Feuer. Dabei kreuzten sich wieder ihre Blicke. Im Braun ihrer Augen saßen dunkle Sprenkel, stellte Gruber fest. Die Wimpern waren lang und sanft nach oben gebogen.

»Sie sind kein Neapolitaner?«, fragte sie.

Gruber fand das gefährlich und bog rasch ab: »Nein, ich bin Mailänder. – Und wo haben Sie Italienisch gelernt?«

»Daheim«, erwiderte sie.

»Gut gelernt«, lobte er.

»Gefällt es Ihnen hier?«

»Yes.«

»Ganz amüsante Stadt, nicht wahr?«

»Eine sehr interessante Stadt«, korrigierte sie.

Gruber behielt das Grinsen bei, als er sagte: »Napoli vedere, poi morire. Es sind sehr viele gestorben, die nach Neapel kamen.«

Ihr Gesicht überschattete sich. »Ja, sehr viele. Der Krieg ist etwas Fürchterliches. Wir sind gekommen, um ihn zu beenden.«

»Das wissen wir. Ihr seid gekommen, um uns zu befreien. Ihr habt uns auch befreit. Von allem. Sogar von den Hemmungen.«

Sie sah ihn erst erstaunt, dann misstrauisch an. Um ihren ungeschminkten Mund legte sich ein Zug von Ärger. »Was wollen Sie damit sagen?«, fragte sie spitz.

»Das, was Sie verstanden haben: Neapel ist ein überdimensionales Bordell geworden, ein Fleischmarkt, eine Pestgrube. Vielleicht krepiert in dieser Grube auch der Krieg.«

Sie blieb ihm die Antwort schuldig und sah ihn jetzt nicht mehr ärgerlich, sondern offenkundig überrascht an. Für einen Automechaniker sprach dieser Mann ziemlich intelligent über das größte Übel dieser Zeit.

Gruber merkte, dass er sich zu weit vorgewagt hatte, und flüchtete sich in einen gemacht plumpen Ton: »Wie wär's, Tenente – brauchen Sie mal einen guten Stadtführer?«

Die Reaktion auf diesen Vorschlag war verblüffend.

»Wohl 'n Sonnenstich, ha?«

»Nein – kerngesund«, grinste er.

Sie schürzte die Lippen und wandte sich brüsk ab. »Beeilen Sie sich«, sagte sie im Weggehen, »ich habe nicht viel Zeit.«

Als Gruber mit dem Mastro den Vergaser einbaute, saß die Amerikanerin hinterm Steuer und las in einem Magazin. Sie würdigte Gruber keines Blickes mehr.

Der Motor kam nach ein paar Startversuchen. Der

GI saß neben dem weiblichen Leutnant und nickte zufrieden.

»Was bin ich schuldig?«, fragte die Amerikanerin aus dem Wagenfenster heraus.

»Das Wiederkommen!«, rief Emilio.

Da flogen drei Packungen »Camel« aus dem Fenster.

»Grazie!«, rief der Mastro und sammelte das Honorar auf.

»Buon viaggio!«, rief Gruber und tippte an seine schmierige Mütze.

Jetzt lachte der weibliche Leutnant, winkte sogar noch einmal aus dem Fenster. Dann verschwand der grüne Kantinenwagen in Richtung der Hauptstraße.

Lorenz Gruber erhielt die neuen Arbeitspapiere am nächsten Tag und begab sich am folgenden Morgen schon sehr früh zum Hafen, um sich als Stauer oder für sonst eine Arbeit anzumelden. Es galt jetzt, den Platz genau in Augenschein zu nehmen, wo später die vernichtende Arbeit getan werden sollte. Der Erfolg des Einsatzes hing einzig und allein von den vorausgegangenen Erkundigungen ab. Da Gruber bei diesem Unternehmen das Kommando führen sollte, war es selbstverständlich, dass er sich mit den örtlichen Gegebenheiten vertraut zu machen hatte.

Hinter dem Tor vierzehn lag der von den Amerikanern streng bewachte Ölhafen mit den Riesentanks, den Pipeline-Brücken und Tankerschiffen.

Zwei mit Maschinenpistolen bewaffnete Marinesoldaten kontrollierten die Ausweise. »Alright ... okay ... alright ... okay ...«, knautschten die beiden und winkten mit den Köpfen zur Passage.

Gruber spürte leichtes Herzklopfen, als er einen

raschen Blick über das Hafengelände gleiten ließ. Da lagen sie, die dicken Burschen mit den stählernen Riesenleibern, da ragten die Krananlagen in den pastellfarbenen Morgenhimmel hinein, da zeichneten sich die schwarzen Konturen der Schiffe vom funkelnden Wasser ab. Es war ein erregender Anblick, und Gruber fühlte wieder jenes Prickeln im Körper wie der Jäger angesichts des ahnungslosen Wildes.

Dar Mann ihm schmutzigen Overall, die Tasche mit den Butterbroten unterm Arm, schwamm im Strom der schwatzenden Arbeiter mit.

»Wo ist das Büro des Aufsehers?«, fragte Gruber einen alten Mann.

»Dort drüben, Amico«, sagte der Alte und wies auf einen Backsteinbau mit blinden Fensterscheiben.

Gruber betrat einen nach Karbolfarbe riechenden Flur und klopfte an eine Tür, hinter der Schreibmaschinengeklapper zu hören war.

»Buon giorno«, grüßte er.

In einem matt erhellten, trostlos primitiven Raum stand ein kleiner Schreibtisch, und dahinter saß der schwindsüchtig aussehende Schreiber.

»Sie wünschen?«, fragte er, durch die Nickelbrille blinzelnd.

»Sind Sie der Dolmetscher?«, fragte Gruber.

»Nein«, sagte der andere. »Aber Signore Ruffo muss jeden Augenblick kommen. Ist es was Besonderes? Vielleicht kann ich Ihnen Auskunft geben? Rovelli ist mein Name.«

»Ich möchte gern warten«, sagte Gruber, sich höflich verbeugend.

Der Schreiber sah sich hilflos nach einer Sitzgelegenheit um, aber es war keine da.

96

In diesem Augenblick kam Vittorio Ruffo. Seine Augen stachen auf Gruber los. »Was wollen Sie?«, schnarrte er, die Aktentasche auf den Schreibtisch werfend. »Woll'n Sie zu mir? Reden Sie!«

Gruber griff in die Tasche seines schmierigen Anzuges und holte das Empfehlungsschreiben hervor. »Ich komme auf Veranlassung Signore Trentinis«, sagte er höflich. »Hier ist das Schreiben von ihm.«

Ruffo stutzte. Der bisherige Ausdruck seines feisten Gesichtes veränderte sich. Blitzschnell überflog er das Papier.

»Kommen Sie bitte in mein Zimmer«, sagte er dann.

Na also, dachte Gruber, warum nicht gleich, du Affe.

Er folgte Ruffo in das nebenan liegende Büro. Die Luft war denkbar schlecht, was auch Ruffo zu bemerken schien, denn er öffnete ein Fenster. Mit der frischen Morgenluft kamen auch die mannigfachen Geräusche der beginnenden Hafenarbeit in den Raum geflogen.

Ruffo atmete ein paar Mal tief, als müsse er sich sammeln; dann drehte er sich um und sah Gruber an. – Verdammt, was der Kerl für Augen hatte! Unangenehme! Ruffo hielt den Blick nicht lange aus, senkte ihn und sagte:

»Ich glaube, wir müssen uns zuerst über die Gehaltsfrage unterhalten. Nehmen Sie Platz.«

»Danke.«

Gruber setzte sich auf einen wackligen Stuhl. Ruffo verschanzte sich hinter dem wurmstichigen Schreibtisch, nahm Platz und zerrte an der lächerlich bunten Krawatte.

»Sie werden vielleicht verstehen, dass ich nur ungern damit einverstanden bin, hier Leute zu beschäftigen, die …« Er beendete seinen Satz mit einer bezeichnenden Handbewegung.

Gruber grinste. »Das kann ich gut verstehen.«

»Es wird für mich langsam … äh … wie soll ich sagen?«

»Zeit zum Aussteigen?«, half Gruber freundlich, aber seine Augen drückten anderes aus.

Ruffo zog den runden Kopf zwischen die Schultern. »Nein, nein«, haspelte er nervös, »das wollte ich damit nicht sagen … nur … äh … nur …«

»Sie haben Angst?«

»Ich habe eine Familie zu ernähren«, flüsterte Ruffo heiser und zog das Taschentuch, um sich den Schweiß von der Stirn zu wischen. Wie unangenehm dieser Tag begann!

Gruber grinste nicht mehr. Sein narbenbedecktes Gesicht wirkte wie aus Stein. »Sie wissen doch«, sagte er gefährlich langsam, »was mit Leuten geschieht, die abspringen wollen?«

Ruffo hob beschwörend die fleischigen Hände. »Um Gottes willen, Signore, wer spricht von so was?«

»Ich wollte Sie ja nur erinnern. – Sagen Sie mir jetzt, bei wem ich mich zu melden habe.«

»Si, Signore.« Ruffo sprang so behände auf, dass der Stuhl gegen die Wand polterte, trippelte zur Tür, riss sie auf und rief in den Vorraum: »Rocco soll herkommen. Pronto, pronto …!«

Auch draußen polterte ein Stuhl.

Ruffo kam zum Schreibtisch zurück und versuchte ein joviales Lächeln, das ihm kläglich misslang. »Sie … ähm … Sie heißen …« – er nahm das Empfehlungsschreiben –, »… ähm … Fondi?«

»So ist es.«

»Waren Sie schon einmal in Neapel?«

»Sie gestatten, dass ich die Frage überhört habe.«

»Si, si …« Ruffo nickte und setzte sich ächzend hinter seinen Schreibtisch, wischte den Schweiß aus Stirn und Nacken und schnaufte wie ein Ackergaul, der einen Pflug durch steinigen Boden zieht.

»Ähm …« – er beugte sich über den Schreibtisch. »Seien Sie um Gottes willen vorsichtig«, zischelte er. »Die Amerikaner sind scharfe Hunde. Die haben ihre Augen überall. Wenn Sie sich also über die Dinge informieren, dann machen Sie es so unauffällig wie nur möglich.«

Gruber nickte nur. Ihm war dieser schmierige Kerl zuwider. Eine Ratte saß hinter dem Schreibtisch – eine feige, im Unrat der Zeit wühlende Ratte.

Im Vorzimmer wurde schweres Getrampel laut. Ein dröhnender Bierbass ertönte:

»Wo ist er?«

»Bitte hier hinein«, lispelte der Schreiber.

Rocco trat ein. Rocco, der Vorarbeiter. Ein Fleischberg. Ein Gorilla von einem Kerl: gut zwei Meter groß, breit wie ein Schrank, mit einem viel zu kleinen Kopf auf den Schultern. Rocco, der gefürchtete Vorarbeiter, der wüste Schläger. Ein Mensch, der nur aus Muskelbergen zu bestehen schien. Er trug einen geflickten Overall und eine Baskenmütze auf dem Kahlkopf.

»Hier ist ein neuer Mann für Sie«, sagte Ruffo. »Die Lohnfrage ist geregelt. Teilen Sie ihn zur Arbeit ein.«

Der Fleischberg musterte Gruber. »Bist du 'n ganz Grüner, oder hast du schon mal im Hafen gearbeitet?«

»Ich war in Palermo und Bari.«

»In Bari?« Rocco riss die Äuglein auf. »Mensch, Bari kenn ich auch. Schöne Stadt. Scharfe Weiber!« Er pfiff durch die Zähne und grinste übers ganze Gesicht. »Na komm«, sagte er dann. »Wie heißt du?«

»Lorenzo Fondi.«

»Hoffentlich kommen wir gut miteinander aus, Lorenzo.« Rocco streckte die haarige Pranke vor.

Gruber war so unvorsichtig, die seine hineinzulegen. Ein viehischer Handdruck belehrte ihn, dass Rocco über die Kräfte eines fünfjährigen Büffels verfügte.

Sie verließen das Büro.

Der Hafen war jetzt voller Lärm. Die Sonne beschien die Tankerschiffe. Nebelschleier torkelten über das bleigraue Wasser und starben in den nächsten Minuten. Der Fleischberg jumpte neben Gruber einher und schwatzte von Bari. Als Gruber ihm verriet, dass die Stadt jetzt ein Trümmerhaufen sei, blieb Rocco stehen und sagte: »Ts, ts, ts … das ist ein Jammer, ein Jammer.« Sie hatten eine Gruppe von Arbeitern erreicht, die an Rohrstücken hämmerte und schraubte.

»Hej, Giuseppe!«, rief Rocco hinüber.

Ein schlanker, etwa vierzigjähriger Mann in blauer Arbeitsmontur kam heran.

»Das ist Fondi«, stellte Rocco Gruber vor. »Bau ihn in deine Gruppe ein.«

»Geht in Ordnung, Rocco«, sagte Giuseppe und musterte Gruber.

»Viel Spaß also«, sagte Rocco, drosch Gruber auf die Schulter und ging.

Giuseppe schnäuzte sich mit den Fingern und fragte dabei: »Wie geht's Umberto Pucci?«

Da wusste Gruber, wen er vor sich hatte, und erwiderte halblaut: »Er säuft sich bald das heulende Elend an den Hals.«

»Auch eine Art, sich fürs Vaterland zu opfern«, er-

widerte der andere halblaut. Und dann zischelnd:
»Vorsicht hier! Du wirst von hundert Augen beluchst.
Guck nicht zu viel in der Geografie herum. – Bist du
mit Ruffo klargekommen?«

»Ja.«

Sie sprachen jetzt laut:

»Papiere abgegeben?«, fragte Giuseppe.

»Abgegeben, jawohl.«

»Schon mal in der Branche gearbeitet, Fondi?«

»Ja.«

»Dann komm – ich zeige dir jetzt deine Arbeit.«

Giuseppe war der Vorarbeiter von einem Dutzend
Männern, die den Neuem natürlich sofort aufs Korn
nahmen. Man wusste ja nie, wer kam. Konnte leicht einer vom Syndikat sein, der herumhorchte und jedes
Wort dem Boss zutrug. Die Arbeit im Hafen bedeutete für viele Brot und Existenz. Wehe dem, der sich die
Gunst des Bosses verscherzte, diese haarsträubenden
Zustände anzugreifen und der Behörde zu verraten!
Die Gegenmaßnahme war brutal. Man wurde entweder zusammengeschlagen oder mit Fußtritten davon-
gejagt. Ein Wiederkommen war unmöglich, es sei
denn, man opferte dem Polyp den Großteil des Ver-
dienstes.

Jeder Boss besaß unumschränkte Befehlsgewalt. Die
Alliierten kümmerten sich nicht darum, was er mit sei-
nen Leuten trieb, ob er sie peinigte, durch Schläger-
kommandos in Angst und Schrecken hielt; ob jeder
Arbeiter von seinem kargen Salär einen bestimmten
Teil abliefern musste und damit die Taschen des Bosses
füllte. Es war den Alliierten auch gleichgültig, ob ein
Arbeiter mehr oder weniger in der Kolonne schuftete,
Hauptsache, es wurde gearbeitet.

These bastard people! Bloody bastards! Sie waren gut genug, die dreckigste Arbeit zu tun! Verunglückte einer, wurde er zwischen den Puffern der Diesellok zerquetscht, flog einer von der Pipelinebrücke in die Tiefe und brach sich das Genick, wurde einer zusammengeschlagen – niemand fragte nach Recht oder Unrecht. Der Mensch war auch hier eine Ware. Viel weniger wert als ein Sklave zu Cäsars Zeiten. Er war eine Nummer, die man auf die Liste setzen oder wieder streichen konnte.

Gruber wurde der Arbeit zugeteilt. Sie begann auf dem großen Ölbehälter, wo vier Mann Schrauben an die Einfüllstutzen setzten und die Ölleitungen anschlossen.

Von hier oben hatte man einen beherrschenden Blick über den Ölhafen bis hinüber zur Mole zwölf, wo die großen Transporter angelegt hatten. Schmalspurbahnen schoben Kesselwagen hin und her, Riesenkräne schwenkten zusammengebündelte Fässer an Land und setzten sie mit spielerischer Leichtigkeit auf die Kaianlage nieder.

Von den großen Ölbehältern weg erstreckte sich die etwa zweihundert Meter lange Pipelinebrücke zu den tief im Wasser liegenden Tankerschiffen hinüber. Dicke Leitungsrohre, wie überdimensionale Schlangen aussehend, lagen auf dem Filigran der Brücke und holten das kostbare Öl aus den dicken Bäuchen der Schiffe.

Grubers Herz hämmerte hart gegen die Rippen, als er diese Pipelinebrücke betrat und auf ihr entlang zu den Tankern ging. Das waren die Opfer, die man sich vornehmen würde. Das waren für Gruber die Perlen im Schlick, die man sich heraussuchen musste. Da lagen sie! Dicht bei dicht! Schöne Schiffe, aufs Modernste ausgestattet. Neu. Tief im brackigen Wasser liegend, bis oben mit Öl angefüllt!

Amerikanische Matrosen liefen auf Deck hin und her. Kommandos schwirrten herum. Der Tag war voller Lärm und Hast.

Gruber ging über das Deck des Schiffes. Es war ein eigenartiges Gefühl für ihn, auf einem Schiff zu gehen, das er bisher immer nur von unten betastet hatte – aus dem dunkelgrünen Schatten heraus, in dem die Stille des Todes gähnte. Vier Tanker hatte Gruber bereits auf diese Weise vernichtet. Und hier lagen die nächsten Opfer! Sie zu treffen, zu vernichten, war er nach Neapel gekommen.

Jemand stieß Gruber an; es war Giuseppe. Sein Blick gemahnte zur Vorsicht.

Nur nichts übereilen. Gut Ding muss Weile haben! Gruber hatte ja eine ganze Woche vor sich, um das Hafenbild in sich aufzunehmen. Die Kameraden würden das Übrige tun: eine genaue Skizze beschaffen, die Position der Schiffe einzeichnen, den günstigsten Termin abwarten und dann losschlagen.

Vorsicht, Vorsicht, Vorsicht!

Der Hafenarbeiter Lorenzo Fondi schraubte Leitungsrohre an, hämmerte, karrte Ölfässer hin und her und hielt die Augen offen. Und die Sonne stach aus einem wolkenlosen Himmel herab, das schmutzige Hafenwasser schwappte um die Leiber der Schiffe, und Scharen von Möwen stürzten sich mit schrillem Geschrei auf die Abfälle aus den Kombüsen.

Niemand ahnte, dass ein Sendbote des Todes im Hafen umherging und sich wie ein armseliger, sich um sein tägliches Brot sich bemühender Neapolitaner benahm.

Als die Trillerpfeifen der Aufseher die Mittagspause befohlen hatten, lag Gruber im Schatten eines großen Ölbehälters und aß sein Butterbrot, trank gemächlich aus der Flasche verdünnten Wein. Die anderen Arbeiter hatten sich zur Ruhe ausgestreckt, die Mütze oder eine Zeitung übers Gesicht gelegt, und schliefen. Drüben, von der heißen Sonne angestrahlt, lagen drei Tanker. Das Öl gurgelte und blubberte in den Leitungsrohren. Weit draußen erhob sich die Sirene eines amerikanischen Truppentransporters.

Jemand setzte sich neben Gruber. Giuseppe schnaufte und streckte die Beine von sich.

»Wie bist du mit dem Dolmetscher ausgekommen?«, fragte er halblaut.

»Ein Fatzke, wie er im Buch steht«, brummte Gruber. Dann beugte er sich an Giuseppes Ohr: »Ziemlich unsicherer Kantonist!«

Der andere nickte und brannte sich verstohlen eine Zigarette an. Im Ölhafen war nämlich strengstes Rauchverbot. »Übler Bursche«, raunte Giuseppe, die Zigarette in der hohlen Hand versteckend. »Wir beschatten ihn schon einige Zeit. Ich glaube, er ist bald reif. Dann …« Giuseppe vollführte eine Bewegung über den Hals.

Sie schwiegen. Die Möwen schrien, und am Kai rumpelte die Transportbahn.

»Wie lange wirst du hier bleiben?«, fragte Giuseppe.

»Schätze, dass ich nur eine Woche brauche.«

Giuseppe streckte sich, zog die Baskenmütze übers Ohr und schlief ein. Auch Gruber schloss die Augen. An den Ölbehälter gelehnt, horchte er auf die vielen Geräusche des Hafens. – Da war es ihm plötzlich, als sei schon alles so weit: Ringsum Nacht. Schwarzes

Wasser. Man schwimmt auf das Ziel zu. Langsam. Tastend. Die ausgestreckten Hände berühren die mit Muscheln und Algen bedeckte Schiffswand. Der Fischmensch tastet sich weiter ... Die Sprengladung klickt an den Schiffsboden ... Jetzt tickt der Tod. Leise. Präzise. – Fort ... zurück zur Ausgangsposition! Plötzlich bricht die Hölle los! Schiffe zerfetzen. Das Wasser kocht. Die Nacht glüht. Man versucht, aus dieser wabernden Hölle zu entkommen! ... Vergeblich! Der Tod greift zu ...

»Hej, Amico!«

Gruber fuhr hoch. Der Ton einer Trillerpfeife macht ihn vollends wach.

»An die Arbeit! Avanti!«

Das große, schmale Fenster und die Balkontür standen weit offen. Die zitronenfarbenen Stores blähten sich im warmen Luftzug. Draußen im Garten, in den blühenden Sträuchern und duftenden Magnolienbäumen sangen die Vögel.

Das Radio im Zimmereck spielte leise. »You ... you ... you ...« Der neueste Schlager von drüben.

Nina lag auf der Couch, die vollen Arme unter den Nacken geschoben, das Haar gelöst, den Blick zur Zimmerdecke gerichtet. Wie ein Herz schaut der Fleck dort oben aus ... Mein Herz ... es gehört nur Biondo ... meinem Biondo ... Nina lächelte, schloss die Augen.

Der Mann am Fenster betrachtete schon längere Zeit eine Fünfzig-Dollar-Note, hob sie gegen das Licht, probierte die Qualität des Papiers, nickte und holte eine Lupe aus der Westentasche.

»Hm«, ertönte es vom Fenster her. Dann noch einmal: »Hm!«

Nina lächelte wie im Traum, aber sie war wach. »Gute Fälschung, nicht wahr?«, fragte sie, ohne die Augen zu öffnen, ohne sich zu bewegen.

Charles Dombrowsky steckte die Lupe in die Westentasche zurück und kam an die Couch heran, setzte sich zu Ninas Füßen und wedelte mit der Banknote. Sein pockennarbiges Gesicht verriet Erregung, seine blassblauen Augen funkelten.

»Ich kann sie nicht von einer echten unterscheiden, Darling. Und du sagst, dass du fünftausend hättest?«

»Si, Charly«, sagte sie mit träger Stimme. »Fünftausend falsche Dollars.«

»Bist du dir darüber klar, was man mit dir macht, wenn man dich mit dem Geld erwischt?«

Sie richtete sich auf, zog den auseinandergerutschten Kimono über die Knie zusammen und schlang die Hände darum.

»Man sperrt mich ein«, sagte sie.

»Man wird dich ausquetschen wie eine Zitrone, bis du sagst, von wem du das Geld hast.«

»Ich werde es nie sagen.«

»Du wirst, Darling«, nickte er und fletschte die großen, gelben Zähne. »Es gibt tausend Methoden, jemand zum Sprechen zu bringen.«

»Und wenn sie mir die Zunge herausreißen«, sagte sie. »Sie kriegen nichts aus mir heraus.«

Charles Dombrowsky betrachtete die Dollarnote. Nina lächelte. Er sah sie an.

»Okay, Darling. Was machen wir mit den Blüten?«

»Umsetzen.«

»Und was verdiene ich dabei?«

»Fünfundzwanzig Prozent.«

Charles Dombrowsky nagte an der fleischigen Unterlippe und dachte nach. Es gab für ihn viele Möglichkeiten, die Blüten in Umlauf zu bringen; es war ganz leicht. Auch die Verdienstspanne war anständig.

»Und was verdienst du?«, lauerte er.

»Ein bisschen weniger als du«, sagte sie und strich sich mit einer anmutigen Bewegung das lange, schwarze Haar aus dem Gesicht.

Charles Dombrowsky rutschte näher zu ihr, umspannte ihren festen Schenkel und sah sie mit seinen hellblauen Augen scharf an. »Von wem hast du die Blüten?«

Sie schwieg.

»Rede!«

Sie schüttelte heftig den Kopf.

»Na gut«, sagte er dann, »ich kann verstehen, dass du es nicht sagen willst. Also – gib mir das Geld, ich werde es umsetzen.«

»Und mir den Rest abliefern?«

»Yes.«

»Bestimmt?«

Er runzelte die Stirn. »Was heißt das? Traust du mir nicht?«

»Ich traue keinem Mann. Auch dir nicht.«

Da warf er sich über sie und drückte sie in die Brokatkissen, legte seine schwere Hand auf ihre Brust und küsste sie wild auf Mund und Schultern.

Nina duldete es. Sie war solche Küsse gewöhnt. Ihr Herz schlug dabei nicht schneller als sonst.

Charles Dombrowsky sah ihr in die Augen. »Traust du mir wirklich nicht, Darling? Habe ich dir nicht schon hundert Mal bewiesen, dass ich dich liebe?«

»Du bringst uns billige Konserven«, sagte sie lächelnd, »und du hast bei Madame eine gute Nummer.«

»Ich will wissen, ob ich auch bei dir eine gute Nummer habe«, drängte er ärgerlich.

Sie nickte nur und schloss die Augen.

Charles Dombrowsky richtete sich auf, zog den Kamm und striegelte sein dunkelblondes, dichtes Haar. »Alright«, sagte er, »wir machen das Geschäft. Gib mir das Geld.« Er steckte den Kamm wieder weg.

Nina erhob sich und ging in den Nebenraum.

Charles Dombrowsky hörte das Rücken eines Schubfaches. Dann kam Nina zurück und warf ihm ein Bündel Banknoten zu. Er fing es auf und zählte die Scheine durch. Es waren genau viertausendneunhundertfünfzig Dollar, gebündelt in Fünfziger- und Zehnerscheinen.

Das Mädchen brannte sich indessen eine Zigarette an und beobachtete den Mann. Er trug Zivil. Einen grauen Sportanzug mit Fischgrätmuster. Charles Dombrowsky, Leutnant in der US-Army-Verwaltung, war ein interessanter Kerl. Er sah in Zivil ebenso gut aus wie in Uniform. Nina kannte ihn schon seit November vorigen Jahres. Seither war er Dauergast und bevorzugte Persönlichkeit im »Casa Stellina«.

»Okay«, sagte er und teilte das Notenbündel, um es in den Taschen unterbringen zu können. »Ich glaube, dass ich das Geld bald umgesetzt habe. Wie schaut's mit Nachschub aus? Oder ist das alles?«

»Ich kriege neues, aber erst, wenn ich ordnungsgemäß abgerechnet habe.«

»Stecken mehrere hinter der Sache?«

»Bitte, frage nicht«, wehrte sie matt ab, »ich kann dir nichts sagen.«

»Verstehe«, nickte er. »Aber ich mache die Sache

nur, wenn du mir versprichst, dass sie größeren Umfang annimmt. Das Risiko bleibt ja stets das Gleiche.«

»Sie wird größeren Umfang annehmen«, sagte sie.

Charles Dombrowsky zog sie an sich. »Hör zu, Darling. Ich tue es nur für uns beide, das weißt du. Ich habe mir vorgenommen, zu Geld zu kommen. So schnell wie möglich. Der Krieg wird bald aus sein, und dann rüste ich ab, komme zu einer gewissen Signorina Nina und werde fragen: Signorina, wollen Sie mich heiraten? Sie wird wahrscheinlich Ja sagen. Wir fahren dann nach Amerika zurück. Nach Boston. Wir werden dort ein Radiogeschäft eröffnen – wir werden glücklich sein und dann und wann an die Zeit denken, die uns heute so verrückt vorkommt.«

Nina lehnte ihren Kopf an seine Schulter und lächelte versonnen. – Heiraten. Raus aus diesem Beruf! Eine anständige Ehe führen! Dem Manne beweisen, dass man mehr ist als eine … O ja, davon träumte Nina Morin schon, seit sie ihrem Gewerbe nachging, davon träumten alle jene, die sich verkauften. Von einer Ehe, von Kindern, von Zufriedenheit und Glück.

»Meinst du es ehrlich, Charly?«, flüsterte sie.

»Ja, Nina.«

Sie sah ihn an. »Schwöre.«

»Ich heirate dich auch ohne Schwur, Darling.«

»Schwöre!«

Er lächelte breit und hob die drei Schwurfinger. »Ich schwöre!«

Da sank sie ihm an die Brust und weinte plötzlich; sie dachte dabei an Biondo. Warum war es nicht Biondo, der geschworen hatte, sie, Nina Morin, zu heiraten? Das Mädchen aus dem Offiziers-Bordell!

Ich bin ihm nur Mittel zum Zweck, dachte sie bitter, und deshalb waren ihre Küsse dankbar, die sie Charles Dombrowsky schenkte.

Gruber arbeitete schon den fünften Tag im Ölhafen und ahnte nicht, dass seine Person in einem Gespräch zwischen Celesti und Ruffo zur Debatte stand. Die Abhörstelle in der Hausruine war demnach nicht im Bilde über das, was sich wie ein Unwetter über dem blonden Hafenarbeiter Lorenzo Fondi zusammenzog.

Ruffo, der Polyp im Hafenbüro, hatte die Beseitigung des lästigen Arbeiters beschlossen und bediente sich hierzu der herkömmlichen Mittel in gleicher Weise, wie es ihm völlig gleichgültig war, ob ein Menschenleben mehr oder weniger in den schmutzigen Wogen dieser Zeit versank.

»Seien Sie bloß vorsichtig!«, hatte Celesti gewarnt. »Einen Geheimdienstler kann man nicht so leicht vergraulen. Wenn Sie ihn beiseite schaffen wollen, dann muss das rasch und unauffällig geschehen.«

Dies zu tun war Ruffos feste Absicht, denn die Nähe des narbenbedeckten Gesichtes verschaffte ihm das ständige Gefühl, auf einem Pulverfass zu sitzen, dessen Lunte bereits brennt. Dieser Lorenzo Fondi musste weg. Und zwar auf die schnelle und, wie gesagt, herkömmliche Tour. Sie brauchte nicht unbedingt tödlich zu sein. Vielleicht genügte es, wenn man Fondi derart verprügelte, dass ihm das Wiederkommen ein für alle Mal verleidet wurde. Er, Ruffo, konnte sich ja leicht herausreden und den Nachweis erbringen, dass Schlägereien im Hafen so gut wie an der Tagesordnung seien und dass die alliierten Bewacher keinerlei Grund oder Veranlassung sähen, sich in Prügeleien zwischen Hafenarbeitern einzumischen.

Rocco musste zum Boss kommen. Rocco, der zuverlässige Schläger und persönliche Bewacher des Bosses. In Roccos Schatten glaubte Ruffo sich sicher. Außerdem standen ja noch mehrere andere bereit, wenn es galt, einen Auftrag zu erfüllen, was allemal mit einem Sonderhonorar verbunden zu sein pflegte.

Rocco kam, und Ruffo sagte dienstlich:

»Dieser Fondi muss weg. Er stört mich sehr. Er hetzt hinter meinem Rücken die Arbeiter auf.«

Rocco rollte pflichtbewusst die Augen und ballte die Fäuste.

»Waaas? Diese Rotznase hetzt? Das wusste ich ja gar nicht!«

»Jetzt weißt du's«, sagte Ruffo. »Aber mach die Sache ordentlich!«

»Halb oder ganz?«

»Halb.«

Das Urteil war gesprochen. Der Arbeiter Lorenzo Fondi sollte nur halb totgeschlagen werden. Ruffo war deshalb gnädig, weil der Tod eines Geheimdienstmannes allemal Staub aufwirbelte und oft unangenehme Folgen nach sich zog – Folgen, vor denen nicht einmal Celesti, der langarmige Boss, seinen Freund Ruffo zu schützen vermochte. – Deshalb also der Befehl: »Halb.«

Die Sache fing, wie immer, ziemlich alltäglich und unverfänglich an.

Es war an einem strahlend hellen Maientag. Das Meer schlief und war so blau, wie es in manchen Liedern besungen wird. Über Neapel hing die Dunstglocke von tausend undefinierbaren Gerüchen, und auf den Straßen und in den Gassen trubelte und pulste dennoch das Leben, wie es dieser Stadt eigen war. Im Hafen rumorte der Rhythmus der Arbeit und dampften die Maschinen, kreischten die Kräne und Winden, klopften und hämmerten Tausende im verschwitzten Arbeitsanzug, schrien die Möwen und stank das Wasser nach Öl und Schlick.

Über allem stand der Vesuv und blies dann und wann seinen rauchigen Atem zum Maienhimmel.

Die Kolonne, in der Lorenzo Fondi arbeitete, belud einen Lastwagen mit Ölfässern. Gruber gehörte der zweiten Gruppe an und wuchtete die schweren Fässer über die Rampe auf den Anhängerwagen.

Plötzlich ertönte ein Schrei.

Sich umschauend, sah Gruber einen Menschen vom Lastwagen fallen, hart aufs Pflaster schlagen und liegen bleiben.

Die Arbeit wurde unterbrochen. Alles lief zum Motorwagen. Francesco Sabini, ein achtzehnjähriger, lang aufgeschossener Bursche, lag mit blutendem Kopf am Boden. Jetzt sprang der Vater des Burschen vom Lastwagen und stürzte zu seinem Sohn hin, jammerte und weinte und wollte den Ohnmächtigen aufrichten.

Da schob sich Gruber durch die herumstehenden Arbeiter und beugte sich über Francesco. »Was ist passiert?«, fragte er den jammernden Vater.

Luigi Sabini, Vater von sieben Kindern, schwer magenkrank, Ärmster der Armen, konnte nicht antworten. Tränen rannen ihm über das zerfurchte, ölverschmierte Gesicht. »Francesco … mein Junge … o Madonna mia, er rührt sich nicht … er rührt sich nicht. Dieses Schwein hat ihn erschlagen!«

»Los!«, ertönte Roccos Bierbass von oben. »An die Arbeit, ihr Strolche!«

Gruber kümmerte sich um den ohnmächtigen Burschen. Francesco blutete aus der Nase.

»An die Arbeit, hab ich gesagt!«, röhrte der Fleischberg vom Motorwagen herunter. »Avanti, avanti!
Sonst mach ich euch Beine!«

Gruber trug den schmächtigen Körper zur Seite,
legte ihn in den Schatten eines Stapels Fässer und be-
tupfte Francescos Gesicht mit dem Taschentuch.

Luigi jammerte weiter. »Das Schwein hat meinen
Jungen geschlagen. Wegen nichts und wieder nichts.
Immer vergreift sich das Schwein nur an den Schwachen … immer nur an den Schwachen … O Madonna
mia, Madonna mia.« Der alte Mann weinte haltlos und
verzweifelt.

»Seid ihr beiden taub?«, brüllte jemand hinter Grubers Rücken.

»Ich hab gesagt, ihr sollt arbeiten!«

Da fuhr Luigi Sabini herum und schrie mit sich
überschlagender Stimme: »Faccia patibolare! Mascal-
zone! Va tal diavolo, porco cane! – Verbrechergesicht!
Schuft! Geh zum Teufel, Schweinehund!«

Die Arbeiter standen im Halbkreis herum. Weiter
hinten tauchten zwei amerikanische Wachtposten auf;
sie schlenderten ohne Eile heran und riefen sich lachend etwas zu. Es gab wieder mal ein Match!

Rocco krempelte die Ärmel seiner Montur hoch.
»Warte, du Drecksack, das sollst du mir büßen!« Seine
kleinen Äuglein funkelten vor Rauflust, huschten blitzschnell zu Gruber, der sich aus der Hocke aufrichtete.

»Da hast du deinen Lohn«, knurrte Rocco und trat
Luigi gegen das Schienbein, packte ihn aber auch zugleich und riss ihn hoch.

»Lass den Mann in Ruhe!«

113

Rocco drehte den kleinen Kopf zur Seite und starrte Gruber an.

»Du sollst den Mann loslassen!« Gruber sagte es gefährlich leise, und in seinen grauen Augen glitzerte etwas, was Rocco hätte warnen müssen.

Rocco ließ den Arbeiter los und wandte sich an Gruber. »Heeej …«, dehnte er, »dir juckt wohl auch das Fell?«

»Warum hast du Francesco geschlagen?«

Die beiden Amis hatten sich inzwischen in den Halbkreis der Männer gestellt, umarmten ihre Maschinenpistolen, kauten Kaugummi und grinsten erwartungsvoll.

»Warum ich den faulen Hund geschlagen habe?« Rocco brach in schallendes Gelächter aus. »Habt ihr gehört, Kameraden? Warum ich den faulen Hund geschlagen habe!« Und jetzt brüllte er Gruber an: »Du weißt wohl nicht, wer ich bin?«

»Doch«, nickte Gruber. »Ein ganz gemeines Schwein bist du.«

Rocco erstarrte vor Verwunderung. So etwas hatte ihm bisher noch keiner gesagt.

»Go on, Rocco«, hetzte einer der Amerikaner.

Rocco rollte die Augen. »Was hast du gesagt, Fondi? Sag das noch einmal!«

»Gemeines Schwein.«

Dann vollzog sich alles blitzschnell. Rocco stürzte auf Gruber los. Aber der kam ihm mit zwei kurzen Schritten entgegen, packte im Judogriff Roccos Handgelenk, drehte sich blitzschnell, und mit einem Ruck flogen drei Zentner Lebendgewicht durch die Luft und landeten mit dumpfem Aufschlag am Boden.

114

Fast gleichzeitig war Gruber über der aufheulenden Gestalt, packte den Gorillaarm und drehte ihn ruckartig auf den Rücken. Rocco brüllte wie ein Stier.

»Wonderful«, sagte der eine Ami.

»Bravo!«, applaudierte der andere.

Dahinter tauchte ein feistes Gesicht mit neugierig funkelnden schwarzen Augen auf. Auch Ruffo war gekommen, um dem Vorfall beizuwohnen, den er recht und schlecht eingefädelt hatte.

»Lass los«, jammerte der Fleischberg. »Bei der Madonna von Santa Chiara – lass los!«

»Nur wenn du Luigi Sabini Abbitte tust!«

»Si, si, si …«, ächzte Rocco.

Gruber ließ ihn los und erhob sich.

Die Arbeiter feixten offenkundig zufrieden. Gruber wollte zu Francesco gehen, der noch immer ohnmächtig neben den Fässern lag. Der Junge schien sich durch den Sturz vom Wagen schwer verletzt zu haben.

Plötzlich schrie Giuseppe, der Vorarbeiter: »Attenzione, Lorenzo!«

Gruber warf sich instinktiv zur Seite, stolperte aber über Francescos Beine und fiel hin. Zugleich sauste ein überschwerer Schraubenschlüssel nieder, streifte aber nur seinen Oberarm. Rocco stürzte sich mit seinen drei Zentnern auf Gruber, packte ihn an der Gurgel und hob den Schraubenschlüssel.

»So, du Hund – jetzt mach dein Kreuz! Wenn du kannst!«

Gruber starrte in zwei mordlustig funkelnde Augen, in ein verzerrtes Affengesicht. Blitzschnell packte er Roccos um den Hals gekrallte Hand, fand den dicken Daumen und fleischigen Zeigefinger und riss sie auseinander.

»Aaaaaahhuuuuu …«, brüllte Rocco und ließ vor Schmerz den Schraubenschlüssel fallen.

Gruber hatte jetzt etwas Luft, schnellte sich zur Seite und kam frei. Aber auch Rocco war jetzt auf der Hut. Rasend und blind vor Wut stürzte er sich auf den Mann.

Jetzt wurde es todernst. Der Schraubenschlüssel konnte den härtesten Schädel der Welt zertrümmern. Man musste sich vor ihm hüten.

»Nie die Ruhe verlieren«, hatte der kleine japanische Hauptmann in der Nahkampfschule zu seinen Schülern gesagt. »Den Gegner immer im Auge behalten und nur dann zuschlagen – oder packen, wenn man weiß, dass Schlag oder Griff sitzen.«

Gruber ging dem drohenden Tod entgegen. Mit zwei kurzen Schritten, fast tänzelnd. Mit erhobenem Unterarm fing er den niedersausenden Schlag ab. Noch ein kurzer Schritt. Rocco war hintergangen. Gruber packte wie beim ersten Mal zu. Und wieder flogen die drei lebenden Zentner über einen Katzenbuckel zu Boden. Diesmal gegen das hintere Rad des Lastwagens.

Rums … machte es.

Gelächter in der Runde.

»Wonderful«, knautschte der GI. »That's first class!«

Rocco beutelte den Kopf. Mit erstaunlicher Gewandtheit sprang er auf. Zu spät jedoch. Der andere war heran, hob die gefalteten Hände und hämmerte sie mit voller Wucht dem Fleischberg ins Genick. Zugleich schnellte Grubers rechtes Knie hoch, traf Roccos Kinn. Ein stechender Schmerz durchzuckte Grubers Knie. Roccos Zähne waren es.

Rocco spuckte sie aus. Und dann kam das Ende für ihn. Es hagelte Genickschläge und Handkanten, es trommelte und krachte dumpf. Der Riese war machtlos gegen diesen Sturm von präzisen Schlägen und Hieben. Er taumelte, er nahm sie hin, er gurgelte seltsame Laute und riss die Äuglein erschrocken auf.

Gruber wusste nicht mehr, dass er einen Manschen vor sich hatte. Er schlug mit unverminderter Kraft. Das war nicht mehr der Oberfähnrich Lorenz Gruber, der kaum zweiundzwanzigjährige, elternlose Sportsmann aus Breslau – das war eine Bestie, die eine andere zerfleischen wollte in heißer Wut.

Erst als sein Schlag ins Leere traf und noch einmal und noch einmal, erwachte er und ließ die tauben Fäuste sinken. Der rote Nebel lockerte sich. Licht kam von irgendwo.

Keuchend stand Gruber vor dem gefällten Riesen. Blut rann auf das schmutzige Pflaster. Helles, warmes, in der Sonne rubinrot leuchtendes Menschenblut.

Die Arbeiter standen wie eine Mauer. In ihren verschwitzten Gesichtern spiegelten sich Entsetzen und heimliche Bewunderung.

»Mille grazie …«, sagte jemand neben Gruber; es war der Vater des verunglückten Jungen.

Gruber nickte nur, suchte seine verlorene Baskenmütze, schlug sie gegen die staubigen Hosenbeine und setzte sie auf.

Die beiden Amerikaner kamen heran. Sie grinsten. »Cigarette?«

»Thanks.«

Gruber stierte zum Tor hinüber.

Die Sirenen heulten jetzt Feierabend. Von überall tauchten zerlumpte, verschwitzte, schwatzende Menschen auf. Jemand ging neben Gruber her.

»Verschwinde von hier«, sagte Giuseppe. »Es ist

besser so, hörst du! Rocco ist erledigt. Der tut keinem mehr was – seinen Nimbus hast du ganz schön zerschlagen. Kein Aas nimmt ihn mehr für voll.«

»Ja, ja«, hörte sich Gruber sagen und ging auf das offene Tor zu.

Giuseppe blieb zurück und sah der großen, breitschultrigen Gestalt nach, nickte, grinste und wandte sich plötzlich wie erschrocken um. Dann sah man den Vorarbeiter Giuseppe im Bürogebäude verschwinden.

Vittorio Ruffo war hundeelend zu Mute. Er zitterte am ganzen Körper, schwitzte und konnte sich einfach nicht beruhigen. – Wie blamabel die Sache ausgelaufen war! Rocco, dieser Vollidiot, hätte den Kerl anders packen sollen! Es muss etwas geschehen, dachte Ruffo. So geht das nicht weiter! Noch eine solche Niederlage, und ich lande in der Klapsmühle! – Was soll ich tun?

Er horchte. Der Schreiber war schon weg. Jetzt konnte das geschehen, was Ruffo schon lange tun wollte: Die Hafenpolizei verständigen! Schon griff er nach dem Hörer, wählte die Nummer der Vermittlung … Und jetzt meldete sich die sympathische Stimme der Signorina in der Telefonzentrale.

»Pronto, Signore?«

Ruffo öffnete bereits den Mund.

»Keine Dummheiten«, zischelte es plötzlich, und etwas Eiskaltes, Stählernes stemmte sich in den schwitzenden Nacken. »Leg den Hörer auf! Schnell!«

Ruffo war es, als zerspringe ihm das Herz, als sei der ganze Körper gelähmt. Nur der rechte Arm war noch intakt und gehorchte dem gezischten Befehl.

Der Hörer klapperte auf die Gabel zurück. Ruffo stand unbeweglich, schloss die Augen und wartete auf das Ende. Der Vorarbeiter Giuseppe stand hinter dem Mann und drückte ihm den Stummellauf eines kleinen Trommelrevolvers ins Genick.

»Du Ratte, du erbärmliche! Noch wirst du das tun, was wir dir sagen, du Ratte! Den Schluss befehlen wir, hörst du! Hörst du!«

»Jaaa ...«, ächzte der andere.

»Denke an deine Familie! Sie haftet mit dir! Deine Frau, deine Kinder! Alle haften mit dir!«

»Jaaa ...«

Der eiskalte Druck verschwand aus dem Genick. Die Dielenbretter knarrten unter leisen Schritten. Eine Tür klappte leise zu. Vittorio Ruffo brach zusammen; er hielt sich nur noch mit dem Ellenbogen an der Schreibtischkante fast, weinte, wimmerte, erbrach sich fast vor Ärger und Aufregung.

Der Verzweiflungsanfall dauerte ein paar Sekunden. Dann zog sich die schwammige Gestalt hoch, horchte mit schräg gelegtem Kopf in den Raum. Hastig griff der Mann nach dem Telefon, wählte die Vermittlung, sagte eine Nummer und wartete.

»Hier Celesti.«

In Ruffos zitternde Gestalt kam Leben. »Chef«, ächzte er, »so geht das nicht mehr weiter ...« Er erzählte in jagender Eile den Vorfall. »Man bringt mich noch um, Chef«, schloss er jammernd. »Helfen Sie mir ... bei allen Heiligen – helfen Sie mir! Mein Leben ist keinen Soldo mehr wert!«

»Nicht nervös werden, Amico«, sagte die andere Stimme. »Ihnen passiert nichts. Schließlich bin ich auch noch da.«

»Sie müssen etwas unternehmen, Chef. Heute noch!«

»Quatsch.«

»Giuseppe hat mich mit der Pistole bedroht!«

»Lassen Sie sich nicht ins Bockshorn jagen, Ruffo.«

»Ich bin fertig, Chef, restlos fertig.« Ruffo wischte eine Träne mit dem Handrücken weg. »Ich bin kein Mensch mehr.«

»Kommen Sie heute Abend zu mir, Ruffo. Wir besprechen alles.«

»Ja, ja, ich komme.«

»Zweiundzwanzig Uhr, Café Mascatti.«

»Ich werde pünktlich sein, Chef.«

»Ciao, Vittorio.«

»Ciao, Mario«, ächzte Ruffo und legte den Hörer zurück.

Auch diesmal entging es den beiden Gesprächspartnern, dass es leise in der Leitung geknackt hatte und die Abhörstelle im Trümmerviertel des Hafens eingeschaltet war.

Auch Signore Celesti hatte mit einem günstigen Ausgang des angezettelten Vorfalles gerechnet. Der Fehlschlag regte ihn mehr auf, als er sich eingestehen wollte. Jetzt musste gehandelt werden.

Die Unterredung mit dem zittrigen Hafenbeamten dauerte nur zehn Minuten; dann verschwand Ruffo mit fünftausend Lire Schmerzensgeld in der Tasche.

Celesti setzte sich in seinen Wagen und fuhr nach Torre Annunziata hinaus, um diesen verdammten Tedesco zur Herausgabe der letzten fünftausend »Blüten« zu bewegen und anschließend den Schlussstrich zu ziehen.

Gruber und Pietro befanden sich auf dem Zimmer, als der abgeblendete Wagen des Colonello vorfuhr.

Wenige Sekunden später kam Celesti mit frostiger Miene zu ihnen.

»'n Abend«, schnarrte er. »Bleiben Sie sitzen, meine Herren.«

Gruber war gerade dabei, seine Pistole zu reinigen, und hatte beim Ertönen der raschen Schritte die Jacke über die zerlegten Waffenteile geworfen. Perugio saß auf dem Bettrand und hatte sich beim Eintreten des späten Besuchers erhoben.

Celesti behielt den Hut auf und den hellen Staubmantel an. Mit zwei langen Schritten ging er auf Gruber zu.

»Mann«, sagte er ungnädig, »was haben Sie heute angestellt?«

Gruber schob sich langsam hoch. »Ich habe mich meiner Haut wehren müssen, Colonello.«

»Eine Niete sind Sie!«, zischte der andere. »Sie hatten den Befehl, sich in keinerlei Händel einzulassen!«

»Es war eine abgekartete Sache, Colonello.«

»Dann hätten Sie sich aus ihr heraushalten sollen, Sie Dummkopf.«

»Wie bitte?« Gruber reckte sich drohend.

»Dummkopf habe ich gesagt«, wiederholte Celesti und riss seinen Hut vom Kopf, schleuderte ihn zornig auf den Tisch. »Sie bringen das ganze Unternehmen in Gefahr! Keine fünf Tage waren Sie im Hafen! Bei Gott, ich hätte etwas mehr Selbstdisziplin von Ihnen erwartet! Sie haben mich enttäuscht! Bitter enttäuscht!«

»Sind Sie fertig, Colonello?«

Celesti blinzelte den anderen verdutzt an. »Was heißt das – sind Sie fertig?«

»Ob Sie fertig sind?«

»Ähm … Bitte einen anderen Ton! Vergessen Sie nicht, wen Sie vor sich haben, Gruber!«

»Ich wurde über Ihre Person schon in Rom informiert.«

»Na also!«, Celesti straffte sich.

Gruber verschränkte die Arme über der Brust. »Ich wage daran zu zweifeln, ob Sie für dieses Unternehmen der richtige Vorgesetzte sind!«

»Was erlauben Sie sich!« Celesti verfärbte sich dunkel.

»Ihnen meine Meinung zu sagen«, setzte Gruber grinsend hinzu. »Es fiel mir auf, dass Sie sich bisher nur wenig um das Weiterkommen unseres Vorhabens gekümmert haben. Einzig die Geldsache scheint Ihnen wichtig zu sein. Ich befinde mich bereits vierzehn Tage hier und konnte bis jetzt nur zwei sehr oberflächlich behandelte Informationsstunden verzeichnen.«

Auch Pietro nickte zustimmend.

Der Colonello blinzelte konsterniert. Was fiel diesem Oberfähnrich ein, ihn hier abzukanzeln? Was war das für ein Ton einem Vorgesetzten gegenüber? Unerhört! Gerade wollte er zu einer heftigen Widerrede ansetzen, als plötzlich im Flur Schritte näher kamen.

Die Tür sprang auf.

Brandon, Menestri, Garza und der Vorarbeiter Giuseppe traten ein.

Kein Gruß. Brandon starrte den Colonello an. Der lächelte plötzlich unsicher.

»Gut, dass Sie gekommen sind, Capitano. Ich habe eben die bedauerliche Feststellung machen müssen, dass Gruber nicht nur eine Niete ist, sondern sich auch in höchstem Maße unmilitärisch benimmt.«

Brandon kam langsam auf Celesti zu. Er sagte noch immer nichts. Sein dunkles Gesicht war verkniffen, die Augen zu einem schmalen, bösen Spalt geschlossen.

»Brandon …«, stammelte Celesti und spürte plötzlich das eisige Schweigen seiner Umgebung. »Meine Herren … ich möchte bitten … ähm … was ist los?«

Da begann Brandon mit grollender Stimme: »In unserer Mitte ist ein Verräter. Während wir unsere Haut zu Markte tragen, versteckt sich einer im Hintergrund, treibt schwunghaften Schwarzhandel, unterstützt Gesinnungslumpen und hat sich entschlossen, elf Offiziere der DECIMA und O. V. R. A ans Messer zu liefern.«

»N … nein«, stammelte Celesti, totenblass werdend. »Das ist … doch wohl nicht möglich!«

»Und wissen Sie«, grollte Brandon weiter, »wer dieser Schweinehund ist?«

Celesti bewegte verneinend den Kopf.

»Sie!« Brandon hatte plötzlich eine Pistole in der Hand und drückte sie Celesti auf die Brust. »Gruber, durchsuche ihn auf Waffen!«

Gruber tastete Celesti ab und brachte eine »Beretta« hervor.

»Brandon …«, murmelte Celesti, »machen Sie keinen Blödsinn.«

Da schlug Brandon zwei Mal mit dem Handrücken zu. Mitten in das wachsbleiche, feuchte Gesicht Celestis.

»So«, sagte er dann, »und jetzt machen wir eine kleine Spazierfahrt. – Kommt, Jungs.«

»Ich … protestiere«, kreischte Celesti plötzlich.

Menestri band dem Colonello die Hände auf den Rücken, schlang ihm ein Tuch vor den Mund und versetzte ihm noch einen Schlag ins Genick.

Wenige Augenblicke später fuhr eine Limousine mit sechs Insassen in Richtung Sorrent davon – zum Schauplatz einer makabren Handlung, die sich »Gericht« nannte.

Es war die Stunde des Mondaufganges. Rechts lag das Meer; es glitzerte wie flüssiges Silber. Ein heller Sternenhimmel spannte sich über die funkelnde Weite. Einsam und nackt reckte sich zur Linken der Vesuv in die bleiche Nacht, wie ein Zyklop, dessen Haupt vom rötlichen Hauch der Urtiefe zu glühen schien.

Eine kalte Grausamkeit lag in dieser Nacht, eine Ahnung von dem, was noch zu geschehen hatte.

Keiner der Männer im rasch dahinsummenden Wagen hatte einen Blick für die mondhellen Gärten zur linken Seite, keiner sah das träumende Meer. Schwarz und schnurgerade lief das Band der Straße in die Nacht hinein. Ohne Ende, in die Ewigkeit. Gleich nach Verlassen Neapels hatte sich ein zweiter Wagen hinter die Limousine gesetzt. Er fuhr im Abstand von fünfzig Metern hinterher.

Die Reifen sangen über das schwarze Band. Nach 15 Minuten Fahrt bogen die Wagen von der Hauptstraße ab und fuhren nach Castellammare hinauf.

Der Weg war schmal und führte das letzte Stück steil bergan. Nach einer Unzahl enger Kurven tauchte ein barockes Tor auf; dahinter lag die Villa Bianca mit sträucherbewachsenem Innenhof und der dem Meere zugewandten Rückseite, efeubewachsen, mit hohen, dicht verschlossenen Fenstern und einem Balkon, der wie ein Schwalbennest am ehrwürdigen Gemäuer klebte.

Als die beiden Wagen in den Innenhof einfuhren, tauchten zwei Männer auf und standen wartend am schmiedeeisernen Portal.

Die Nacht roch nach Blütendüften.

Als das Summen der Motoren erlosch, schlug eine unheimliche Stille über dem Ort zusammen.

Ein barsches Kommando zerriss sie. »Aussteigen!«

124

Der Colonello taumelte aus dem ersten Wagen. Aus dem zweiten quoll Vittorio Ruffo heraus.

Umberto Pucci und Leutnant Carlo Mantas waren die beiden Männer, die vorhin aus der Villa traten. Ein paar kurze Worte flogen hin und her.

Angstschlotternd ging Ruffo zwischen Leutnant Bertani und Oberleutnant Stampas. Paolo Nenzi war der Fahrer des zweites Wagens.

Sie waren komplett. Keiner fehlte.

Mario Celesti, der Colonello di Clartis, wusste, was ihm bevorstand, und gab sich krampfhaft Mühe, nicht die Fassung zu verlieren. Etwas wie Offiziersstolz hielt ihn noch aufrecht. Trotzdem klopfte ihm die Angst in den Pulsen, und das Herz hämmerte bang gegen die Rippen.

»Avanti!«, zischte jemand.

Statt die alten, vornehmen Räume der Villa zu betreten, die vor langer Zeit ein Conte bewohnte und die jetzt leer standen und heimlichen Zusammenkünften der Geheimdienstmänner dienten, begab sich der Trupp schweigsamer Männer in den Keller. Grabesluft schlug in die Gesichter, der Geruch von Moder und Vergessenheit.

In einem fensterlosen, ausbetonierten Raum stand ein Tisch, dahinter zwei Stühle. Brandon schaltete eine kleine Stehlampe an. Das grelle Licht stach den beiden Verrätern in die Augen und ließ die kommenden Dinge ahnen.

Wortlos nahmen die Männer mit den harten Gesichtern an der Mauer Aufstellung. Brandon und Menestri setzten sich hinter den Tisch. Die beiden Gefangenen wurden auf zwei Holzschemel gedrückt und saßen im Abstand von zwei Metern vor dem

Richtertisch. Der Colonello sah alt und grau aus. Er stierte mit flackerndem Blick auf Brandon und beleckte ständig seine Lippen. Ruffo hatte die Hände vors Gesicht geschlagen und atmete wie ein Fieberkranker; er zitterte wie Espenlaub.

Brandons tiefe Stimme brach die Stille: »Es bestehen wohl keine Zweifel mehr, in welcher Eigenschaft ich hier sitze.«

Die Männer nickten. Die beiden Gefangenen hoben die angstverzerrten Gesichter.

»Colonello di Clartis, stehen Sie auf«, sagte die starke Stimme hinter dem Licht.

Celesti erhob sich; er taumelte und wischte mit dem Handrücken über die Stirn. Ich darf mich nicht kleinkriegen lassen, dachte er. Man kann mir nichts nachweisen. Die schlanke Gestalt im zerknautschten Staubmantel straffte sich. »Capitano«, sagte er mit dem Versuch, fest und sicher zu sprechen, »Sie überschreiten Ihre Kompetenzen. Ich erinnere Sie daran, dass Sie einen Colonello vor sich haben. Ich bin unserem gemeinsamen Vorgesetzten in Forli unterstellt!«

Die Stimme hinter dem grellen Lampenlicht blieb gelassen: »Irrtum. Und damit Sie gleich im Bilde sind: Sie wurden nur zur Bewährung hierher abkommandiert. Die Dienststelle in Forli hat mich als eigentlichen Einsatzleiter bestimmt, nachdem man Gewissheit bekommen hatte, dass Sie als früherer politischer Überwachungsoffizier und Leiter des Sicherheitsbüros in Genua den Verdacht erweckten, ein Gesinnungslump zu sein. Als Sie nach dem Sturz des Duce plötzlich wieder aus der Versenkung auftauchten, lag der Verdacht nahe, dass Sie sich nach zwei Seiten hin verbeugen. Man traute Ihnen schon lange Zeit nicht mehr, di Clartis, und zwar seit unser Vertrauensmann AZ 124 in die Hände der Badoglioverräter gespielt wurde ... Aha, ich sehe es Ihrem Gesicht an, dass diese Feststellung Sie aufregt.«

»Das ist eine Unterschiebung!«, stieß Celesti hervor. »Ich protestiere entschieden gegen diese Behandlung! Ich werde Sie vor das Kriegsgericht ...«

»Schweigen Sie!«

Celesti sah sich Hilfe suchend um. Ringsum unbewegliche Mienen, eisige Abwehr. Nur Garza stand mit aufgerissenen Augen an der Kellerwand und verriet mühsam unterdrückte Erregung. So etwas hatte er noch nie erlebt. War dieser Colonello wirklich ein Verräter? Durfte er von diesen Männern hier ins Verhör genommen werden?

»Wir haben über Sie«, fuhr Brandon fort, »ein genaues Dossier erhalten und sind informiert. Der Herr Colonello wollte gleich zwei Fliegen mit einer Klappe schlagen«, bemerkte die Stimme mit ätzendem Hohn. »Erstens ein gutes Dollargeschäft machen und zweitens uns alle über die Klinge springen lassen! – Jetzt rede ich!«, erinnerte der Mann hinter dem Lichtstrahl, als der andere den Mund aufmachen wollte. »Wir haben Sie beobachtet. Wir wissen auch genau, mit wem Sie Ihre Geschäfte abschlossen. Ihre Strohmänner sind uns bestens bekannt, di Clartis. Wir ließen Sie eine Zeit lang im Glauben, wir seien blinde Hühner, und wir taten so, als ließen wir uns hinters Licht führen.« Brandon verlor die Ruhe und haute mit der Faust auf den Tisch. »Hören Sie, di Clartis!«, rief er scharf. »Wir wissen, wer Sie sind! Und jetzt werden Sie reden! – Sie werden reden! Haben Sie mich verstanden?«

Celesti wischte wieder mit dem Handrücken über die schweißnasse Stirn. »Ich ... ich sehe mich haltlosen Verdächtigungen gegenüber«, presste er hervor. »Es ist eine Gemeinheit, wie Sie mich behandeln, Brandon!«

»Sie haben«, grollte die andere Stimme weiter, »den Deutschen dort aus dem Weg räumen wollen! Sie wollten die Dollars haben! Nur darum ging es Ihnen! Sie raffen seit Monaten Geld, nur Geld, Geld, Geld! Sie haben sich damit Ihr eigenes Grab geschaufelt!«

Celesti hielt sich noch immer aufrecht. Leichenblass nahm er die Anschuldigungen hin, ins Licht starrend, das ihn nicht mehr zu blenden schien. »Brandon«, lallte er, »Sie sind ... verrückt.«

»Sie leugnen also?«

»Nein!«, krächzte Celesti. »Ich protestiere!«

»Das nützt Ihnen gar nichts!«

»Sie haben keine Beweise, Brandon.«

»Ich habe sie. – Ruffo! Stehen Sie auf!«

Vittorio Ruffo erhob sich ächzend, sank wieder auf den Stuhl zurück, stemmte sich noch einmal hoch und stand im Lichtstrahl.

»Capitano?«

»Wer hat Sie aufgehetzt, den Deutschen aus dem Weg zu schaffen?«

Ruffo stierte aschfahl in die Grelle. Seine wulstigen Lippen bewegten sich. Dann die Worte: »Signore Celesti, Capitano.«

Celesti warf dem schlotternden Hafenbeamten einen vernichtenden Blick zu, zuckte dann die Achseln und bemerkte: »Lüge! Eine ganz gemeine Lüge!«

»Weiter, Ruffo«, forderte die unerbittliche Stimme hinter dem Tisch.

»Er hat mir Geld gegeben, Capitano. Er versprach

mir fünftausend Dollar, wenn Rocco den Deutschen so niederschlägt, dass er an nichts mehr teilnehmen kann.«

»Du Schuft, du«, zischte Celesti.

»Danke, Ruffo«, quittierte Brandons Stimme. »Hinsetzen!« Statt sich hinzusetzen, fiel die feiste Gestalt plötzlich um. Es war zu viel für ihn. Niemand rührte sich.

»Wasser«, befahl die kalte Stimme.

Leutnant Bertani nahm einen Kübel Wasser und goss ihn über Ruffos Kopf.

Der Hafenbeamte kam erstaunlich schnell zu sich, prustete, hustete und rutschte wieder auf seinen Hocker. Celesti nagte an der Unterlippe. Sein Blick irrte über die unbeweglichen Gesichter. – Nein, hier hatte er von keinem Hilfe zu erwarten. Die Henker standen an der Wand und warteten nur auf den Wink des Richters.

»Was haben Sie schon alles verraten?«, fragte Brandon.

»Nichts«, sagte Celesti tonlos.

»Sie leugnen also weiter?«

»Ich sage die Wahrheit.«

»Di Clartis – ich warne Sie! Sie ersparen sich viel, wenn Sie reden! Ich habe Ihnen doch schon gesagt, dass Sie reden werden! Sie kennen unsere Methoden!«

»Ich habe nichts zu sagen, Brandon.«

»Va bene«, seufzte die Stimme hinter dem Tisch. Eine kleine Pause trat ein. Man hörte das Wasser am Betonboden rieseln. Und dann war wieder Brandons Stimme da.

»Bertani.«

»Capitano?«

»Ihr Bruder verschwand vor acht Wochen im Hafen. Ich überlasse es Ihnen, aus Celesti herauszubekommen, was mit Tenente Paolo Bertani geschehen ist.«

»Okay, Capitano.«

Bertanis schmales Gesicht spannte sich. Die dunklen Augen funkelten, als er hinter Celesti trat und fragte: »Was ist aus meinem Bruder geworden?«

Celesti starrte in die Kellerecke und schwieg. Da hob Bertani die Hände und schlug sie flach an Celestis Ohren. Ein gellender Schrei hallte durch den Keller. Celesti war so gut wie taub; er sackte zusammen, wurde am Kragen hochgerissen.

»Was ist aus meinem Bruder geworden?«, forderte die Stimme.

Celesti stieß seltsame Töne aus; es klang wie das Winseln eines Hundes. Unbeweglich standen die Männer an der Kellermauer. Garzas Gesicht schimmerte fahl aus dem Halbdunkel.

Der Leutnant hatte Celesti jetzt von vorn gepackt und schüttelte ihn. »Rede, du Kanaille! Rede! Rede! Rede!«, er beutelte ihn.

Celesti wimmerte nur.

Da schlug Bertani ihm mit den Handknöcheln gegen den Stirnknochen. »Rede!«, brüllte er. »Rede!«

Celesti brachte nur dumpfe Laute hervor. Plötzlich sackte er in die Knie. Bertani ließ ihn los. Er fiel auf den Betonboden. Und jetzt goss der Leutnant den Rest des Wassers über den Ohnmächtigen.

Celesti kam leicht zu sich. Keuchend, mit irrem Blick, saß er auf dem Schemel, wackelte mit dem Kopf und wurde hochgerissen.

»Rede!«, befahl Bertani, während Umberto Pucci einen zweiten Eimer kaltes Wasser holte.

Celesti machte den Mund auf, klappte ihn wieder zu. Er konnte die Ungeheuerlichkeit nicht aussprechen.

Erst als Bertani hart gegen Celestis Nieren schlug, war er so weit.

»N … nicht mehr … schlagen«, lallte er. »Bitte … nicht mehr schlagen … Paolo Bertani liegt … im Hafenbecken vier.«

»Du erbärmlicher Hund du …« Bertani riss die Pistole unter dem Rock hervor.

»Stopp!«, ertönte es befehlend. »Das hat noch Zeit, Kamerad.«

Bertani trat einen Schritt von Celesti zurück und steckte die Pistole wieder weg. Sein Gesicht war dunkel vor Wut, die Augen schmal und voll tödlichem Hass.

»Und was ist aus den zwei deutschen Abwehrmännern geworden?«, verhörte Brandon weiter.

»Ich … ich habe sie … an die Amerikaner ausgeliefert.« Celesti war kaum zu verstehen.

»Das Schwein«, fauchte jemand im Hintergrund. Es war Gruber.

»Und wie sollten wir über die Klinge springen?«, bohrte der Richter weiter.

Celesti stand mit geschlossenen Augen da, taumelnd, als könne er sich nur noch mit Mühe aufrecht halten.

»Reden Sie, di Clartis!«

Der Colonello setzte zum Sprechen an. »Morgen … morgen wollte ich euch … auffliegen lassen … Alle«, setzte er hinzu. Und dann heiser: »Alle! – Ich hasse euch!« Er keuchte es in dumpfer Wut. »Ich bin … ich bin fest entschlossen gewesen, euch auffliegen zu …« Er knickte zusammen und schlug mit dumpfem Fall auf den Boden nieder.

»Macht ihn munter«, sagte Brandon, »ich habe noch eine Frage an ihn zu richten.«

Bertani und Umberto Pucci nahmen sich des Ohnmächtigen an, übergossen ihn wieder mit Wasser, schlugen ihm einen nassen Lappen ins Gesicht und stellten ihn nach wenigen Minuten wieder vor den Richtertisch. Celesti taumelte zwischen den beiden Männern hin und her.

»Di Clartis«, fing die Stimme des Peinigers von neuem an, »weiß Ihr Freund Dulfio über uns Bescheid?«

Celesti nickte nur noch. Er sehnte sich in diesem Augenblick nach dem Tod, nach dem endgültigen Hieb oder Pistolenknall.

»Hat Dulfio schon etwas unternommen?«

Celesti antwortete mit einem matten Kopfschütteln.

»Räumt ihm die Taschen aus«, befahl Brandon.

Es ging sehr schnell. Auf dem Richtertisch häuften sich die Dinge, die ein wohlhabender Mann bei sich zu tragen pflegt: eine mit Papieren und Banknoten voll gestopfte Brieftasche, eine Börse mit Kleingeld, ein schweres goldenes Zigarettenetui, ein Feuerzeug, ein seidenes Taschentuch, ein kleines Messer und ein klimpernder Schlüsselbund.

Aus dem Schlagschatten des Lichtes griff eine große Hand nach dem Schlüsselbund.

»Welches ist der Schlüssel zu Ihrem Safe, di Clartis?«

»Der ... lange ... schmale ist ... es.«

»Va bene.« Dann der Ruf: »Umberto, Nenzi, Mantas, ihr fahrt nach Neapel, leert den Safe aus, fangt Dulfio ab und ... Na ja, ihr wisst Bescheid, was mit ihm zu geschehen hat. Nenzi, Sie übernehmen das Kommando. Wenn ihr fertig seid, hierher kommen.«

»Si, Capitano«, sagte der Oberleutnant.

Die drei Männer verließen rasch den Kellerraum. Augenblicke später hörte man einen Motor aufbrummen. Dann wurde es wieder still.

Unheimlich still.

Die beiden Todgeweihten atmeten hastig.

Brandon erhob sich, mit ihm der stumme Beisitzer Menestri.

»Di Clartis«, sagte der Capitano laut und anklagend, »Sie haben Ihr Leben verwirkt. Sie haben sich schuldig gemacht, Kameraden verraten und getötet zu haben. Sie haben sich an der Not dieser Zeit bereichert. Sie sterben noch heute Nacht.«

Celesti taumelte noch immer zwischen den beiden Offizieren; er nickte nur, und dann lallte er: »Machen Sie ... es schnell, Capitano.«

»Das versprechen wir Ihnen.«

Jemand trat vor. Es war Stampas. Er warf dem Delinquenten einen Packen alter Kleider vor die Füße.

»Vittorio Ruffo!« Sachlich und kalt wurde der Name gerufen.

Der Hafenbeamte hockte mit stierem Blick und verzerrter Angstmiene auf dem Schemel und rührte sich nicht, doch als Stampas ihm mit dem Knie einen Stoß in den Rücken gab, taumelte Ruffo hoch und begann schnell zu schreien:

»Nein! Nein ... Bei allen Heiligen – habt Erbarmen!« Er fiel auf die Knie nieder, hob bittend die Hände und rutschte zum Richtertisch. »Lasst mich am Leben! Bitte ... bitte ... Ich habe Kinder ... ich habe eine Familie! Lasst mich leben!«

Die Todesangst des Menschen war schrecklich. Seine kreischende Stimme hallte durch das Gewölbe.

»Steh auf, zieh dich um«, sagte Stampas.

»Nein!«, schrie Ruffo. »Nein! Nein! …« Er klammerte sich am Tischbein fest und gebärdete sich wie ein Irrer.

Da trat Bertani vor, schlug Ruffo mit der Faust ins Genick und brachte ihn somit zum Schweigen.

Fahl, krampfhaft bemüht, die Haltung zu bewahren, stand Celesti vor dem Bündel Kleider.

»Umziehen!«, befahl Brandon.

Da vollführte Celesti einen kleinen Schritt nach vorn und sagte mit gebrochener Stimme: »Capitano, dafür werden Sie eines Tages zur Rechenschaft gezogen werden. Alles auf der Welt rächt sich …«

»Eben«, bemerkte die Stimme unter dem grellen Licht, »alles rächt sich auf Erden.«

Celesti zog sich aus. Nackt und zitternd stand er da, ein Mensch, dessen Lebensuhr abgelaufen war.

Stampas half ihm in die alten Kleider, Giuseppe und Bertani versorgten den ächzenden, halb bewusstlosen Hafenbeamten.

Es war eine schauerliche Szene, die sich im Keller der einsamen Villa abspielte. Mit steinernen Gesichtern standen die anderen an der Kellermauer. Garza sah aus, als ränge er mit Übelkeit. Sein schmales Gesicht wirkte grün und glänzte schweißnass. Er fror aber, er fror bis tief ins Herz hinein.

Die beiden Delinquenten waren für ihre letzte Reise bereit. Celesti stand, der andere lag am Betonboden.

»Bertani«, sagte der Richter, »tun Sie Ihre Pflicht. Gruber, Garza und Perugio – ihr geht mit. Wenn alles vorüber ist, wieder hierher kommen.«

Stummes Kopfnicken der Henker.

Celesti wankte zum Kellerausgang, gefolgt von Bertani und Garza. Ruffo musste getragen werden, er lallte unverständliche Worte und sträubte sich nur wenig.

Die Hinrichtungsstätte befand sich am Fuße der Villa. Hier stürzte die Felswand über hundert Meter in die Tiefe. Unten rauschte das Meer.

Der Mond stand groß und gleichgültig am hellen Nachthimmel, als Mario Celesti sich an den Rand des Felsens stellte.

Bertani zog die Pistole.

Plob … machte es, und der ehemalige Oberst des italienischen Geheimdienstes verschwand vom Felsen.

Bei Ruffo gestaltete sich die Hinrichtung schwieriger, da er nicht mehr auf den Beinen stehen konnte. Perugio und Gruber mussten den Delinquenten halten.

»Pater noster …«, lallte Ruffo.

Dann ertönte jenes leise, hohle Geräusch, das eine abgedämpfte Pistole erzeugt, wenn sie abgedrückt wird.

Vittorio Ruffos Körper stürzte in die Tiefe. Die Hinrichtung war zu Ende.

Vier dunkle Gestalten standen am Rand des Felsens und schauten über die flimmernde Weite.

»Mir graust«, murmelte Michele Garza, »mir graust. Das ist kein Krieg mehr …«

»Doch«, sagte Bertani und schob die Pistole mit dem auffallend dicken Lauf unter den Rock, »das ist der Krieg, Amico – der Krieg in seiner schmutzigsten Art.«

»Der Krieg im Dunkel«, ergänzte Gruber.

Irgendwo schrie ein Nachtvogel. Der Wind strich mit leisem Jammern durch die Zitronengärten von Castellammare, und der Golf von Neapel schimmerte in träumerischer Gelassenheit.

Eine Stunde später starb auch Enrico Dulfio, noch

ehe er sich bewusst geworden war, dass er sich an die Seite seiner Henker gesetzt hatte. Umberto Pucci schlug dem ehemaligen Widerstandskämpfer das Zungenbein entzwei, und zehn Minuten später lag die Leiche eines in Lumpen gekleideten Mannes auf dem Schienengewirr des Bahngeländes von Neapel.

Capitano Ricardo Brandon, der neue Chef des Unternehmens, hatte seine Männer um sich versammelt. Man saß im größten Raum der Villa, dessen hohe Fenster wohl offen, aber außen mit den morschen Holzläden bedeckt waren. Durch die vielen Ritzen stahlen sich dünne Sonnenlichter herein. Die Männer hockten mit übernächtigten Gesichtern auf Stühlen und verschlissenen Sesseln herum.

Man schwieg. Umberto hatte für einen Imbiss gesorgt, aber man griff nicht zu. Die nächtlichen Geschehnisse waren daran schuld, dass man lieber dem Kognak zusprach und Kette rauchte.

Brandon sortierte und notierte schon die ganze Zeit und stellte eine Liste zusammen, in der Mario Celestis zusammengerafftes Vermögen festgehalten wurde.

Es war allerhand, was Celesti sich in den letzten sechs Monaten ergaunert hatte: Vier Millionen Lire lagen gebündelt auf dem langen Teakholztisch, ferner hatte Brandon festgestellt, dass es Celesti auch gelungen war, die ihm ausgehändigten dreißigtausend Dollar in echte Noten umzusetzen. Außerdem häufte sich noch Schmuck auf dem Tisch – alter und neuer Schmuck, über dessen Herkunft nur Celesti selbst hätte Auskunft geben können.

»Koks«, sagte Brandon, als er eines der drei länglichen Päckchen öffnete und weißer Staub herauszurieseln begann. »Dieser Lump hat auch mit Rauschgift gehandelt.«

»Petrus wird ihn nicht in den Himmel lassen«, witzelte Umberto.

Niemand lachte.

»Wir behalten die Lire«, ließ sich Brandon wieder vernehmen.

»Lorenzo, du kannst die Dollar nehmen. Schicke sie mit dem nächsten Kurier an deine Dienststelle.«

»Wann soll er abgehen?«

»In drei Tagen.« Brandon schob die gebündelten dreißigtausend Dollar an den Tischrand. »Hier.«

»Soll ich mit dem Geld in der Tasche rumrennen?«, bemerkte Gruber. »Behalte es, Brandon. Übergib es dem Kurier, und lass dir eine Quittung ausstellen. Die behalte ich dann.«

»Wir können jetzt unser Unternehmen selber finanzieren«, setzte Brandon fort. »Wir sind nicht mehr auf die mageren Zuschüsse aus Forli angewiesen. Wenn jemand Geld braucht – Mund aufmachen!«

»Ist ja genug da«, grinste Umberto, den die finsteren Vorkommnisse der letzten Stunden nicht weiter zu belasten schienen.

Brandon goss sich einen Kognak ins Glas und trank ihn wie Wasser. »So«, schnaufte er dann, »und jetzt zur Lage, meine Herren. Ich hoffe, dass unser Unternehmen trotzdem noch glatt über die Bühne geht. Es ist wohl nicht damit zu rechnen, dass das Verschwinden der drei Verräter irgendjemandem auffällt.«

»Nein, das ist nicht anzunehmen«, ließ sich Menestri hören, der das Geld zusammenraffte und in einen alten Koffer stopfte. »Weder die Polizei noch die Alliierten werden merken, dass Celesti, Ruffo und Dulfio verschwunden sind. Es waren ja schließlich Schieber und Gauner, und solche wechseln öfter den Schauplatz ihres Wirkens.«

»Möglich, dass Ruffos Frau etwas unternimmt«, sagte Gruber.

Brandons Bass fiel rasch ein: »Das machen wir schon. Sie bekommt eine Nachricht, dass ihr Mann dienstlich verreisen musste.« Er wandte sich an Gruber: »Du gehst natürlich nicht mehr in den Hafen, Lorenzo.«

»Schade«, brummte Gruber, »ein paar Tage mehr wären ganz gut gewesen.«

»Hast du dich informiert?«

»So gut es ging.«

»Wir schaffen noch einen genauen Lageplan heran. Du bekommst ihn in den nächsten Tagen, Lorenzo.«

»Wann geht's denn nun los?«

»Den Informationen nach sollen noch ein paar ganz dicke Brocken im Anschwimmen sein. Wir werden auf dem Laufenden gehalten und bekommen rechtzeitig Nachricht. Vermutlich wird es noch acht bis zehn Tage dauern.«

»Und wie hast du dir die Sache vorgestellt?«, erkundigte sich Gruber.

»Ihr von der DECIMA – also Pietro, Michele und du – werdet die Tanker unter Wasser angreifen. Wir machen uns gleichzeitig an die Ölanlagen im Hafen heran. Die genauen Details besprechen wir noch.«

»Und die Sache am Flugplatz?«, fragte Nenzi herüber.

Brandon gähnte und erhob sich, reckte seine kräftige Gestalt und kam um den langen Tisch herum. »Die Sache mit dem Flugplatz ... Ja, da müssen wir abwarten, bis die angekündigte Transportstaffel eingetroffen ist.

Außerdem muss erst das neue Spritlager voll laufen. Ich nehme an, dass wir den amerikanischen Armeefeiertag als Stichtag nehmen können, meine Herren.«

»Bliebe nur die Frage offen, wie die Angelegenheit mit dem Hauptpostamt erledigt werden soll.« Stampas hatte es gesagt.

Brandon schüttelte eine Zigarette aus der Packung und suchte nach dem Feuerzeug. Umberto reichte ihm die Flamme.

»Die Sache mit dem Hauptpostamt läuft mit«, sagte Brandon. »Sie liegt in den Händen eines einzelnen Mannes. Mehr möchte ich darüber nicht reden, Kameraden. Für uns gelten nur zwei große Punkte: der Flugplatz und der Ölhafen. Wenn wir das schaffen …«

»Fress ich einen Besen«, ließ sich der vorlaute Umberto vernehmen.

Brandon kannte Umberto zu gut, als dass er ihm über den Mund gefahren wäre, und sagte deshalb gutmütig: »Du kannst dich ja inzwischen mit der Schnapspulle ins Bett legen, Amico.«

Der zottige Agent fletschte die nikotinbraunen Hauer: »Mit 'ner Schnapspulle? O Ricardo, warum mit einer Schnapspulle?«

Man lachte. Es war das erste Lachen nach Stunden.

»Nun bleibt noch zu überlegen«, sagte Brandon dann, »ob wir unsere Quartiere beibehalten oder verändern sollen. Was meint ihr?«

Menestri gab die Antwort: »Ich sehe keine Gefahr, Ricardo. Wir behalten unsere Buden und lassen alles so, wie es ist: Funkstelle hier im Hause, Unterkünfte verstreut in der Stadt.«

Brandon blickte in die Runde. »Alles einverstanden damit?«

»Ja.«

»Na gut.« Brandon wandte sich an Gruber. »Du wickelst inzwischen die restliche Geldsache ab. Außerdem schlage ich vor, dass ihr – also du, Pietro und Michele – mit dem Schwimmtraining anfangt. Sucht ein geeignetes Plätzchen und macht euch für den Gang im Ölhafen fit. Übrigens, wie steht die Sache mit Nina Morin? Haut sie hin?«

»Bestens, bestens«, schaltete sich Perugio ein. »Er braucht immer einen Tag und eine Nacht, bis er wieder nach Torre Annunziata zurückkommt.«

»Neidhammel«, grunzte Gruber mit einem schiefen Blick auf den Spötter.

Die Unterhaltung hatte sich belebt. Nur Garza blieb in sich zurückgezogen.

»Eigentlich wär's ganz nett, wenn wir alle hier in der Villa Bianca blieben«, sagte jetzt Umberto. »Meine Bude und die jämmerliche Umgebung fallen mir langsam auf den Wecker.«

Brandon klopfte Umberto auf die Schulter und lachte: »Musst es noch ertragen, Sportsfreund. Es geht nicht, dass hier auf einmal ein Dutzend Figuren herumlaufen.«

»Da hast du auch wieder Recht«, musste Umberto zugeben. »Aber ich mache mich wirklich fertig. An Leib und Seele.«

»Seele ist gut«, grinste Brandon, »ist sehr gut.«

»Und wo bleibt unser Wagen?«, fragte Pietro Perugio.

»Am besten, wir stellen ihn bei Marzi unter«, sagte Brandon. »Dort haben wir ihn am schnellsten zur Hand. Außerdem ist immer gleich jemand da, der die Karre einsatzbereit halten kann. Sonst noch etwas, meine Herren?«

Es bestanden keine Fragen mehr; man konnte sich wieder in die Quartiere zurückbegeben.

Mantas und Calsata baten noch um etwas »Kleingeld«, erhielten je 15 000 Lire und unterschrieben die Quittung. Dann zerstreute sich die Gesellschaft.

»Wir gehen mal zum Strand«, sagte Gruber zu Perugio und Garza.

Sie waren einverstanden. Ein bisschen zu laufen und sich im Wasser zu tummeln versprach Ablenkung von den Geschehnissen der letzten Nacht. Außerdem hatten die drei das Bedürfnis, wieder einmal in ihr Element zu kommen. Sie waren Fischmenschen, sie hatten eine lange, eisenharte Ausbildungszeit in La Spezia genossen und fühlten sich im Wasser zu Hause.

Sie sprangen einen schmalen Abkürzungspfad zur Hauptstraße hinunter, überquerten das mit alliierten Fahrzeugen belebte Asphaltband und liefen dann eine Strecke am sandigen Meeresstrand entlang.

»Tut das gut«, sagte Perugio und zog die Jacke aus, warf sie über die Schulter und schöpfte tief Atem.

»Ja«, ließ sich Garza vernehmen, »es tut gut.« Er streckte dem warmen Meereswind das schmale, mit bläulichen Bartflecken bedeckte Gesicht entgegen und schloss genussvoll die Augen. »Man muss sich entgiften … die verpestete Luft loswerden, die man eine Nacht lang eingeatmet hat.«

»Sie ist dir anscheinend besonders schlecht bekommen, wie?«, fragte Gruber, neben Garza im Sand watend.

»Es widert mich noch jetzt an«, sagte der zierliche Mailänder. »Ich werde dieses Bild mein Lebtag nicht mehr los.«

Sie erreichten ein stilles Fleckchen. Das Meer

schwappte mit trägem Wellenschlag an schwarz schimmernde Klippen.

Die Männer zogen sich aus. Sie hatten keine Badehose dabei. Nackt, wie Gott sie erschuf, standen sie in der Sonne: schlank, wohl gewachsen, der eine mit ein paar tiefen Narben bedeckt, die anderen beiden makellos und vom Biss des Krieges noch verschont geblieben. Der Wind wehte in ihren Haaren. Ihre Gesichter schauten wie erlöst, lächelten. Dann stürzten sie sich in die kühle, salzige Flut.

Gruber schwamm mit ruhigen Zügen und kontrollierte dabei den Herzschlag und das Spiel der Muskeln. Das Wasser streichelte ihn wie eine kühle Hand, schuf eine Wohltat, die man jauchzend auszudrücken bereit war. Fort waren die Gedanken an die grässliche Nacht im Keller der Villa, weggespült war das Gefühl, sich beschmutzt zu haben. Reingewaschen kam er sich vor, gesäubert vom stinkenden Speichel eines sich ringelnden, hässlichen Reptils, das nachts die Menschen frisst, sie erst beleckend, dann verschlingend.

Gruber tauchte. Er schwamm in der gläsernen, wunderbaren Helle einer anderen Welt. Bunte Fische flüchteten erschrocken, und Lichtreflexe tanzten einen lustigen Reigen im flaschengrünen Raum.

Er schob gewaltsam den Gedanken von sich, dass diese flaschengrüne Welt eine andere werden könnte – eine unheimlich finstere, stille, nach Schlick und Schlamm stinkende; schob die Vorstellung von sich weg, dass aus dieser finsteren Raumlosigkeit Wrackteile aufgeistern können, fahle Leiber, die sich im Halbdunkel bewegen, verneigen, an der Fesselung einer rostigen Trosse sich drehen, mit wehenden Haaren und grinsenden Totengesichtern.

Da schwamm Pietro heran. Sie grüßten sich mit einem Wink der Hand. Und im smaragdgrünen Hintergrund glitt der Dritte dahin. Garza. Garza, der junge Mensch, dem das Grauen die Seele verfinsterte. Er drehte und wendete sich in eleganter, naturverbundener Anmut, verschwand in hellen Schatten ...

Gruber tauchte auf und schnappte nach Luft. Sein Herz arbeitete wie ein Hammer. Zu lange gefaulenzt, dachte er. Zu viel geraucht, zu wenig geschlafen. In diesem Augenblick dachte er an Nina. Er hatte plötzlich Sehnsucht nach ihr, nach ihren Armen, nach ihrem Atem, nach ihren hemmungslosen Küssen.

Er schwamm im schnellen Kraultempo zum Ufer zurück. Die Beine schlugen das Wasser, die Muskeln arbeiteten wie Maschinen. Erschöpft und ausgepumpt zog er sich an Land und warf sich auf den Rücken. Ricardo hat Recht, dachte er. Wir müssen viel trainieren. Ich muss trainieren. Ich bin ein Schlappschwanz geworden.

Die anderen kamen aus dem Wasser. Ihre Haut troff und glänzte vor Nässe.

»Na, wie haut's hin?«, fragte Perugio, sich neben Gruber legend.

»Es geht, Pietro. Aber es muss besser werden.«

Jetzt kam Garza heran, aber er hockte sich ein paar Meter weiterab in den Sand, zog die Knie an und schaute heftig atmend über das Meer.

Sie schwiegen. Gruber fühlte eine angenehme Mattigkeit, die nach Schlaf verlangte. Man hatte sich schließlich eine ganze Nacht ... Nicht daran denken, befahl er sich. Es ist vorbei. Endgültig. Sie sind bestraft worden, und damit hat sich alles erledigt. Aus. Streusand drüber ...

Das Meer zerrauschte an den schwarzen Klippenköpfen und am Strand. Irgendwo schrien Möwen. Doch plötzlich erfüllte sich die Luft mit einem anwachsenden Dröhnen, und dann donnerte ein Geschwader US-Bomber über den Golf und verschwand in diesiger Ferne.

Sie hatten die Köpfe gehoben. Perugio brummte etwas und rollte sich auf die Seite. Gruber schaute zu Garza hinüber.

Er tut mir Leid, der arme Kerl, ging es ihm durch den Sinn. Ich muss mal mit ihm reden. Reden ist jetzt besser als schweigen. Er frisst alles in sich hinein und erstickt vielleicht noch daran. Gruber schlüpfte in Hemd und Hose, stand auf und setzte sich neben Garza. Es war das erste Mal, dass Gruber Garza in ein Gespräch zu ziehen versuchte. Bisher ging man sich aus dem Wege oder beschränkte den Umgang nur auf die notwendigsten Worte.

»Na, Amico, was ist mit dir?«, fragte Gruber, die Zigarettenpackung aus der Hosentasche holend.

»Nichts. Ich denke nur über Verschiedenes nach.«

»Über die vergangene Nacht?«

»Auch darüber, ja.«

Gruber reichte ihm die Packung Camel. Garza nickte dankend und bediente sich, nahm auch Feuer und stieß den Rauch zischend durch Nase und Zähne.

»Hör zu, Michele«, fing Gruber an. »Du darfst dir die Dinge nicht so sehr zu Herzen nehmen. Celesti und Konsorten waren die größten Schweinehunde, die mir jemals über den Weg gelaufen sind. Bei Gott, ich bin schon vielen begegnet, aber diese drei waren die Schlimmsten. Sie haben ihre Strafe verdient und bekommen. Nichts, aber auch gar nichts, ging ungerecht zu.«

»Sie hätten vor ein ordentliches Gericht gestellt gehört.«

»Es war ein ordentliches Gericht. Ein Standgericht.
Die Schuld war eindeutig bewiesen. Vergiss nicht, dass
wir Krieg haben, Michele – da gelten besonders harte
Gesetze.«

Garza starrte in die flimmernde Ferne. »Trotzdem«,
sagte er abwesend. »Es war fürchterlich.«

»Aber gerecht.«

»Hör auf damit. Ich kann's schon auswendig. – Es
war gerecht, es war gerecht, es war gerecht!« Er presste die Fäuste gegen die Ohren.

Gruber zog ihm die linke Hand herab. »Wir alle bil-
den uns ein, für eine gerechte Sache zu kämpfen. Hätten wir heute Nacht Uniformen angehabt, Michele –
mit allem Drum und Dran, Rangabzeichen, Orden
und Auszeichnungen –, wäre dir das Ganze dann gerechter vorgekommen?«

Garza schwieg verbissen und kaute auf der Zigarette herum.

»Michele«, sagte Gruber, »die Uniform macht die
Sache nicht gerechter. Sie ist nur eine Maskerade. Wir
sind nicht in Uniform auf die Welt gekommen, sondern als nackte Menschen. Das Recht bleibt auch
nackt. Recht bleibt immer Recht. Es ist in und um uns.
Wir wenden es an, um diese Welt sauber zu halten, in
der wir leben wollen.«

»Du redest wie ein Pfaffe, Lorenzo.«

»Ich bin kein Pfaffe, Michele – ich bin dein Kamerad und will dich über eine Sache hinwegbringen, die
uns allen an die Nieren gehen wird.«

»Ich habe mir alles ganz anders vorgestellt.«

»Das passiert uns meistens so, Michele. Als ich vor

145

drei Jahren anfing, wusste ich auch nicht, dass alles anders ist, als ich es mir vorgestellt hatte. Jetzt weiß ich, dass wir es immer mit zwei Gegnern zu tun haben, Michele – mit dem, den wir offen bekämpfen, und dem da drinnen.« Er tippte sich auf die Brust. »Ich habe erkannt, dass es falsch war, als ich an eine – wie soll ich sagen? –, als ich mir vorstellte, wie romantisch das alles sein wird. Wie heldisch. – Nein, Michele, der Krieg ist nichts Romantisches, und unser Handwerk ist und bleibt das dreckigste, dem wir uns – Gott sei's geklagt! – freiwillig überstellt haben.« Gruber schwieg eine Weile und rauchte hastig. Dann: »Oder meinst du, dass Umberto sich in seinem Saustall wohl fühlt? Meinst du, dass es Nenzi Spaß macht, sich in den Hurenvierteln herumzutreiben? Oder meinst du etwa, Brandon habe Celesti und Komplizen nur deshalb liquidieren lassen, um zu zeigen, wie stark, wie mächtig, wie hart er sein kann?«

»Wer redet von dem, Lorenzo!«

»Oder glaubst du«, setzte Gruber leidenschaftslos fort, »dass die Amerikaner dich geschont hätten, wenn es Celesti gelungen wäre, uns an sie zu verkaufen? – Mein Junge, uns schont keiner. Uns werden sie niemals schonen, weil wir für sie Nattern sind, die vernichtet werden müssen, weil wir – und das ist der springende Punkt, mein Junge –, weil wir im Dunkeln und in Zivil kämpfen.«

Garzas Gesicht flog herum. »In Zivil. Das ist es, was mich ankotzt – dieses Herumspionieren und Leisetreten. Ich habe das Gefühl verloren, Soldat zu sein, Lorenzo. Ich komme mir wie ein Verräter vor, wie ein gemeiner Mörder.«

»Aha. Die Uniform also. Die herrliche Uniform, von der ich vorhin geredet habe.«

»Ich bin Soldat!«, rief Garza erregt. »Ich habe meinen Eid nicht geschworen, um meine eigenen Landsleute zu töten. Ich will ein fairer Kämpfer sein und kein Genickschussspezialist.«

»Michele, wir sind keine Barrikadenhelden – wir sind, wie ich eben sagte, Nattern.«

»Mörder sind wir«, murmelte Garza und wühlte mit der Hand in seinem nassen Haar. »Henker. – Mich kotzt das an. Ich möchte am liebsten aussteigen, Lorenzo.«

Gruber betrachtete ihn von der Seite. Hier saß ein Mensch, der noch nicht vom Krieg verdorben war, der noch Ideale besaß. Ideale, die im Zerbröckeln begriffen waren. »Du bist wenigstens ehrlich«, sagte er, »und das gefällt mir an dir.«

»Dafür kann ich mir nichts kaufen«, erwiderte Garza bitter. »Ich weiß auch, dass ich nicht mehr aussteigen kann. Ich muss mitmachen und im Dreck herumwühlen.«

»Zieh dir die Uniform an, nimm die MP und knalle ein paar Amerikaner oder Engländer nieder.«

Garza schaute Gruber verdutzt an, der spöttisch grinste.

»Dann wirst du merken, dass es sich in Uniform genauso schlecht stirbt wie in Zivil, Kleiner.«

Garza starrte noch immer in das zernarbte, grinsende Gesicht. »Was bist du nur für ein Mensch, Lorenzo?« Er schüttelte den Kopf.

»Einer, der keine Illusionen mehr hat«, sagte Gruber gelassen. »Ich kämpfe, um zu leben.«

»Ist das alles, Lorenzo? – Vaterland, Heimatliebe –

bedeutet das gar nichts mehr für dich? Bringst du die Menschen nur um, um selber leben zu können?«

»Wir geraten in Probleme, Amico«, winkte Gruber ab … »Hören wir auf damit. Wir lösen sie doch nicht. Das machen die anderen.«

Garza blieb hartnäckig. »Warum kämpfst du, Lorenzo? Gib mir Antwort.«

»Weil ich A gesagt habe und jetzt auch B sagen muss.«

Garza schüttelte den Kopf. »Das ist mir nicht stichhaltig genug.«

Gruber starrte über das Meer, als er sagte: »Das Vaterland hat mich zu dem gemacht, das ich jetzt bin. Das Vaterland züchtet die so genannten Helden. Man redet dir ein, dass man sein Vaterland lieben und sich dafür opfern muss. Du bist jung und weißt nicht, wie der Krieg aussieht – du hast eine abenteuerliche Vorstellung von ihm. Du ziehst in den Krieg. Plötzlich merkst du, dass der Krieg etwas Scheußliches ist, aber du merkst es zu spät. Du kannst nicht mehr umkehren, weil dich Gesetze festhalten. – So wirst du also ein so genannter Kämpfer. Du tötest den Feind, weil du es musst. Er tötet dich aus dem gleichen Motiv. Du verlierst einen Freund nach dem anderen und siehst ihn sterben. Du weißt, dass du eines Tages auch dran sein wirst. Diese Vorstellung verfolgt dich, wohin du gehst, wohin man dich schickt. – Siehst du, Amico, und so wirst du das, was ich bin – was wir hier sind. Wir kämpfen, um zu leben, und verlieren dabei die Achtung vor dem Leben des anderen. Frage dich selbst, Michele, was wir wert sind, frage dich, wer uns so gemacht hat.«

»Das Vaterland«, murmelte Garza verstört.

Sie schwiegen eine Weile.

Dann ertönte die leise Frage Garzas: »Sind es viele, die du verloren hast?«

»Sehr viele. Und immer waren es die Besten.«

»Lorenzo« – Garza legte Gruber die Hand auf die Schulter –, »man hat mir einiges von dir erzählt.«

»Ich weiß, Michele. Du brauchst es nicht zu wiederholen.«

»Doch, ich wiederhole es, Lorenzo. Du hast Succi erschossen. Wie war das damals?«

»Pietro hat es dir doch schon gesagt.«

»Ich will es aber von dir hören, Lorenzo.«

Gruber schaute Michele an. Lange. Prüfend. Dann nickte er. »Die Alliierten landeten am zehnten Juli auf Sizilien. Vier Wochen später wurden wir nach Palermo geschickt, um im Hafen Rabatz zu machen. Colonello Lorenzoni leitete das Unternehmen. Wir kamen anfangs gut voran. Pietro, Lazzarin, Succi und ich sollten drei große Truppentransporter fertig machen. Als wir in das Hafengelände eindrangen, gerieten wir mit einer amerikanischen Patrouille zusammen. – Es ging alles blitzschnell. Wir schossen, und die anderen auch. Uns blieb keine andere Möglichkeit mehr, als umzukehren. Da schmiss ich ein paar Handgranaten, um uns die Amis vom Hals zu halten. Plötzlich schrie Succi und hielt sich den Bauch. Eine MP-Garbe hatte ihn erwischt. Gib mir den Fangschuss, bettelte er. Ich konnte nicht. Gib mir den Fangschuss, Lorenzo!, schrie er. – Die anderen waren schon drüben und warteten. Sie gaben Feuerschutz. – Michele, du weißt, was bei solchen Sachen auf dem Spiele steht: Wir waren unserer achtzehn in der Stadt. Succi war ein zäher Knochen. Er hätte bestimmt lange gebraucht, bis er gestorben wäre. Er litt furchtbare Schmerzen. In solcher

Lage weiß man oft nicht, was man gefragt wird und was man antwortet. Er wusste das und hatte Angst davor. Angst vor dem Reden. Als er mich das dritte Mal bat, ihn zu erschießen, tat ich's.«

Schweigen.

Garza blieb noch ein paar Sekunden bewegungslos neben Gruber sitzen. Beide starrten über das Meer. Dann erhob sich Garza und zog sich wortlos an.

»Eej!« Perugio war erwacht und schaute auf die Uhr. »Freunde, ich habe Hunger.«

Da erhob sich auch Gruber. Sein blondes Haar sah weiß aus, sein Gesicht wirkte alt und krank.

Sie gingen noch bis zu den Klippenfelsen, kletterten einen mit Ginster und Agaven bewachsenen Hang empor und verschwanden.

Die drei Männer aßen in einer kleinen Osteria bei Torre Annunziata. Es gab Calamari, Rindsbraten auf Neapolitaner Art und frisch gebackene Taralli. Dazu tranken sie einen ausgezeichneten Wein, der in den Gärten am Vesuv wuchs. Nach dem Essen, das einsilbig eingenommen wurde, ging Gruber zum Telefon.

Diesmal brauchte er nicht lange auf Ninas Stimme zu warten; sie kam überraschend schnell aus dem Apparat.

»Kann ich dich heute treffen?«, fragte Gruber.

Die Antwort ließ ein paar Sekunden auf sich warten.

»Oder passt es dir nicht?«, fragte er, die Stirn runzelnd.

»Ja, doch«, sagte sie endlich.

»Va bene. Ich bin bei Mama Glori. Wann kommst du?«

»Ich kann erst gegen Abend weg, Biondo.«

»Das macht nichts. Ich warte auf dich. – Ciao, Cara mia.«

»Ciao, Biondo«, sagte sie leise.

Gruber legte mit nachdenklicher Miene den Hörer auf. Was hat sie?, dachte er, als er zum Tisch zurückging. Sie wollte nicht kommen, sie hatte keine Lust.

»Was machst du für ein Gesicht?«, fragte Perugio.

Gruber fuhr sich mit der Hand durchs Haar. »Lass mein Gesicht in Ruhe, ich weiß, dass ich kein Adonis bin.«

Perugio grinste. »Nee, das bist du wirklich nicht. Mich wundert's immer wieder, was die Weiber an dir so anziehend finden.«

»Vielleicht habe ich Charme, Amico.«

Auch Michele Garza lächelte jetzt. Perugio ließ Gruber nicht aus den Augen und merkte genau, dass er verstimmt war.

»Kommt sie?«, fragte er ihn.

»Ja.«

»Na also – warum dann so 'n Gesicht?«

»Sie hat gezögert.«

»Aha, und das kränkt dich?«

»Nein, das macht mich stutzig. Sie kam bisher spontan, wenn ich sie rief. Heute hat sie gezaudert.«

Perugios scharf geschnittenes Gesicht spannte sich. »Ich habe dir immer gesagt, du sollst mit Weibern dieses Schlages vorsichtig sein, Amico.«

»Ich brauche deine Belehrungen nicht. Ich weiß selber, was ich tue. – Bleibt ihr sitzen, oder kommt ihr mit?«

»Wir bleiben noch und trinken einen Grappa, nicht wahr, Michele?«

Garza nickte zustimmend.

151

»Lass man«, winkte Perugio ab, als Gruber einen Geldschein aus der Tasche zog, »das mache schon ich. Lauf zu deinem Schätzchen, Amico.« Er zog ihn am Rockärmel heran und flüsterte: »Gib mir deine Adresse, damit wir eventuell deinen Leichnam abholen können.«

»Portici, Via Ludowisi 24, bei Signora Glori.«

»Signora Glori?« Perugio blinzelte anzüglich.

»Du brauchst gar nicht so zu blinzeln, Amico – es handelt sich um eine weißhaarige Dame mit mütterlichem Herz.«

»Geh, mein Sohn«, sagte Perugio salbungsvoll, »und kehre gesund heim.«

»Ciao, Freunde«, grüßte Gruber und verließ das Lokal durch den leise klirrenden Perlenvorhang.

Die beiden Männer rauchten. Perugio sah Garza an. »Du hast mit Lorenzo gesprochen?«

»Ja.«

»Habt ihr euch wieder angebellt?«

»Nein. Wir sprachen über Probleme.«

Perugio schnitt seine Grimasse. »Und mit welchem Erfolg?«

»Ich halte ihn jetzt für einen anständigen Kerl. Er kann auch nicht aus seiner Haut.«

»Wer kann das schon, Amico?«

»Niemand.«

Perugio verschränkte die Arme auf dem Tisch und lächelte in Garzas dunkles Gesicht. »Freut mich, Michele – freut mich wirklich, dass du mit Lorenzo langsam klarkommst. Er ist ein vollkommener Kamerad, er lässt dich nie im Stich. Er liebt unser Land und kämpft für das Gleiche, wofür wir kämpfen. Lorenzo hat nur noch wenige Freunde. Und weißt du, warum?«

Garza sah den anderen aufmerksam an.

»Weil er zu viele verloren hat«, sagte Perugio leise. »Er sucht sich keine mehr, aber wer zu ihm kommt und es ehrlich meint, dem ist er Freund. Ein hundertprozentiger!«

Michele Garza neigte zustimmend den schmalen Kopf.

»Eej, Wirt, wo bleibt unser Grappa! Wir wollen auf etwas anstoßen.«

»Uno momento, Signori!«, rief der Wirt herüber und griff nach der Flasche im Regal.

»Wie schön, dass Sie wieder einmal kommen, Signore Lorenzo«, sagte die weißhaarige Witwe. »Aber allein? Wo ist Nina?«

»Sie kommt gegen Abend, Signora.«

Signora Glori zog Gruber ins Haus. »Wollen Sie etwas essen?«, fragte sie eifrig. »Ich habe ganz frische Pizza in der Röhre stehen.«

Gruber musste freundlich ablehnen, sprach aber den Wunsch aus, sich rasieren, baden und dann hinlegen zu dürfen. »Ich habe eine anstrengende Nacht hinter mir, Signora.«

Die guten Mutteraugen sahen ihn besorgt an. »Ja, Sie sehen übernächtigt aus. Ich werde Ihnen sofort das Bad herrichten.«

Auch in der Badewanne und beim Rasieren dachte Gruber an Ninas seltsames Benehmen am Telefon.

Warum hat sie so offenkundig gezögert, als ich sie fragte, ob sie kommen wolle? Hat sie keine Lust mehr, die Geldgeschichte zu machen? Oder was liegt sonst vor?

Das Bad hatte ihn müde gemacht. Er legte sich aufs

153

Bett, nicht ohne zu vergessen, die schussbereite 08 unters Kopfkissen zu schieben.

Unsinn, dachte er, als er sich ausstreckte, sie wird Besuch gehabt haben, den sie nicht brüskieren wollte. Nina ist nicht falsch. Sie liebt mich, sie wird mich nie verraten.

Es klopfte leise.

»Avanti.«

Der weiße Kopf Signora Gloris schaute herein. »Soll ich Sie wecken, wenn ich Nina kommen sehe? Ich sitze nämlich immer am Fenster und sehe alles, was auf mein Haus zukommt.«

»Sagen Sie mir nur dann Bescheid, wenn meine ... meine Braut nicht allein kommt, Signora.«

»Nicht allein?«

»Mit fremden Herren«, lachte Gruber, aber er meinte es ernst.

»Wie könnte sie das!«, lispelte die alte Dame erschrocken.

»Es war ja auch nur Spaß«, sagte Gruber.

»Ich werde trotzdem aufpassen«, versicherte Signora Glori. »Und nun schlafen Sie gut, Signore Lorenzo. In meinem Haus kann jeder ruhig schlafen ... nicht wahr, Enrico?« Sie sprach das Bild ihres Sohnes an, zog leise die Tür zu und schlurfte davon.

Gruber wollte noch an Nina denken, aber die Gedanken entglitten ihm, und er versank in der Stille der friedlichen Umgebung. Aus ihr formte sich eine andere Welt.

Oberfähnrich Lorenz Gruber hieß nicht mehr Lorenzo Fondi – und auch nicht mehr Harry Nemis und auch nicht mehr Paolo Castellani ... er war weit fort von Neapel – am Fuß des Eulengebirges, in der kleinen

Stadt Reichenbach. Er tollte auf dem Sportplatz mit den Freunden. Der Ball rollte über die Grasfläche. Doch seltsam – niemand schrie, es war alles still, als ereigne sich alles hinter einer Glasscheibe. Man sah hindurch und sich selbst ... als kleiner Bub in kurzen Hosen, mit weißblondem Haar. Er lief dem Ball nach ... immer hinterher, doch der Ball ließ sich nicht greifen ... er rollte und rollte. Über Fluren und Felder. Es wurde dunkel. Der Wald ... der unbewegliche, wie eine schwarze Mauer stehende Wald! Der kleine Bub in den kurzen Hosen bewegte die Arme wie Schwingen. Er flog ... er flog immer höher. Es wurde wieder hell, und das Fliegen war eine Wonne ... Doch dann! Man fiel ... man stürzte! ... Der Wald kam wieder ... der unheimliche, eherne Wald ... Er brannte plötzlich. Die Flammen züngelten empor. Heiß. Tödlich. Und Lorenz Gruber stürzte in diese Hölle ... mit einem Schrei ...

»Biondo! Was ist dir?«

Gruber fand sich im Bett sitzend wieder. Ein Gesicht schwebte vor dem seinen. Eine sanfte Hand drückte ihn ins Kissen zurück. Ein weicher, warmer Frauenmund senkte sich über den seinen und küsste.

»Nina ...«

Sie lachte ihm in die Augen und streichelte sein schweißnasses Gesicht.

»O Nina!« Er nahm ihre Hand und bedeckte sie mit Küssen.

Die Augen das Mädchens waren feucht. Um den großen, geschminkten Mund lag ein glückliches Lachen. »So sehr liebst du mich, Biondo?«, fragte sie.

Er ließ ihre Hand los und richtete sich wieder auf. »Gib mir bitte eine Zigarette, Nina.«

Sie brannte zwei an und schob ihm eine zwischen die Lippen.

»Wann kamst du?«, fragte er.

»Als du wie ein Stier stöhntest.«

»Ich habe geträumt, Nina.«

»Es war kein guter Traum?«, fragte sie.

»Ich weiß nicht mehr genau«, sagte er, zum Fenster schauend. Es war noch nicht ganz finster, und die Vögel sangen noch. Das Zimmer des gefallenen Enrico war in ein blaues Licht gehüllt. »Ich weiß nicht mehr«, murmelte Gruber. Dann suchte er Ninas Gesicht.

Sie trug einen dunklen, mit großen Blumen bedruckten Rock und einen roten, knapp sitzenden Pulli.

So zieht sich keine Dame an, dachte Gruber. Aber sie sieht gut aus. Ihre Brüste ... sie will jedem ihre schönen Brüste zeigen ... Nur deshalb hat sie den roten Pulli angezogen ...

»Zieh dich aus, Nina«, sagte er heiser.

Sie schüttelte den Kopf.

»Warum nicht?«, fragte er verwundert.

»Du sollst mir erst eine Frage beantworten, Biondo.«

»Frage.«

Sie zog an der Zigarette und schaute ihn nachdenklich an. »Willst du mich heiraten?«

Gruber nahm den Aschenbecher vom Nachttisch, zerdrückte die Zigarette, zerstampfte sie, dass sie wie ein Besen aussah. »Nina«, sagte er. Mehr brachte er nicht heraus. Er konnte es ihr nicht sagen. Sie musste es selbst spüren.

Sie spürte es. Sie nickte, und das lange, im Nacken zusammengebundene Haar hüpfte wie ein Pferdeschweif auf und nieder. »Du willst mich nicht heiraten«, sagte sie ohne Trauer. »Das habe ich gewusst.«

»Warum hast du mich dann gefragt, Nina?«

»Um von dir zu hören, dass du mich nicht willst.«

Er stellte den Aschenbecher auf den Nachttisch zurück und legte sich auf den Rücken, verschränkte die Arme unter dem Nacken und sagte ärgerlich: »Nicht willst ... Ich wollte schon, aber ich kann nicht. Du gefällst mir. Ich mag dich von allen Frauen am liebsten.«

»Aber du kannst mich nicht heiraten, weil ich eine Prostituierte bin«, ergänzte sie gelassen.

Er schwieg und starrte zur einförmig weißen Zimmerdecke empor. Nirgendwo ein Fleck, dachte er, alles ist so sauber hier. Es ist ein gutes Haus. Ich möchte einmal in einem solchen Haus leben ...

»Du willst nur mit mir schlafen«, hörte er Ninas Stimme. »Zu mehr bin ich dir nicht nütze.«

»Du redest dummes Zeug, Nina. Hör auf damit. Leg dich zu mir!«

»Nein.«

Sie schwiegen wieder.

Sie rauchte, und jedes Mal, wenn sie an der Zigarette sog, huschte ein roter Lichtschimmer über ihr Gesicht. Gruber lag ganz still und beobachtete dieses Gesicht. Es war weder fordernd noch hinterhältig. Es war ein breitflächiges, hübsches Gesicht mit dunklen Augen, die wie Kohlen glühten.

»Willst du mich verraten, Nina?«, fragte er leise.

»Nein, Biondo«, sagte sie einfach, »dazu liebe ich dich zu sehr.«

»Das macht mich stolz und glücklich, Nina.«

Ihr Gesicht erglühte von neuem. »Würdest du mich umbringen, wenn ich falsch wäre?«, fragte sie.

»Ja«, sagte er und fügte rasch hinzu: »Wenn ich dazu noch Zeit hätte.«

157

Sie stand auf, ging auf hohen Hacken zum Fenster und warf die Zigarette in den Garten. Gruber umfasste die gut gewachsene Mädchengestalt mit verlangendem Blick.

»Du bist heute recht seltsam, Nina. Was ist vorgefallen?«

Sie blieb regungslos am Fenster stehen, als sie antwortete: »Charles Dombrowsky will mich heiraten.«

Gruber richtete sich langsam auf. »Wer ist das?«

»Ich sagte es dir doch schon einmal: der Leutnant aus dem P. X.«

»Und der will dich heiraten?«

»Ja.«

»Nina, komm mal zu mir her.«

»Bitte, lass mich hier stehen, Biondo. Ich habe Angst vor deinen Händen. Ich will sie nicht mehr.«

»Ich verstehe, Nina. – Seit Charles dich heiraten will, willst du keinen anderen Mann mehr.«

»Nein. Es ist nicht sehr viel, was ich Charles schenken kann, aber er ist damit zufrieden.«

»Bitte komm zu mir her, Nina.«

Sie kam heran und setzte sich auf die Bettkante. Gruber haschte nach ihrer Hand; sie war kühl und glatt. Sie verschenkte nicht den kleinsten Druck.

»Liebst du ihn, Nina?«

»Dich liebe ich mehr, Biondo. Aber er will mich heiraten, und deshalb ...« Sie wischte mit der freien Hand über die Augen. »Ich bin heute sehr weich gestimmt, Biondo. Entschuldige bitte. Du willst sicher mit mir über andere Dinge sprechen. Über Geld. Ich habe ...«

»Jetzt nicht davon, Nina«, unterbrach er sie sanft. »Jetzt reden wir über dich und den Leutnant.«

»Wie du willst«, sagte sie leise und gehorsam.

158

»Was ist er sonst?«, fragte Gruber.

»Er stammt aus Boston und hat drüben ein Radio-geschäft. Sobald wir genügend Geld beisammen ha-ben, wollen wir heiraten.«

»Aha. – Aber weißt du auch, dass einer solchen Hei-rat große Hindernisse im Wege liegen?«

»Hindernisse?«

»Ja, Hindernisse, Nina.«

»Welche Hindernisse? Er hat mir nichts davon ge-sagt, Biondo.«

Gruber sprach ruhig und eindringlich: »Hör zu, Cara mia. – Wenn ein Offizier eine Ausländerin heira-tet, muss er bei der Einwanderungsbehörde allerhand Papiere über seine Braut vorlegen: Leumundszeugnis, Führungszeugnis und so weiter. Meiner Meinung nach wird es nicht leicht sein, diese Hürde zu nehmen, Ni-na. Hier weiß jeder, woher du kommst und was du bist. Ich kann mir auch schlecht vorstellen, dass die amerikanische Armee zu dieser Heirat ihre Erlaubnis gibt. Vielleicht bin ich falsch informiert, Nina. Ich wünsche es mir sogar. Für dich. Denn ich möchte, dass du einmal glücklich wirst, Cara mia.«

Sie hatte ihm schweigend zugehört. Jetzt entzog sie ihm sanft ihre Hand und griff nach den Zigaretten. Gruber reichte ihr Feuer. Der Lichtschein tanzte über ihr Gesicht; es drückte tiefe Nachdenklichkeit aus. Als die Flamme erlosch, ertönte Ninas Stimme:

»Davon hat er kein Wort gesagt.«

»Das macht mich misstrauisch, Nina. Als Offizier müsste er das ja wissen.«

Sie rauchte gierig. »Ich werde ihn fragen, und er wird mir darauf antworten, Biondo. Ich bin sicher, dass Charles ein ehrlicher Mensch ist.«

»Wirklich sicher?«

»Aber ja.«

»Weiß er etwas von dem Falschgeld?«

»Er hat es von mir bekommen und will es in Umlauf bringen.«

Gruber entschlüpfte ein leiser Pfiff. »Dein Mitarbeiter also?«

»Ja.«

»Hoffentlich …«

Sie unterbrach ihn rasch. »Bitte schweig, Biondo! Du musst es schon mir überlassen, wem ich Geld zum Umtauschen anvertraue. Charles macht das schon. Er hat die besten Möglichkeiten dazu.«

»Hat er dir schon etwas zurückgebracht?«

»Zweitausend Dollar.«

Gruber schwieg. Dieser Charles Dombrowsky schien verlässlich zu sein.

»Ist er ein waschechter Amerikaner?«

»Nein. Pole. Ich habe mir den Ort nicht merken können, aus dem er stammt. Er hat mir auch erzählt, dass er 1940 nach Amerika gegangen ist.«

Gruber sank wieder zurück und schwieg. Ihm ging allerhand durch den Kopf. Sein klarer Verstand sagte ihm, dass da etwas nicht stimmte. Die Sache mit dem Heiratsangebot. Wusste dieser Leutnant nicht, was ihm im Wege stehen würde?

Nina zerdrückte die Zigarette im Aschenbecher und beugte sich über Gruber. »Biondo«, sagte sie weich und streichelte mit den Fingerspitzen sein rauhäutiges Gesicht, die Narben, die kaum verheilten Schrammen und Risse. »Biondo, du hast mich zu dir gerufen. Was wolltest du mir sagen? Wieder ein Auftrag für mich?«

»N ... nein«, dehnte er. »Ich wollte mit dir zusammen sein. Mehr nicht.«

»Verstehst du mich, Biondo?«, bettelte sie.

»Aber ja«, sagte er halb ärgerlich; er war ehrlich enttäuscht und versuchte, mit der Tatsache fertig zu werden, dass Nina plötzlich Grundsätze hatte, an die sie sich bewundernswert strikt hielt. Frauen ihres Schlages pflegten das nicht zu tun.

»Ich werde dir am Sonnabend das umgetauschte Geld übergeben«, sagte sie jetzt. »Wie soll das geschehen?«

»Ich werde Alfredo zu dir schicken.«

»Bene. Und gibst du mir dann noch welches?«

»Ich habe nicht mehr viel, aber das bekommst du zum Umtauschen.«

»Wie viel, Biondo?«

Er tippte mit dem Zeigefinger auf ihre Nase. »Du bist wohl gewinnsüchtig geworden, Ragazza?«

»Ein bisschen. Ich möchte nicht ganz arm sein, wenn ...« Sie brach ab und dachte an das, was Gruber ihr vorhin gesagt hatte.

»Ich verstehe«, sagte er nur.

Sie küsste ihn aufs Kinn. »Du bist ein lieber Kerl, Biondo.« Und dann seufzte sie tief. »Schade, dass es mit uns beiden nichts werden kann, ich habe es mir oft gewünscht ... ich habe sogar darum gebetet.«

Er schlang die Arme um sie und presste sie an sich.

»Nina, Cara mia – es war immer schön mit uns beiden. Es tut mir ein bisschen weh, dass es jetzt aus sein soll ... ganz ehrlich weh, Cara mia. Aber ich achte deinen Entschluss und wünsche dir alles Gute. Darf ich dich jetzt küssen, Nina?«

»Ja, bitte«, hauchte sie.

Bei diesem Kuss spürte Gruber, dass Nina ihm mehr bedeutete, als er sich jemals eingestanden hatte. Warum war dieses Mädchen in die Gosse geraten? War auch daran der Krieg schuld? Ja! Alles Unglück dieser Zeit konnte auf sein Konto geschrieben werden. Das Unglück einer ganzen Welt. »Ich muss jetzt gehen, Biondo«, sagte sie.

»Es fällt mir schwer, dich wegzulassen, Nina.«

»Du kannst es mit einem einzigen Wort ändern, Biondo … mit einem einzigen Wort.«

Er stand auf und schlang die Kordel des Mantels um den Leib. »Leb wohl, Nina. Für heute. Wir hören noch voneinander. Alfredo wird die Verbindung zu dir halten.«

»Va bene«, sagte sie seufzend und küsste ihn auf die Wangen.

»Ich bringe dich bis zur Haustür«, sagte er und verließ mit ihr das Zimmer.

Es war die Stunde das Sonnenunterganges, als auf der Straße von Santa Maria Capua Vedere nach Neapel ein fröhlicher Mann vor seinem Eselchen herging, den Strick um das Handgelenk geschlungen hatte und dem trippelnden, mit Körben bepackten Asinus auf einer kleinen Mundharmonika muntere Lieder vorspielte.

Der staubbedeckte Eselführer winkte jedem vorbeifahrenden Militärfahrzeug zu und freute sich, wenn die Driver »Hello, boy!« riefen. Dann und wann warf man ihm auch eine Packung Zigaretten zu, worauf sich der Bursche unzählige Male dankend verbeugte und »grazie, grazie!« dem Fahrzeug nachrief.

Den gleichen Eseltreiber sah man einige Zeit später durch das dunkle Gewirr der Forcella-Gassen ziehen, verfolgt von einer Schar zerlumpter und vergnüglich schreiender Straßenkinder, die das trippelnde Eselchen am Schwanz zogen und dem schimpfenden Treiber Grimassen schnitten, ihm die Zungen zeigten und kreischend davonstoben, wenn Benno Alfero drohend die Fäuste schüttelte und fluchte.

Er zog an den Scharen zerzauster, geschminkter Frauen vorüber, blieb schnuppernd vor den Fischbratereien oder Spelunken stehen, fragte diesen oder jenen herumstreunenden Galgenvogel, wo die Via Galateo zu finden sei, und beendete schließlich den weiten Weg in jener übel riechenden Gassenschlucht, wo Umberto Pucci hauste. Willig ließ sich das mit Gemüsekörben bepackte Eselchen in den finsteren Hofwinkel ziehen und nickte dankend mit dem großen Ohrenkopf, als Benno Alfero seinem vierbeinigen Freund ein paar trockene Maiskolben hinwarf, die Körbe ablud und eine zerknautschte Satteltasche vom Rücken des Eselchens zog, sie über die Schulter warf und im finsteren Toreingang verschwand.

Benno Alfero stieg den finsteren Stiegenaufgang hinan und suchte eine bestimmte Wohnungstür.

»Herein!«, ertönte es hinter ihr, als Benno angeklopft hatte.

Die Tür tat sich auf. Umberto Pucci, in Hemd und Hose, mit zerzaustem Haar und bartstoppeliger Säufer-Physiognomie, musterte den Besucher. »Was willst du?«

»Buona sera, Signore«, sagte der Fremde und zog die schmierige Mütze. »Ich soll Ihnen Grüße von Donna Margarete bestellen und bringe ein paar Geschenke der Liebe.«

»Komm rein, Amico.«

163

Der Mann trat ein. Umberto schloss die Tür und schob den Riegel vor.

»Sergente Antonio Brazzi zur Stelle«, meldete plötzlich der Mann und stand stramm.

Umberto reichte ihm die Hand. »Fein. Hat alles geklappt?«

»Si, Tenente.«

»Lass den Dienstgrad weg, Tonio. Setz dich. Du wirst hungrig sein.«

»Mehr durstig, Umberto. Es war ein verdammt langer Weg.«

»Wo bist du rübergekommen?«, fragte Umberto, während er eine Flasche Rotwein aus dem Schrank holte, ein trübes Glas und damit wieder zum Tisch zurückkam.

»Wieder an der alten Stelle. Bei San Benedetto del Tronto.«

Der Wein gluckerte ins Glas.

»Salute«, sagte der Kurier und trank ihn in einem Zug aus.

»So«, schnaufte er dann, »jetzt ist mir wieder wohler.«

»Willst du etwas essen?«

»Jetzt jede Menge.«

Umberto holte Salami, Brot und Büchsenbutter auf den Tisch, und Tonio zückte sein Messer, stürzte sich hungrig über das Essen, säbelte ein Stück Salami herunter und schob es in den Mund.

Der Kurier erzählte von seinem Gang durch die HKL, dass die Amerikaner noch immer vor Cassino ständen und die Kämpfe an Verbissenheit zunähmen; der Übergang bei Benedetto sei lebensgefährlich und nur in finsterster Nacht zu schaffen.

Als der Kurier den Bericht beendete, fragte Umberto: »Hast du die Zigarren mitgebracht?«

Der Kurier nickte kauend und deutete auf die am Boden liegenden Packtaschen. »Zwanzig Stück.«

»Zeig her.«

Da griff Sergente Antonio Brazzi in die linke Packtasche und holte ein in Lumpen gewickeltes Kästchen heraus, stellte es auf den Tisch und wickelte es aus der Verpackung. »Bitte bedienen Sie sich, Signore«, grinste er und öffnete eine Zigarrenkiste. »Garantiert Handarbeit. Beste Qualität! Ganz hervorragende Mischung!« Er griff mit spitzen Fingern hinein und holte ein schwarzes, zigarrenähnliches Ding heraus. »Marke ›Todsicher‹«, fuhr er fort und begann zu erklären: »Mantel aus Blei. Darinnen zwei Säuren, die durch ein dünnes Kupferplättchen getrennt werden. Dieser kleine Stift hier am Zigarrenboden kann herausgezogen werden. Ich verzichte im Augenblick darauf – Sie gestatten? – Sobald der Stift gezogen ist, beginnt Säure Numero eins das Kupferblättchen zu zerfressen. Dreißig Minuten später vereint sich Säure Numero eins mit Säure Numero zwo und entwickelt in absolut sicherem Verbrennungsvorgang eine Hitze von 1200 Grad Celsius. Der Bleimantel schmilzt. Eine Stichflamme befreit sich und setzt die nächste Umgebung in Brand. – Das wär's, Tenente.«

Der Kurier reichte Umberto mit spitzen Fingern und einer höflichen Verbeugung die Brandbombe.

»Absolut sicher konstruiert?«, fragte Umberto misstrauisch.

»Absolut! – So sagte man mir wenigstens«, fügte er rasch hinzu.

Umberto betrachtete die Brandbombe. Mit diesen

165

Dingern sollte am Flugplatz gearbeitet werden. Hoffentlich waren sie sicher. Man hatte auf diesem Gebiet schon üble Überraschungen erlebt. Besonders in der letzten Zeit. Nicht alles, was aus dem Beschaffungsamt Rom kam, war »absolut« sicher.

»Sonst was Neues?«, fragte der Kurier.

Umberto schüttelte, die Zigarre betrachtend, den Kopf. Dann erinnerte er sich aber doch, dass etwas passiert war. »Celesti und zwei weitere Schweinehunde sind liquidiert worden.«

Brazzi pfiff durch die Zähne.

Umberto nahm eine zweite Zigarre aus der Kiste und betrachtete auch diese sehr eingehend. »Va bene«, brummte er dann. »Ich quittiere dir gleich den Empfang der Dinger. – Wann gehst du wieder rüber?«

»Ich habe Befehl, so schnell wie möglich zurückzukommen und Nachricht von euch zu bringen.«

Umberto nickte und legte die Brandbomben vorsichtig in das mit weichem Material ausgebettete Kistchen zurück. »'ne Menge Geld wirst du rübernehmen müssen, Amico. Dreißigtausend Dollar – abzugeben bei den Tedeschi.«

»Ich bin bereits darüber informiert.« Er erhob sich, gähnte und reckte seine drahtige Figur. »Muss ich gleich zum Chef, oder kann ich mich erst zwei Stunden langmachen?«

»Du kannst. Leg dich hin, ich wecke dich.«

Der Kurier warf sich auf das ächzende Bett. »Meine Rosa steht unten«, sagte er dann.

»Dort steht sie gut, Amico. Ihr kann nichts passieren, als dass sie geklaut und aufgefressen wird.«

»Wäre schade um mein Röschen«, lallte der Kurier,

166

drehte den Kopf zur Wand und fing unverzüglich zu schnarchen an.

Der Sergente Antonio Brazzi, zuverlässiger und furchtloser Frontläufer, hatte den Tod nach Neapel gebracht.

Gruber hatte die Nacht in der Via Ludowisi 24 verbracht. Als er morgens erwachte, fühlte er sich vollkommen frisch und durch nichts belastet, was ihm gestern Abend noch Gedanken und gewisse Schmerzlichkeit verursachte.

Nina Morin war gegangen. Er würde sie nur noch in der Abwicklung der Falschgeldsache wieder sehen. Gruber pfiff leise vor sich hin, als er seinen Pappkoffer packte, in der Absicht, den ahnungslosen Frieden dieses kleinen Häuschens in Portici zu verlassen und gegen die Primitivität des Behausung in Torre Annunziata einzutauschen.

Signora Glori wollte es erst gar nicht glauben, dass Gruber sich für immer verabschiedete. »Haben Sie sich nicht wohl gefühlt bei mir?«, fragte sie ängstlich besorgt und zwinkerte aufgeregt. »Waren Sie mit Enricos Zimmer nicht zufrieden? Oder ist mit Signorina …?«

Nein, es sei alles in Ordnung, sagte Gruber, er müsse aber nach Palermo zurück. Eine Verbesserung in der Arbeit. Die weißhaarige Dame glaubte es ihm. Sie hatte keine Ahnung, wer sich so freundlich von ihr verabschiedete, seinen herzlichsten Dank aussprach und dann mit dem Koffer in der Hand verschwand.

Er wollte erst mit der Vorortbahn nach Torre Annunziata fahren, ließ sie aber an sich vorbeirollen, als er das übliche Gedränge in ihr sah, und beschloss, zu Fuß zu gehen. Er fühlte sich leicht wie sein Koffer. Das Leben schuf das Gefühl, sich von einer alten Sache zu entfernen, der man keineswegs nachzutrauern brauchte.

Welch ein strahlend heller Tag! Ein neapolitanischer Tag! Nichts erinnerte daran, dass weiter nördlich die Kanonen brüllten und der Kampf tobte, in dem die Menschen starben. Der Himmel war blau und friedlich. Nicht einmal die bei Caserta stationierten Bomber- und Jägerverbände befleckten ihn; nichts störte die blaue Ruhe.

Aus Richtung Sorrent kamen ihm ein paar Wagen entgegen. Andere, meist Militärfahrzeuge, überholten ihn. Gruber marschierte rechts des schwarzen Asphaltbandes, das sich am leise rollenden Meer und an den zwischen ausgebleichten Felshängen liegenden Zitronen- und Olivenhainen entlangschlängelte, behaucht vom würzigen Meereswind und dem warmen Odem der Sonne.

Plötzlich erschrak Gruber und sprang zur Seite. Ein amerikanisches Fahrzeug war herangeschlichen gekommen und hielt mit leise kreischenden Bremsen.

Grubers Hand zuckte gewohnheitsmäßig zur linken Brustseite.

»Hallo!«, ertönte eine fröhliche Frauenstimme. »Buon giorno, Signore!«

Hinter dem Steuer eines grünen Jeeps saß die uniformierte Amerikanerin. Sie war allein, nahm die Sonnenbrille ab und lachte.

»Hallo!«, grüßte Gruber erfreut und vergaß das wilde Herzklopfen, den jähen Schreck.

»Das nenne ich Zufall«, sagte sie. »Ich erkannte Sie an Ihrem blonden Schopf.«

Er sah ihr in die Augen, in denen fröhliche Lichter hüpften.

»Wohin geht die Reise, Signorina General?«

»Nach Sorrent.«

»Dienstlich?« Er schielte in den Wagen und stellte fest, dass sie wieder die abscheulichen olivgrünen Strümpfe anhatte und flache, mit dicken Kreppsohlen bepflasterte Schuhe.

»Dienstlich, ja«, nickte sie und bemerkte seinen Blick, worauf sie die Beine zurückzog. »Und wohin wollen Sie?«

»Nach Torre Annunziata!«

»Dann steigen Sie ein. Ich fahre ja an dem Schild vorbei, dort können Sie aussteigen. Dann haben Sie es nicht mehr weit.«

»Mille grazie«, sagte er und stieg ein, schwang den Koffer auf den rückwärtigen Sitz und hörte gleichzeitig die Frage:

»Waren Sie verreist, weil Sie einen Koffer haben?«

»Ja«, log er sicher, »ich war bei Bekannten in Benevento.«

Sie fuhr los. Er sah sie von der Seite her an. Sie hatte ein hübsches, stumpfnasiges Profil. Das dunkelblonde Haar stahl sich unter dem verwegen schief sitzenden Käppi hervor; eine Strähne wehte im warmen Fahrtwind. Gruber streckte die Hand aus und schob ihr die Strähne unter das Käppi.

»Hände weg!«, rief der Leutnant, ohne den Blick von der Fahrbahn zu nehmen.

»Und wann kommen Sie wieder aus Sorrent zurück?«, fragte er, den Einwurf überhörend.

»Heute Abend.«

»Ich finde es wunderbar, dass wir uns getroffen haben. Können wir das nicht irgendwann wiederholen?«

Sie schwieg. Plötzlich: »Greifen Sie mal in den Handschuhkasten, da sind Zigaretten.«

Er tat, wie ihm geheißen wurde, nahm eine angebrochene Packung »Camel« heraus, brannte zwei Zigaretten gleichzeitig an und reichte ihr eine.

»Grazie.«

»Ich habe Sie vorhin etwas gefragt«, erinnerte Gruber.

Sie warf ihm einen schnellen Blick zu. »Ich kenne Sie nicht.«

»Ich Sie auch nicht.«

»Ich bin Lieutenant Doris Thompson.«

Er verbeugte sich im Sitzen: »Lorenzo Fondi.«

Der Jeep fuhr langsam, da Doris über etwas nachzudenken begann.

»Na, wie wär's?«, hörte sie den Mann fragen. Wieder ein blitzschneller Seitenblick, der seine ganze Person erfasste und abschätzte.

»Oder halten Sie es für unter Ihrer Würde, sich von einem Italiener zu einem Glas Wein einladen zu lassen?«, fragte er.

»Nonsens!«

»Warum zögern Sie dann?«

»Weil ich nachdenke, wann ich dienstfrei habe.«

Gruber grinste erfreut und saß verquer neben ihr, sie eingehend betrachtend. Sie war immerhin Leutnant bei der US-Army. Vielleicht konnte man … Man musste eine solche Gelegenheit beim Schopfe packen.

»Na …?«

»Am Sonnabend hätte ich frei.«

»Va bene. Wo treffen wir uns?«

»Bestimmen Sie das.«

Er dachte kurz nach. »Ab wann haben Sie frei?«

»Ab Mittag.«

»Dann um ein Uhr auf der Piazetta della Cappella Vecchia.«

»Wo ist das?«

»Stadtmitte; es ist ganz leicht zu finden.«

»Okay«, nickte sie, die Zigarette aus dem Jeep werfend. Und dann wiederholte sie: »Sonnabend ein Uhr, Piazza ...«

»Piazetta«, korrigierte er.

»Piazetta della Cappella Vecchia«, ergänzte sie und nickte noch einmal.

»Ich freue mich«, sagte er.

»Und ich hoffe, dass ich meine Zusage nicht zu bereuen brauche«, setzte sie schnell hinzu.

»Wofür halten Sie mich?«, protestierte er.

Sie schaute ihn rasch an. »Das weiß ich noch nicht genau. Aber irgendwie machen Sie mir nicht den Eindruck, als ob Sie ... Ach«, unterbrach sie sich, »hier ist ja schon das Schild!«

Sie bremste und fuhr scharf rechts ran.

Gruber holte seinen Koffer vom Rücksitz und stieg aus. »Bis Sonnabend, Signorina General!« Er grüßte sie spaßhaft stramm, wie US-Soldaten ihre Vorgesetzten zu grüßen pflegen.

Leutnant Doris Thompson lachte. Sie sah hübsch aus, wenn sie lachte. »Arrivederci, Signore Fondi!«, rief sie.

»Addio, Cara! Addio!«

Der grüne Jeep vollführte einen Satz und jagte mit zunehmender Geschwindigkeit in Richtung Sorrent davon.

Okay, Darling, dachte Gruber amüsiert und setzte pfeifend seinen Weg zur Werkstatt Emilios fort, du willst etwas erleben? Ich habe in deinen hübschen Rehaugen mehr gelesen, als dein Mund gesagt hat ...

Die Vorbereitungen für die Anschläge auf alliiertes Eigentum und die Schlagader des Frontnachschubes liefen weiter.

Capitano Brandon zog die Fäden nach einem genau festgelegten Plan und bediente sich des verlässlichsten Hilfsmittels, das es gab: des Geldes. Es wechselte in ehrliche und unsaubere Hände, es kaufte Seelen und Vaterlandsliebe und schuf so die Voraussetzungen, die man brauchte. Die Verbindungs- und Mittelsmänner saßen in den Ämtern der Stadt und in den alliierten Dienststellen, halfen bei der Beschaffung von Arbeitskarten und Signaturen; sie horchten herum und gaben das weiter, was an den Schreibtischen oder Diensttelefonen gesprochen wurde. Man erfuhr, dass die Tanker bereits auf dem Atlantik schwammen, und man vernahm aus Gesprächen unvorsichtiger Armee-Angehöriger, dass der Flughafen in Erwartung neuer Bomberverbände stünde und die Arbeitskolonnen an der Erstellung riesiger unterirdischer Treibstofflager schufteten.

Der kartografische Spezialist fotografierte heimlich den Ölhafen und fertigte eine genaue Skizze des Objektes an, und zugleich geschah es auf dem Flugplatz, dass drei als Arbeiter eingeschleuste Agenten der O. V. R. A. sich informierten, wo das Treibstofflager, wo die Bomben-Depots und wo die neuen Kampfstaffeln ihren Platz finden sollten. Niemand ahnte, dass das Auge des Unheils aufmerksam umherschweifte und früh morgens in die Anonymität der schwatzenden Arbeitscharen einsickerte und abends wieder davonging, um das zu notieren, was es gesehen und gehört hatte. Die alliierte Militärpolizei und die Scharen der C. I. C.-Beamten fanden die Nadeln im Heu nicht, sie blieben, wenn auch wachsam, ahnungslos und führten ihre überraschenden Schläge gegen das Heer der Schwarzhändler, Prostituierten, gegen Korruption und Schiebertum. Sie füllten den Kerker von Poggioreale und das Gefängnis Regina Coeli mit den Scharen der kleinen Gauner und ließen die großen – wie immer und zu allen Zeiten – ungeschoren. Denn diese trieben sich nicht in den finsteren Gassenlabyrinthen herum, nicht auf den Piazzas und nicht vor den Gebäuden der alliierten Dienststellen – nein, diese Großen wohnten in den Villen und saßen mit an den Tischen der Sieger.

Der Kurier Benno Alfero hatte sich abgemeldet und schlug sich mit seinem trippelnden Eselchen wieder durch die Linie des Todes, während sich die Männer mit den harten Gesichtern in der verschwiegenen Villa zu Castellammare trafen.

Der Versammlungsraum war voller Tabakrauch; man flegelte sich in den verschlissenen Sesseln, trank Kognak, Whisky oder Wein aus den Gärten Pompejis und hatte dem Leiter des Sonderunternehmens Bericht erstattet.

Es trieb sie immer wieder zusammen, diese gut gewachsenen Gestalten in den saloppen Maskeraden. Sie suchten einander und wärmten sich an der Kameradschaft, die ihnen hoch und heilig war und der sie jederzeit ihr Leben zu opfern bereit waren.

»Trinkt, Kameraden!«, rief Umberto. »Wer weiß, was morgen kommt!«

»Salute!«, riefen sie und tranken.

Jeder trank, und mancher hatte in der Stadt eine Liebschaft. Aber man betrank sich nicht sinnlos und liebte nicht hundertprozentig. Das verbot das Gesetz, unter dem sie standen. Maß halten in allen Dingen! Nie die Kontrolle über sich selbst verlieren! So lauteten die Grundsätze, und daran hielt man sich. Der Kampf forderte einen ungetrübten Verstand, geschmeidige Glieder, Selbstdisziplin, Gehorsam und bedingungslose Opferbereitschaft. Wie wäre es sonst möglich gewesen, tief im feindlichen Hinterland isoliert zu sein, zu spionieren, vorzubereiten und dann mit kalter Entschlossenheit zu handeln?

Man sah es diesen Männern nicht an, wer sie waren. Wenn sie lachten, waren sie große Jungen. Nur der menschenkundige Beobachter hätte gelegentlich feststellen können, dass der intelligente Blick nicht zum verkommenen Äußeren passte und diese oder jene Hand von schmaler Vornehmheit war, dass Physiognomie und äußere Erscheinung nicht immer in Einklang zu bringen waren.

Das heutige Zusammentreffen zog sich in die Länge. Menestri, der todkranke Funkeroffizier, hatte sich mit Calsata zu einer Schachpartie hingesetzt. Umberto Pucci, alias Oberleutnant Francesco Baralli, röstete auf dem Elektrokocher süße Mandeln. Bertani, dessen Rachedurst in jener Nacht gelöscht war, spielte mit Victorio Stampas, Pietro Perugio, Carlo Mantas und Paolo Nenzi Poker. Der Rest der Männer unterhielt sich.

Ricardo Brandon, der Chef, erhob sich aus dem verschlissenen Sessel und winkte Gruber heran.

»Ich habe noch einen Besuch zu machen. Willst du mitkommen?«

»Gern.«

Jetzt erst fiel es Gruber auf, dass Brandon einen dunklen Anzug, weiße Wäsche und Krawatte trug.

»Muss ich mich umziehen, Ricardo?«

»Es wäre besser«, sagte Brandon. »Wir fahren sowieso an deinem Quartier vorbei.«

Brandon und Gruber verließen gegen zweiundzwanzig Uhr die Villa. Der Wagen fuhr ohne Eile die kurvenreiche Uferstraße entlang.

Brandon saß bewegungslos hinter dem Steuer. »Ich hörte, dass du mit Nina auseinander gekommen bist«, sagte er plötzlich.

Gruber riss den Blick von dem erhellten Stadtbild. »Sie hat einen, der sie heiraten will.«

Brandon pfiff überrascht durch die Zähne. »Schau mal einer an! – Und wer ist es?«

»Soll gebürtiger Pole sein. Charles Dombrowsky heißt er. Leutnant bei der US-Army.«

Der Mann am Steuer grinste. »Wir kennen ihn.«

Gruber riss den Kopf herum. »Ihr kennt ihn?«

»Ja«, nickte Brandon. »Ohne ihn hätten wir die Sache am Flugplatz nicht anpacken können.«

Gruber war platt. Es gab kaum etwas, was dieser Verein nicht wusste und wo er nicht seine Hände im Spiel hatte!

»Was ist das für ein Kerl?«, fragte er gespannt.

»Ganz übler Zeitgenosse. Hat uns schon 'ne hübsche Stange Geld gekostet. Es ist der schmierigste Halunke, der mir jemals über den Weg gelaufen ist – falsch wie 'ne Schlange. Wir müssen verdammt vorsichtig mit ihm sein.«

Gruber sann dem Gehörten nach. Er dachte an Nina und sorgte sich um sie.

»Hat sie dir schon das Geld abgeliefert?«, war Brandons Frage.

»Nein. Ich lasse es am Sonnabend durch Alfredo abholen und gebe ihm den Rest zum Umtausch mit.«

»Ich rate dir zur Vorsicht, Lorenzo.«

»Grazie«, murmelte Gruber. »Ich bin es.«

Die Lichter von Torre Annunziata tauchten nach einer Kurve auf. Brandon bog ab und fuhr zu Grubers Quartier.

»Beeile dich«, sagte er, im Wagen sitzen bleibend.

Gruber kam nach ein paar Minuten wieder; er trug den dunklen Anzug, Hemd und Krawatte und hatte den leichten Staubmantel überm Arm.

Die Wagentür schlug mit dumpfem Laut zu, und Brandon fuhr auf die Hauptstraße zurück.

»Wo schaukelst du uns hin?«, fragte Gruber.

»Wir besuchen jemanden, der mir viel Kummer macht«, sagte Brandon.

»Musste ich deswegen den dunklen Anzug anziehen, Amico?«

»Quatsch. Ich möchte anschließend irgendwo anständig essen. Vielleicht bei ›Zi Theresa‹.«

»Prima«, stimmte Gruber zu. »Und wen besuchen wir vorher?«

»Er heißt Silvio Mangani. Deine Landsleute haben ihn hier zurückgelassen, damit er das Hauptpostamt sprengt. Die Bombe – ein Ding von hundert Kilo – läuft auf Langzeit-Zünder und wurde schon vor dem Einmarsch der Alliierten eingebaut. Mangani arbeitet bei den Amis als Elektriker und hat den Auftrag, gelegentlich nachzuschauen, ob das Ding noch funktioniert.«

»Tolle Sache«, sagte Gruber.

»Nee – 'ne haarsträubende Sauerei ist das«, platzte

Brandon heraus und drosch mit den Fäusten auf das Steuerrad. »Mangani geht stur seine eigenen Wege und sperrt sich, mit uns zusammenzuarbeiten. Ich weiß nicht, wie oft ich ihn schon zu überreden versuchte, die Finger von dieser Sache zu lassen.«

»Warum?«

»Warum!«, äffte der andere ihn wütend nach. »Weil ich vermeiden möchte, dass zwei Unternehmen gleichzeitig operieren. Das ist nicht gut. Mangani dehnt seinen Auftrag aus und handelt auf eigene Faust – er lässt nicht mit sich reden und stellt sich auf den Standpunkt, einen Eid geleistet zu haben und nichts sagen zu dürfen. – Ich komme mit dem Kerl nicht klar! Nicht ums Verrecken!«

Der Wagen zischte über den schwarzen Asphalt. Geradeaus tauchten die Lichter von Torre el Greco auf.

»Das ist eine verrückte Sache«, meinte Gruber nachdenklich und brannte sich eine Zigarette an. »Aber was soll ich dabei tun?«

»Ich will, dass du dabei bist, wenn ich es noch einmal mit Mangani versuche. Vielleicht lässt er mit sich reden, wenn er erfährt, dass du der deutsche Verbindungsoffizier bei uns bist.«

»Was für ein Landsmann ist er?«

»Aus dem Norden, Bozen. Soll Pionierleutnant sein.«

»Scusi, Amico – aber ich verstehe das nicht ganz. Das Hauptpostamt ist schließlich eine wichtige Sache. Warum willst du sie verhindern?«

»Weil ich Informationen erhalten habe, dass die Amis ein Krankenrevier im Hauptpostamt unterbringen werden. Auch die Zivilbevölkerung soll davon profitieren. – Begreifst du jetzt, warum ich den Anschlag verhindern möchte? Wir kommen in Teufels Küche, Lorenzo. Ganz Neapel nimmt uns das übel. Aus diesem Grunde will ich, dass Mangani die Finger von dieser Schweinerei lässt.«

Gruber schwieg betroffen. Die Situation war ungeheuerlich. Wenn die Bombe hochging, ohrfeigte man sich selbst. Freilich, Fairness und Menschlichkeit waren im fünften Kriegsjahr brutalen Kampfmethoden gewichen, aber dieser Anschlag ließ an Gemeinheit nichts zu wünschen übrig. Brandon hatte Recht: Diese Sache durfte nicht gestartet werden. Niemals.

»Ich verstehe nicht«, sagte er, »dass du Mangani nicht früher davon abgebracht hast. So viel ich weiß, läuft die Geschichte doch parallel zu der unseren … oder?«

»Lief sie, ja. Aber die Situation hat sich durch den Entschluss der Amerikaner, ins Hauptpostamt ein Krankenrevier zu legen, geändert. Da mache ich nicht mit, Amico. Und deshalb versuche ich alles, Mangani davon abzubringen. Capito?«

»Capito«, murmelte Gruber benommen und versank in Gedanken.

Die Fahrt verlief schweigsam.

Kurz vor Neapel bog Brandon nach rechts ab und fuhr langsam in eine zertrümmerte Straße hinein, um bald darauf vor einem einsam zwischen ausgebrannten Hausruinen stehenden Gebäude zu halten.

Die beiden Männer stiegen aus.

»Er ist zu Hause«, sagte Brandon, als er zum ersten Stock hinaufschaute, wo Licht brannte.

Sie betraten ein finsteres, nach Kalk und Moder riechendes Treppenhaus und leuchteten sich mit der Taschenlampe in den ersten Stock hinauf.

Hinter einer Tür spielte leise Radiomusik. Sie verstummte plötzlich, als Brandon anklopfte. Dann ging die Tür auf.

»Prego?«, fragte eine Männerstimme.

»Ich bin's«, sagte Brandon, »Ricardo.«

»Va bene – kommen Sie rein!«

Silvio Mangani war ein mittelgroßer, schlanker Mann mit unauffälligem Gesicht, dunklen Augen und grauem Wuschelhaar. Er trug ein sauberes Hemd, eine gebügelte Hose und machte einen ordentlichen Eindruck. Auch die Wohnung, wenngleich von verschiedenen Bombardements beschädigt, verriet Sauberkeit und Ordnungsliebe. Auf dem Tisch lagen ein zerlegter Radioapparat und Werkzeug herum.

Gruber musterte den Mann und fand nichts Außergewöhnliches an ihm. Silvio Mangani bot seine zwei Stühle an.

»Danke«, sagte Brandon hastig, »wir haben nicht die Absicht, lange zu stören.«

»Und wer ist dieser Herr?«, fragte Mangani, auf Gruber deutend.

»Oberfähnrich Lorenz Gruber vom Amt IIa«, stellte Brandon vor.

»Freue mich«, sagte Mangani mit einer knappen Verbeugung. Und dann zu Brandon: »Sie kommen wieder, um mir Vorschriften zu machen?«

»Ja.«

»Sie wissen, dass es zwecklos ist. Ich habe einen Auftrag zu erfüllen und halte mich nach wie vor an den erteilten Befehl.«

»Mangani«, sagte Brandon ernst, »so nehmen Sie doch Vernunft an. Sie dürfen nicht auf eigene Faust handeln.«

Mangani vollführte eine abschneidende Handbewegung. »Es ist zwecklos, darüber zu sprechen, Capitano.«

Gruber entschloss sich jetzt, etwas zu sagen. »Sie sind Offizier?«, fragte er.

Mangani nickte.

»Sie geben an …«, fuhr Gruber fort, aber Mangani unterbrach ihn barsch:

»Ich gebe nichts an – ich unterstehe einzig und allein meiner Dienststelle und bin nur dieser Rechenschaft schuldig.«

Brandon warf Gruber einen verzweifelten Blick zu. Gruber wandte sich noch einmal an Mangani:

»Hören Sie, Signore«, sagte er mit Nachdruck, »Sie schaden damit unserer Arbeit und bringen uns alle in Gefahr. Ich rate Ihnen dringend, schließen Sie sich uns an, und stimmen Sie Ihren Sonderauftrag mit unseren Arbeiten ab.«

»Das geht nicht.«

Brandon schlug sich klatschend an die Stirn und fuhr mit der Hand durch das schwarze Haar. »Mensch, Mangani«, presste er hervor, »kann man denn mit Ihnen wirklich nicht klarkommen? Sind Sie tatsächlich so stur, so borniert, dass Sie nicht einsehen, wie gefährlich es für uns alle ist, wenn Sie diese verrückte Extratour reiten? Wenn Ihre verdammte Bombe hochgeht, hetzen Sie uns ein Regiment Militärpolizei und C. I. C.-Leute auf den Hals! Sie müssen, hören Sie! Sie müssen diese Bombengeschichte abblasen. Ich habe Informationen erhalten, dass ins Hauptpostamt ein Krankenrevier gelegt wird.«

»Das ist auch mir bekannt«, bemerkte Mangani und griff nach einem Schraubenzieher, mit dem er zu spielen begann. Brandon sprang auf. Sein kantiges Gesicht war dunkel vor Erregung. »Mann! Ich zweifle an Ihrem Verstand.«

»Bitte korrigieren Sie das«, erwiderte Mangani spitz.

Brandon schlug sich klatschend an die Stirn. »Verrückt sind Sie!«, zischte er. »Sie zwingen mich jetzt, Ihnen den Befehl zu geben, sich uns anzuschließen oder Ihre Hände von der verdammten Sauerei zu lassen!«

Der schmale Mann hinter dem Radiokasten reckte sich. »Sie haben mir nichts zu befehlen, das habe ich Ihnen schon hundert Mal gesagt. Ich unterstehe einzig und allein ...«

»Schweigen Sie!«, fauchte Brandon. »Ich werde ...« Er brach ab und schnitt mit der Hand durch die Luft. »Jedenfalls sage ich Ihnen das eine, Mangani: Sie werden Ihre Finger von der Bombe lassen, sonst zwingen Sie mich zu etwas, was ich nur sehr widerstrebend durchführen könnte.«

Silvio Mangani lächelte und legte mit einer pedantischen Bewegung den Schraubenzieher auf den Kasten. »Ich weiß, was Sie meinen. Sie können mich aber nicht kaltstellen. Wenn Sie das tun, verstricken Sie sich in eine für Sie sehr unangenehme Sache. Ich darf Sie noch einmal daran erinnern«, setzte er mit Nachdruck hinzu, »dass ich voll und ganz meiner Dienststelle im deutschen Armee-Kommando unterstehe und von dieser selbstverständlich auch geschützt werde. Ich habe meiner Dienststelle bereits mitgeteilt, dass Sie mich seit längerer Zeit unter Druck setzen.«

Brandon und Mangani starrten sich an. Dieser Südtiroler war nicht umzuwerfen. Er ließ nicht mit sich re-

181

den. Seine sture Standhaftigkeit war bewundernswert. Sicher wusste man seinerzeit genau, wen man mit diesem ungewöhnlichen Auftrag betraute.

Gruber schaltete sich wieder ein; er sprach ruhig und eindringlich: »Hören Sie, Mangani. Ich habe große Achtung vor Ihnen und sehe ein, dass Sie einen Befehl auszuführen haben. Ich bitte Sie aber auch, einzusehen, was geschehen könnte, wenn ein Fehlschlag eintritt.«

»Es kann keinen Fehlschlag geben, Kamerad Gruber«, erwiderte Mangani kühl.

»Wann geht die Bombe hoch?«, fragte Brandon.

»Ich weiß es nicht genau«, sagte Mangani.

»Sie lügen«, fuhr ihn Brandon an.

»Nein. Ich sage die Wahrheit – ich weiß es wirklich nicht. Es kann in acht Tagen geschehen, aber vielleicht auch früher oder … später.«

»Arbeitet der Zünder noch?«, fragte Gruber.

»Ja.«

Brandon und Gruber wechselten einen Blick. Dann wandte sich der Capitano wieder an Mangani:

»Einen Vorschlag, Mangani: Warten Sie mit der Sache, bis wir die unsere abgeschlossen haben.«

Mangani zog die schmalen Schultern hoch und ließ sie wieder fallen. »Das kann ich nicht. Der Zünder arbeitet, ich kann ihn nicht korrigieren.«

»Porca miseria«, knirschte Brandon und zog die schwarzen Lederhandschuhe an. »Es ist zwecklos, Lorenzo! Komm, wir gehen wieder.«

»Ich bedaure sehr, meine Herren«, sagte Mangani und erhob sich hinter dem Tisch. »Wir kämpfen beide für dieselbe Sache …«

»Nein!«, rief Brandon herumfahrend. »Das tun wir nicht, Mann! Wir jagen keine Lazarette in die Luft. In diesem Punkt halten wir uns – Gott sei Dank! – noch an die alten Konventionen. Wir greifen nur militärische Objekte an.«

Mangani ging zur Tür und legte die Hand auf den Drücker. »Der Armeesender im Hauptpostamt ist eine sehr wichtige militärische Einrichtung. Viel wichtiger als eine Krankenstube mit ein paar ...«

»Schweigen Sie!«, herrschte er ihn an.

»Buona notte«, lächelte der andere und öffnete die Tür.

Gruber und Brandon gingen.

Als sie wieder im Wagen saßen, brannte sich Brandon eine Zigarette an. Seine Hände zitterten.

»Dieser Kerl ist uns im Wege«, sagte er gepresst. »Wir müssen ihn wegschaffen, Lorenzo.«

Gruber schüttelte den Kopf. »Nein, Ricardo – den können wir nicht packen. Wir setzen uns damit nur in die Nesseln. Den schützen hohe Dienststellen, und das macht ihn so sicher.«

»Genau«, knurrte Brandon und startete den Motor. »Er kommt sich als Held vor und findet eine teuflische Lust daran, sein Werk zu vollenden.«

Der Wagen verschwand in der Trümmerstraße.

Im ersten Stock des einsam dastehenden Mietshauses brannte noch Licht. Silvio Mangani, ehemaliger Pionierleutnant, summte die Melodie mit, die der Sender Rom durch den nächtlichen Äther schickte.

Sie hatten den Wagen in einer Seitenstraße der Via Toledo abgestellt und hofften, ihn dort wieder zu finden. Dann schlenderten sie an den Scharen geschminkter Mädchen vorbei, beobachteten die bleichhändigen Farbigen bei ihren Annäherungsversuchen und wehrten ein paar flüsternde Schlepper ab, die Liebe zu billigen Preisen verhießen oder amüsante Lokale anzubieten hatten, und stellten wiederum fest, dass Neapel sich nachts noch hemmungsloser als am Tag gebärdete.

Man mochte die beiden dunkel gekleideten Männer für unternehmungslustige Amerikaner halten, denn die Zuflüsterungen wurden in dürftigem Englisch vorgebracht.

»Three Dollars the girl, Sir ... wonderful young girls, Mister.«

»Hau ab!«, knurrte Brandon.

Gruber ging mit gefurchter Stirn neben ihm her. »Das Fleisch ist billig geworden in Neapel, Amico.«

»Sei still!«

»Es wird noch billiger werden, Ricardo.«

»Du sollst dein Maul halten.«

Sie gingen schweigsam in der flanierenden Menge, ließen sich keine Schuhe putzen und keine Mädchen verkaufen.

Die Nacht roch nach Benzingasen, parfümierten Frauen, nach Elend und Sünde, nach den Bedürfnisanstalten in den Mauerecken, nach den Armenvierteln von San Marino, das sich über der Via Toledo aufbaute. Die Nacht roch nach Meer und Staub und klebriger Gemeinheit.

»Zi Theresa« hieß das Lokal, dem sie zustrebten. Es hatte früher einmal Weltruf, aber man konnte auch jetzt noch für gutes Geld gut essen und trinken.

Der Kellner ließ den hohen Lire-Schein mit versierter Schnelligkeit in der Tasche verschwinden und stellte einen hübsch gedeckten Tisch zur Verfügung, legte die endlos lange Speisekarte vor und sagte auf Englisch, dass es heute Turkey gäbe, Truthahn.

Brandon stellte das Essen zusammen, während Gruber, von dem erhöhten, von einer blühenden Blattpflanze halb verdeckten Tischplatz aus das dicht besetzte Lokal beobachtete. Leise erklang Musik. Kellner in weißen Jacken eilten durch die Tischreihen und erfüllten die Wünsche gut genährt aussehender Gäste, von Herren in gut sitzendem Zivil, denen man den Offizier ansah, von eleganten Frauen, die wie Damen auftraten und doch keine waren. Über allem schwebte der Geruch von erlesenen Speisen und weckte Lust auf Essen. Die Musik spielte aus »La Traviata«, und die große Flügeltür war ständig in Bewegung.

Der Kellner war mit der Bestellung gegangen. Brandon reichte Zigaretten herüber.

»Es hat sich eigentlich nicht viel verändert«, sagte er.

»Nur das Publikum«, stimmte Gruber zu und ließ sein Feuerzeug aufschnappen.

Sie rauchten an.

Plötzlich beugte sich Brandon unmerklich vor und spähte mit zusammengeschobenen Brauen in den summenden Raum.

»Bekannte?«, fragte Gruber.

»Tisch rechts drüben ... vor dem Gobelin! Schau mal unauffällig hinüber.«

Gruber wandte sich in die Richtung und sah an dem Tisch vor dem kostbaren Wandbehang eine gemischt-vornehme Gesellschaft in angeregter Unterhaltung.

Der Kellner steckte eben den großen Plum-Pudding in Brand. »Wer sind die?«, fragte Gruber.

Brandon stützte die Ellenbogen auf den Tisch und neigte sich etwas vor: »Der schwarze Kerl im Smoking ... neben der aufgedonnerten Blondine – das ist ein ganz Prominenter. Curzio Malaparte.«

185

Drüben am Tisch erhob sich besagter Herr und schwenkte sein Glas. Er sagte etwas, worauf drei Herren und eine sehr blonde Dame zufrieden nickten. Dann setzte er sich wieder. Brandons Stimme schlug an Grubers Ohr: »Kennst du ihn?«

»Dem Namen nach.«

»Früher hat er faschistische Verse geschmiedet, jetzt macht er englisch-amerikanische. An einer Party in seiner Villa auf Capri teilzunehmen, soll ein unvergessliches Erlebnis sein.«

Brandon fletschte die Zähne. »Ich bemühe mich schon seit längerem um eine solche Einladung. Vielleicht klappt es noch.«

Gruber sah noch immer zum Tisch hinüber, an dem der Schriftsteller mit, wie es schien, amerikanischen Freunden saß und die amüsante Nachspeise zu verteilen begann. Das also war Curzio Malaparte! Gruber erinnerte sich, dass er den Namen schon öfters bei Gesprächen im Amtsbereich IIa gehört hatte. Man ließ sich nicht gut über diesen italienischen Schriftsteller aus, der auf Capri eine herrliche Villa besitzen sollte und seine Gäste angeblich überaus geistreich zu unterhalten wusste.

»Was treibt er jetzt?«, fragte Gruber.

Brandon schürzte verächtlich die Lippen. »Capitano ist er, wie ich. Bei Gott, ich schäme mich, dass ich den gleichen Dienstgrad habe wie er.«

Gruber warf einen Blick auf die Umgebung und vergewisserte sich, dass keine Lauscher in der Nähe waren. Dann beugte er sich zu Brandon hinüber: »Hast du ihn etwa auf der Liste?«

Brandon nickte grimmig. »Schon lange. Ich hoffe, dass ich ihn bald streichen kann.«

Das Thema musste gewechselt werden, da der Kellner mit dem Wein und dem Essen anrückte. Die Mahlzeit erstreckte sich über eine Stunde: Sie war erlesen und versprach eine außergewöhnlich hohe Rechnung.

Aber die steile Falte zwischen Brandons schwarzen Brauen verschwand trotz des guten Essens und des ausgezeichneten Weines nicht. Als die Tischgesellschaft drüben aufbrach, folgte ihr Brandons finsterer Blick.

»Mach kein solches Gesicht«, sagte Gruber und hob das geschliffene Weinglas. »Ich danke dir, dass du mich eingeladen hast. – Salute! – Auf irgendetwas Hübsches!«

»Ich wüsste nichts«, grunzte Ricardo, stieß aber trotzdem an.

»Wie lange bist du schon hier?«

»Es werden jetzt acht Wochen.«

»Und nichts fürs Herz gefunden?«

Brandons Miene lockerte sich. »Doch, doch … Ohne das wäre unser Beruf eine stinkende Kloake. Ich wasche mich gelegentlich bei einer Frau.«

»Alter Leisetreter!«, grinste Gruber. »Du lässt dir nur ganz selten in die Karten schauen.«

Der andere zuckte die Schultern. »Man wird so, Amico.«

Gruber hielt es an der Zeit, Brandon durch irgendein anderes Thema abzulenken und aufzuheitern; er erzählte ihm deshalb von der Amerikanerin und erwirkte tatsächlich, dass Brandon seine verbissene Miene abzulegen begann und grinste.

»Und wann triffst du dich mit ihr?«, erkundigte er sich.

»Am Sonnabend.«

»Va bene«, nickte Brandon, »das kann ganz amüsant werden. Ist sie wenigstens hübsch?«

Gruber schaute ins Lokal, als er sagte: »Ja, ganz nett. Die Uniform steht ihr gut. Wie sie im Fähnchen aussieht, hoffe ich, am Sonnabend …« Er brach ab.

Brandon folgte Grubers Blick und sah einen hoch gewachsenen, grau melierten US-Major mit einem zierlichen weiblichen Leutnant durch die linke Tischgasse kommen.

»Mich laust der Affe«, entfuhr es Gruber. »Das ist sie!«

»Und nicht allein, Amico.«

Gruber verfolgte das uniformierte Paar mit den Augen. Es setzte sich, vom Kellner geleitet, an einen Tisch. Eine Blattpflanze versperrte die weitere Sicht.

Gruber streifte die Zigarette an der Aschenschale ab und warf Brandon einen halb belustigten, halb verlegenen Blick zu. Brandon grinste noch immer. Ziemlich spöttisch sogar.

»Na«, sagte er, »scheint 'n kleiner Blaubart zu sein, Amico!«

Nun grinste auch Gruber. »In der Armee gibt es keine Jungfrauen – und wenn, dann sind sie so selten wie Nachtigallen auf dem Mount Everest.«

Brandon lachte.

Eine halbe Stunde darauf verließen sie das Lokal, schlenderten die Via Toledo entlang und fanden erst nach längerem Suchen den abgestellten Wagen.

Sie erreichten das stille Wohnviertel in Torre Annunziata. Gruber nahm seinen Mantel und stieg aus. »Gute Nacht, Ricardo.«

Brandon umspannte die Hand des Freundes und

drückte sie heftig, schlug die Wagentür ins Schloss und fuhr davon.

Gruber ging auf das lichtlose, schlafende Haus Emilios zu.

»Hej! Lorenzo«, flüsterte eine Stimme aus dem Dunkel, und zugleich löste sich eine hinkende, auf Krücken schwingende Gestalt aus dem Mauerschatten.

»Ach du bist's, Alfredo! Was gibt's?«

»Ich warte schon drei Stunden auf dich«, flüsterte der Einbeinige. »Nina hat mir Nachricht gegeben. Du sollst am Dienstag zwischen dreizehn und vierzehn Uhr ins Albergo ›Termini‹ kommen und das restliche Geld mitbringen … Und hier … hier ist das umgetauschte.«

Alfredo reichte Gruber ein dickes Bündel Banknoten.

»Dreitausendzweihundertfünfzig Dollar sind's«, wisperte er. »Die Provision ist abgezogen. Stimmt alles.«

»Grazie, Amico.« Gruber gab dem Krüppel tausend Lire. »Na, nimm schon«, knurrte er ärgerlich, als Alfredo wieder das alte Theater aufführen wollte und ablehnte.

»Du kannst immer auf mich rechnen«, sagte Alfredo, als er die Scheine eingesteckt hatte. »Hast du sonst einen Auftrag für mich?«

»Im Augenblick nicht. Ich gebe dir von Fall zu Fall Bescheid.«

»Dann – gute Nacht, Lorenzo.«

»Gute Nacht, Alfredo – und nochmals Dank!«

Der Einbeinige klapperte in die Gasse zurück und wurde vom Dunkel der alten Stadtmauer verschluckt.

Gruber betrat leise das schlafende Haus und schloss die Tür hinter sich.

Im obersten Stockwerk wurde Licht gemacht. Pietro stand auf der Treppe und rief halblaut: »Die Nachteule ist auch schon da! Sieh mal an.«

Der Sonnabend war so strahlend wie Lieutenant Doris Thompsons Laune.

Auch das um neun Uhr vormittag hinter sich gebrachte »Screening« durch den Truppenarzt vermochte nicht die Tatsache zu trüben, dass zwei dienstfreie Tage bevorstanden. Doris freute sich darauf – sie freute sich, wenn auch mit gewissem Vorbehalt – auf das Zusammentreffen mit dem komischen Kerl.

Aber eigentlich war er gar nicht so komisch. Im Gegenteil. Sein narbenbedecktes Gesicht hatte etwas außergewöhnlich Männliches an sich. Jawohl, etwas ausgesprochen Männliches, und das bevorzugte Doris. Dabei drängte sich auch die Vermutung auf, dass dieser »Kerl« gescheit zu sein schien, denn seine Äußerung von unlängst über die Zustände in Neapel bewies, dass er denken konnte.

Doris machte sich für den Ausflug fertig. Sie hatte nur zwei Kleider im Koffer, und deshalb war die Wahl nicht schwer. Das glockige, helle, hübsch gemusterte erschien ihr als richtig, zumal sie wusste, dass es ihre schmale Taille und die obere Blickfanggegend gut zur Geltung brachte. In Erinnerung an das taxierende Schauen des Signore Lorenzo Fondi machte es Doris auch Vergnügen, fleischfarbene Strümpfe und die hochhackigen Pumps anzuziehen, wodurch die erfreuliche Gewissheit ins Auge gerückt wurde, auf zwei tadellos gewachsenen Beinen durch Neapel spazieren zu können. Ein Paar flache Schuhe für eventuelle ausgedehntere Ausflüge fand in der großen, weißen Basttasche Platz.

Doris schloss den Spind, als die wasserstoffblonde Maureen in die Barackenstube kam.

»Gehst du allein in die Stadt?«, fragte Mauren.

»Yes, Darling.«

»Das glaube ich nicht. Major Fletcher wartet doch schon draußen und tut so, als lese er in ›Stars and Stripes‹.«

Doris runzelte die Stirn. »Ich habe nicht die Absicht, mit Fletcher auszugehen.«

»Da wird er aber sehr enttäuscht sein, Doris. Der ganze Fliegerhorst weiß, dass Fletcher hinter dir herseufzt.«

Doris zupfte wütend den Reißverschluss ihrer Tasche zu. »Dieses Gequatsche ist mir lästig. Kaum sieht man dich mit einem Offizier sprechen, schon liegst du mit ihm im Bett. Scheußlich.«

»Du bist mit ihm schon zwei Mal aus gewesen«, stellte Maureen lächelnd fest. »Außerdem kannst du es nicht abstreiten, dass du bei jeder Kinovorstellung neben ihm sitzt.«

Wenn Doris Thompson die Stirnlocke wegblies, war sie wütend. In diesen Zustand geriet sie jetzt. »Pfft … Meine liebe Maureen, kümmere dich um deinen Mist, es liegt genug vor der Tür. – Und jetzt wünsche ich dir eine gute Verrichtung beim Funküberwachungsdienst. So long, Sergeant Maureen Bradley.«

Doris verließ mit energischem Stöckelgeklapper die Unterkunft. Der Baracke gegenüber stand ein offener Jeep. Kein Zweifel, Major William Fletcher belauerte hinter der »Stars and Stripes« den Barackenausgang. Und jetzt kam sie: schmal, sommerlich, kurzhaarig, langbeinig und jung.

»Hallo, Doris!« Major Fletcher tat sehr überrascht,

warf die Zeitung weg und sprang vom Wagen. »In die Stadt?«

Doris riss die Sonnenbrille von der Nase. Die braunen Augen blitzten ärgerlich. »Etwas dagegen, Major?«

»Keineswegs.« Fletchers Augen liebkosten die taufrische Gestalt des Mädchens. »You are a pretty girl, Doris.«

»Thanks«, nickte sie kurz.

»Können wir gemeinsam in die Stadt fahren?«, fragte er. »Ich nehme den Bus«, sagte sie.

»Der ist eben weg«, grinste Fletcher.

»Okay«, seufzte sie, »dann muss ich wieder in dem elenden Jeep fahren.«

Sie fuhren die kurze Teerstraße entlang, durch das Tor und dann die kurvenreiche Chaussee nach Neapel entlang. Doris streckte ihr Gesicht dem warmen Fahrtwind entgegen, und Fletcher schielte immer wieder mal zu ihr hinüber. Sie sieht zum Anbeißen aus, stellte er fest. Aber ich fürchte, dass sie mich nicht mag.

»Ich habe bis morgen Mittag frei«, sagte er in das Brummen des Motors hinein.

»Und ich bis Montag.«

»Können wir beisammen bleiben, Doris?«

»Nein.«

»Warum nicht?«

»Weil ich Nein gesagt habe, Major.«

Fletcher lächelte gequält. »Und wenn ich Sie bitte, Doris?«

»Müsste ich sehr freundlich darauf hinweisen, dass ich schon zwei Mal Nein gesagt habe, Major Fletcher.«

»Je öfters Sie Nein sagen, umso mehr liebe ich Sie, Doris.«

Sie setzte sich quer hin und nahm die Sonnenbrille ab. »Major Fletcher«, sagte sie im Ton einer Schulmeisterin, »ich mag Sie. Aber Sie sind nicht der Typ, den ich liebe.«

»Sobald ich abrüste, kann ich Ihnen eine …«

»Wir rüsten noch lange nicht ab«, unterbrach sie ihn belehrend. »Bis dahin vergeht noch eine lange Zeit. Wir können erst in Berlin vom Abrüsten sprechen, Major.«

»Okay«, nickte er, »dann werde ich Sie in Berlin fragen, ob Sie meine Frau werden wollen.«

Doris setzte sich wieder gerade hin und seufzte. Dieser Fletcher war ein hartnäckiger Freier. Gewiss, er sah gut aus, er sah sogar wie ein Mann aus, hatte graue Schläfen und in New York eine Anwaltskanzlei in der Fifth Avenue, aber das besagte noch lange nichts – das waren nicht die Programmpunkte, nach denen eine Doris Thompson glücklich werden wollte. »Klingeln« nannte sie das Gefühl, auf das sie wartete. Und bei Fletcher klingelte es eben nicht, auch wenn er sich alle Mühe gab, jenen imaginären Knopf zu finden und ihn in Gang zu setzen.

Dies erkannte auch Major William Fletcher, und das trübte den neapolitanischen Tag ganz schauderhaft ein. »Was haben Sie sonst vor?«, erkundigte er sich. »Sie können ausgeschlossen allein durch Neapel spazieren, da kommen Sie garantiert unter die Räder.«

»Wer sagt Ihnen, dass ich allein durch Neapel gehen werde?«

Er sah sie erschrocken an. »Doch nicht etwa mit einem Italiener, Doris?«

»Warum nicht? Sie sind doch jetzt unsere Bundesgenossen!«

Fletcher trat Bremse und Kupplung. Als der Jeep stand, drehte sich der Major zu Doris um und versuchte ihr hinter die dunklen Sonnenbrillengläser zu schauen.

»Doris«, sagte er dumpf, »Sie kennen doch das Reglement? – Na also – und in dem steht, dass Offiziere, egal ob weibliche oder männliche, den Umgang mit der besiegten Bevölkerung auf ein Minimum zu beschränken haben und …«

»Danke, ich weiß«, unterbrach sie ihn schnippisch. »Ich gehe nicht als Offizier in die Stadt, sondern privat.«

»Sie setzen sich der größten Gefahr aus, Doris«, beschwor er sie. »Vergessen Sie nicht, dass dieses Neapel gefährlich ist. Hinten und vorn und in allen Winkeln! Ich verbiete Ihnen, allein in diese Stadt zu gehen.«

Sie lächelte überlegen. »Auch dann, wenn ich Ihnen verrate, dass ich in Begleitung eines Herrn die Stadt besuche?«

»Wer ist es?«, schnaufte er.

»Ein Gentleman«, sagte sie.

»In Neapel gibt es keine.«

»Nun machen Sie aber halb lang, Major«, entrüstete sie sich. »Fahren Sie sofort weiter, und setzen Sie mich an der Piazetta della Cappella Vecchia ab.«

»Ich denke nicht daran!«

Sie schwang die Beine aus dem Jeep. »Gut, dann gehe ich eben zu Fuß!«

»Stopp!«, rief er.

Dann fuhr er los. Er raste nach Neapel. Sie sprachen kein Wort mehr miteinander. Doris lächelte.

Nach einigem Suchen und Herumfragen hielt der Jeep auf der Piazetta della Cappella Vecchia.

»Molto grazie, Signore Maggiore«, sagte Doris und reichte Fletcher die Hand.

»Doris«, stieß der Major hervor und umklammerte

194

ihre Hand. »Ich werde einen fürchterlichen Sonnabend erleben. Wollen Sie es sich nicht doch noch
überlegen? Ich weiß ein paar schöne Ausflugsziele …
wir könnten nach Amalfi oder Capri fahren, nach Sorrent oder sonst wohin.«

»Danke, Major.«

»Dann gehen Sie, in Teufelsnamen«, bellte er, startete und riss den Jeep so heftig herum, dass die Reifen
schrien und alle Tauben auf dem Platz davonstoben.

Doris lächelte zufrieden und schaute sich um.

Ein zerlumptes Individuum näherte sich. »Signorina
sind fremd hier? Darf ich Sie führen?«

»Va tal diavolo«, war ihre Antwort.

Der Kerl riss verwundert die Augen auf. Plötzlich
wurde er zur Seite geschoben.

»Buon giorno, Signorina Doris«, sagte Gruber.

»O Signore Fondi!«, rief sie erfreut und streifte ihn
mit einem raschen Blick von oben bis unten. Gut sieht
er aus, stellte sie zufrieden fest und reichte ihm die
Hand.

»Freue mich, dass Sie gekommen sind«, sagte er und
lachte sie an.

Die helle Hose und das marineblaue Jackett standen
ihm ausgezeichnet und stammten aus Brandons Klei-
dervorräten. Er trug heute auch kein Pistolenhalfter
unter der Achsel; er war guter Laune und log nicht, als
er sagte:

»Sie sehen in Zivil viel besser aus als in der scheußli-
chen Uniform.«

»Life is wonderful«, lächelte sie und hing sich an
seinen Arm. »Wohin gehen wir jetzt?«

»Wohin Sie wollen«, sage er und nahm ihre weiße
Basttasche.

195

»Ach«, sagte Doris Thompson, »irgendwohin ...«

Es war ein hübsches Paar, das über die Piazetta della Cappella Vecchia ging, und das erkannten auch die Gassenjungen, denn sie pfiffen grell hinter den beiden her und riefen: »Heja ... hej ... hej ...«

Der Tag gehörte ihnen.

Sie fuhren in einem klapprigen Einspänner zu den Höhen des Possillipos hinauf und spazierten dann auf die Rampa di San Antonia, wo die alte Kirche zwischen schwarzen Zypressen steht. Von hier hatten sie einen herrlichen Ausblick auf Stadt und Meer. Sie genossen ihn lange und schweigend, kehrten sich dann ab und wanderten zur Possilliposgrotta, von der Lorenzo zu erzählen wusste, dass der Böse sie in höchsteigener Person gebohrt haben sollte.

Im Dorf Uorgigrotta kehrten sie in einer romantischen Taverne ein, bestellten eine Flasche Spumante und tranken ihn bei heiteren Gesprächen. Anschließend besuchten sie das fröhlich-arme Volk von Schustern, Waschweibern und Tagedieben und sahen den brotlos gewordenen Fischern beim Flicken ihrer Netze zu, Netze, die nicht mehr ausgelegt werden durften, weil das Fischen verboten war. Im blauen Golfwasser schwammen nämlich Minen.

Von den klagenden, schimpfenden Fischern weg suchten sie das Gestade des Meeres auf und entkleideten sich lachend, sahen einander abschätzend an und fanden ihre Körper gut gewachsen. Sie stand im fliederfarbenen Badeanzug vor ihm und zeigte sich dem Mann in ihrer feingliedrigen Anmut – zeigte ihm ihre makellos weiße Haut und entfloh seinem flirrenden Blick mit hellem Lachen, um sich ins Meer zu stürzen.

»Komm!«, rief sie ihm zu und winkte mit der Hand.

Gruber spürte das heiße Prickeln eines beginnenden Abenteuers und kühlte es mit einem Hechtsprung in die glasklare Flut. Er tauchte und suchte den hellen Fleck im Wasser – er griff von unten her nach ihm und zog ihn an sich.

Sie schwamm wie ein Fisch und zappelte in seinen Armen. Sie sahen einander – sie erkannten sich wie in einem verzerrenden Spiegel. Prustend tauchten sie auf und schwammen ein Stück dem fernen Horizont entgegen.

»Stopp!«, rief der Mann. »Umkehren ...!« Denn er spürte jene saugenden Gewalten an den Gliedern, die ins Unendliche ziehen wollten.

Am Ufer angelangt, warfen sie sich erschöpft in den heißen Sand. Das salzige Wasser perlte auf weißer und sonnenbrauner Haut, verdampfte und wärmte die Körper.

Sie lagen nebeneinander und gaben sich einer schweigsamen Ruhe hin, und das Meer schmatzte sein monotones Lied, die Möwen kreischten bei den Klippen, und der Tag schien kein Ende zu nehmen.

»Ich weiß gar nichts von Ihnen«, sagte sie schläfrig. »Erzählen Sie mir doch etwas.«

Er hielt die Augen geschlossen. Um seinen Mund spielte ein winziges Lächeln. Der warme Wind wehte in seinem lockeren, sehr hellen Haarschopf. »Ich bin zu faul, Doris, und außerdem gibt es nicht viel zu erzählen.«

Auch sie lächelte. Ihre Hand legte sich über die seine und blieb warm darüber liegen.

Gruber lächelte noch tiefer. Er wusste, dass mit dieser Berührung das sonnige Abenteuer in die Gefilde der Sehnsüchte hinüberzuwechseln begann. Gesetzmäßig. Nach uralter Weise. Immer gleich süß und den Himmel auf Erden versprechend.

»Wer bist du eigentlich?«, ertönte es grübelnd neben dem Mann. Sie hatte ihn geduzt und schlug damit die Brücke zur langsam nahenden Nacht.

»Wer ich bin?«, wiederholte er. »Ein Mensch ... ein Mann ... ein glücklicher und sehr zufriedener Mann.«

»Und ich bin eine glückliche, sehr zufriedene Frau«, sagte sie und drückte seine Hand.

»Was bist du noch?«, fragte er.

»Eine glückliche Amerikanerin«, lachte sie leise.

»Hm ...«, machte er. »Du bist eine glückliche Amerikanerin, weil ihr siegen werdet.«

»Wir haben schon gesiegt.«

»Nicht ganz.«

»Doch – ganz. Wir sind in Europa. Nach Berlin ist es so weit wie von New York nach Chicago.«

Gruber schwieg.

»Ich lerne jetzt Deutsch«, fuhr die Stimme an seiner Seite fort. »Es ist eine schwere Sprache. Ich mag sie nicht. Sie klingt wie Musik auf Trommeln.«

Gruber presste die Kiefer aufeinander. Die Backenknochen seines Gesichtes mahlten.

»Sprichst du Deutsch?«, peinigte ihn die Stimme der Frau weiter. »Nein ... sicher nicht ... Oder doch?«

»Nein«, sagte er träge.

Sie schwieg endlich. Gruber spürte, dass sie ihn von der Seite ansah. Plötzlich berührte ihn ihr Finger; er strich zart über die rosaroten Narbenwülste.

»Woher hast du das? Aus dem Krieg?«

»Ja, aus dem Krieg.«

»Du hast auf Seiten der Deutschen gekämpft?«

»Ja.«

»Und wo ist das geschehen?« Sie beugte sich über ihn und küsste die Stirnnarben. »Du …«, flüsterte sie. »Du …!« Dann warf sie sich über ihn und saugte sich an seinem Mund fest.

Die Sonne versank als glutroter Ball im Meer und schleuderte Feuerbrände an den Himmel. Das Golfwasser fing diese lohenden Farben auf und spielte mit ihnen, bis die königsblauen Schatten der Nacht zu siegen begannen und das Meer in eine dunkle Ruhe hüllten.

Die Lichter Neapels erstrahlten von neuem.

»Wie bist du nach Neapel gekommen?«, fragte Doris den Mann, als sie abends in einer kleinen Schänke saßen, Pizza aßen und Wein dazu tranken.

»Wie alle anderen«, sagte er. »Seit ihr da seid, ist Neapel ein Mekka geworden. Aber man betet wenig – dafür sündigt man mehr.«

Sie blieb ihm die Antwort schuldig und streichelte seine Hand. »Für einen Driver hast du schöne Hände«, stellte sie fest.

»Hör auf damit«, wehrte er ab, »das ist albern.«

»Das ist nicht albern! Du hast wirklich schöne Hände. Wie ein Bildhauer, ein Maler oder sonst einer, der einen Künstlerberuf hat.«

»Mein Beruf ist Driver«, sagte er. »Und was bist du?«

»Ich werde nach dem Krieg Lehrerin sein.«

»Das ist gut«, antwortete er.

Zwei dunkelhäutige Männer kamen an den Tisch. Der eine hielt eine Mandoline in der Hand, der andere eine Ziehharmonika vor dem Bauch.

»Sollen wir spielen und etwas singen?«, fragte der eine.

Gruber wandte sich an Doris. »Willst du was hören?«

»O ja, bitte«, sagte sie erfreut und kramte in ihrer Tasche nach Geld.

»Grazie, Grazie, Signora«, grinste der Musikant und steckte den Geldschein in die Brusttasche seines schäbigen Rockes. Sie begannen zu spielen. Dann sangen sie zweistimmig das, was man den Fremden vorzusingen pflegt, wenn sie in einer Schänke sitzen, Wein trinken und einander an den Händen halten.

»O dolce Napoli

O suol beato,

Dore sorridere

Volle ol creato.

Tu sei l'impero

Dell' armonica – Santa Lucia! Santa Lucia!«

Doris' Augen nahmen einen hingebungsvollen Ausdruck an, wurden dunkel vor Tiefe und Verlangen. Sie lehnte sich an Grubers Schulter und summte die Melodie des Liedes mit.

Die beiden musizierenden und singenden Tagediebe grinsten und zwinkerten Gruber zu. Du hast ein hübsches Liebchen, mochten sie meinen. Nimm es dir, es gehört dir doch schon … – »O dolce Napoli …«, fingen sie die zweite Strophe an.

In der Nähe der Schänke gab es ein Haus, in dem man Zimmer mieten konnte.

Doris Thompson taumelte in dieses Haus – in dieses Zimmer.

»O Lorenzo«, seufzte sie, als er sie an sich zog und nach dem Reißverschluss ihres Kleides tastete. »O Lorenzo … I love you more than you know …«

Sie flüsterte es, als irgendwo in Neapel die Uhr des Satans tickte und das Unheil in Sekunden teilte …

200

Auch der nächste Tag war voller Sonne und Gedankenlosigkeit. Sie ließen sich treiben, sie faulenzten, badeten, aßen irgendwo und eilten dann wieder zum Strand.

Alles war so, als müsste es so sein.

»Bist du schon gebunden?«, fragte er sie, als sie sich im sandigen Versteck der Klippen sonnten.

Ihr Kopf rollte zur Seite, und ihre braunen, vor Liebe und ermüdeter Sinnlichkeit glänzenden Augen schauten ehrlich und offen.

»Ein bisschen«, sagte sie. »Er wartet, bis ich wieder komme.«

Gruber sah sie forschend an. Sie war ein lieber Kerl. Sie konnte wahrscheinlich nichts dafür, dass alles so gekommen war, wie es kommen musste. Vielleicht hatte sie schon lange keinen Mann mehr gehabt, und sie war doch noch so jung, so voller drängender Lebenslust.

»Wirst du ihm alles sagen?«, fragte er sie.

»Ich denke, doch, Lorenzo. – Wenn er mich wirklich liebt, wird er mich verstehen und es mir verzeihen.«

»Vielleicht betrügt auch er dich.«

»Das ist möglich«, sagte sie und bot ihr cremeglänzendes Gesicht dem Licht und dem salzigen Hauch des Meeres an. Sie vertrödelten den ganzen Tag und beschlossen, gegen Abend nach Neapel zu fahren.

»Ich möchte ausgiebig und sehr gut essen«, sagte sie. »Ich habe Hunger wie ein Wolf. Du bist mein Gast, Lorenzo – ich lade dich ein und werde die ganze Zeche bezahlen.«

»Nein, das werde ich machen«, erwiderte er.

»Nein – ich!«, rief sie eigensinnig.

»Nein – ich!«, trumpfte er auf.

Sie zankten sich eine Weile und einigten sich schließlich, dass jeder für sich bezahle.

Gruber steuerte wieder jenes Lokal an, in dem er vorigen Donnerstag mit Brandon saß.

»Oh, das ist ein gutes Hotel«, lobte Doris, als sie »Zi Theresa« betraten.

Gruber dachte nicht daran, Doris zu erzählen, dass er sie hier mit einem hoch gewachsenen, gut aussehenden Major gesehen hatte.

Der Zufall wollte es auch, dass der Kellner denselben Tisch anbot, an dem Gruber vor ein paar Tagen saß.

Die nächsten Minuten vergingen damit, dass man die Speisekarte studierte und das Abendessen zusammenstellte.

»Das willst du alles essen?«, lachte Gruber, als sie dem Ober ihre Wünsche mitgeteilt hatte.

»Yes«, nickte sie. »Und wenn du etwas übrig lässt, esse ich auch das auf.«

»Du wirst deinen Mann einmal vor ein großes Problem stellen«, sagte er.

Doris runzelte die von der Sonne stark gerötete Stirn. »Reden wir nicht mehr davon ... bitte!«

Das Abendessen verlief sehr unterhaltsam.

»Ich werde mir am nächsten Sonnabend wieder frei nehmen«, sagte sie, während sie den Eisbecher mit Früchten leer löffelte. »Treffen wir uns wieder? Hast du Zeit?«

Gruber dachte in dieser Sekunde an alles, was noch bevorstand: an den Einsatz am Flughafen, an den Anschlag auf das Hauptpostgebäude, an den schweren Gang im Ölhafen. Ich weiß ja noch gar nicht ... dachte er. Und laut sagte er:

»Na sicher. Am Sonnabend zur gleichen Zeit am gleichen Platz. Okay?«

»Alright, Darling«, lächelte sie und warf ihm mit spitzem Mündchen einen Kuss zu.

Die Musik spielte ein Potpourri aus Verdi-Melodien. Das Lokal summte wie allabendlich, und die Gäste kamen und gingen durch die Flügeltür.

Gruber hatte noch mit keiner Frage ein militärisches Thema berührt. Er überlegte eben, ob er einen vorsichtigen Vorstoß in diese Richtung unternehmen sollte. Aber Doris plauderte so angeregt von ihren Zukunftsplänen, dass er es sein ließ und beschloss, ein guter Zuhörer zu bleiben.

»Ich werde meine Schüler einmal vor dem Krieg warnen«, sagte sie eifrig. »Ich will ihnen alles erzählen, was den Krieg so schrecklich macht. Niemals werde ich von Helden sprechen, Lorenzo ... niemals! Helden gibt es nicht!«

»Aber doch, Doris«, warf er ein. »Die Geschichte ist voll von Helden.«

»Nonsens«, winkte sie ab. »Helden der Geschichte sind für mich keine Helden. Was man von ihnen erzählt, haben sie aus Angst getan. Jawohl. Bitte lache nicht, Lorenzo! Ich stehe auf dem Standpunkt, dass die so genannten Kriegshelden nur aus Angst um ihr Leben tapfer sind.«

»Da kannst du Recht haben«, gab er schmunzelnd zu. »Und wer sind, in deinen Augen, Helden?«

»Diejenigen, die Pionierarbeiten geleistet haben; Edison, Lincoln, Boyle, Bessemer, Nansen und wie sie alle heißen, die der Menschheit Nützliches schenkten. – Du kannst mich nicht überzeugen, dass der Krieg etwas Nützliches ist, Lorenzo. Die Welt käme

203

ohne ihn weit besser aus. Wir sind ...« Sie brach ab und blickte erschrocken ins Lokal. Gruber folgte ihrem Blick.

Major Fletcher kam mit einem großen, breitschultrigen Leutnant ins Lokal. Sie schauten sich um und winkten den Kellner zu sich.

Gruber beobachtete sein Gegenüber. Doris verriet Unruhe. Ihr Blick verfolgte die beiden Offiziere.

»Damned!«, presste sie hervor, als sie sah, dass Major Fletcher mit Begleiter vom Kellner zu einem Nachbartisch geleitet wurden.

»Nun?«, fragte Gruber. »Was ist, Doris? Kommt jemand, den du nicht treffen möchtest?«

Sie zeigte jetzt offenkundige Nervosität, strich sich verstört über das Schläfenhaar und warf Gruber einen unsicheren Blick zu.

»Hör zu, Lorenzo«, flüsterte sie, »der Mann, der jetzt vorbeigehen wird, ist mein Vorgesetzter. Major Fletcher. Er bildet sich ein, bei mir Chancen zu haben. Wenn er mich ansprechen sollte, bleibst du ganz ruhig. Bitte, versprich mir das, Lorenzo.«

Gruber kam nicht mehr dazu, es ihr zu versprechen. Die beiden Offiziere waren am Tisch stehen geblieben.

»Hallo, Lieutenant Thompson?«, rief der Major überrascht. »Das ist aber ein Zufall!«

»In der Tat, Major! Guten Abend!« Doris neigte kühl den hochroten Kopf.

Fletchers Blick streifte Gruber.

Gruber deutete im Sitzen eine Verbeugung an. Blitzschnell nahm er die Gesichter der beiden zur Kenntnis. Major Fletcher sah ausgesprochen gut aus. Der andere hatte ein pockennarbiges Gesicht und besaß die Figur eines Boxers.

»Ich fahre um zehn zum Fliegerhorst zurück«, sagte Fletcher. »Wenn Sie mitfahren wollen ...«

»Thank you, Sir«, lehnte Doris ab und steckte sich eine Zigarette zwischen die Lippen.

Gruber reichte Feuer, kam aber zu spät, da Fletcher das Feuerzeug aufschnappen ließ.

Doris lächelte Gruber an und bat ihn mit diesem Blick, die Flamme herüberzureichen.

»Grazie, Lorenzo«, sagte sie freundlich.

Der Major lächelte verkrampft. »Dann will ich nicht länger stören, Lieutenant Thompson.«

»Das tun Sie nicht, Major«, erwiderte sie gemacht gleichgültig. »Wir sehen uns wohl am Montag wieder?«

Fletcher nickte und verabschiedete sich mit einer knappen Verbeugung von der peinlichen Situation.

Gruber beobachtete Doris' Gesicht. Es wechselte in Blässe über. Den Geräuschen nach zu schließen nahmen die beiden US-Offiziere hinter Grubers Rücken am Nachbartisch Platz. Doris produzierte ein unfreies Lächeln.

»Wo waren wir stehen geblieben, Lorenzo?«

»Dass die Welt ohne Krieg weitaus besser leben könnte.«

»Ja, stimmt«, nickte sie zerstreut und warf einen Blick auf den Nachbartisch.

Fletcher hatte sich so gesetzt, dass er Leutnant Doris Thompson im Auge behalten konnte.

Doris setzte eine hochmütige Miene auf. »Es war ein schöner Tag, Lorenzo«, sagte sie.

Gruber spürte die Leere dieser Worte und griff nach der Brieftasche. »Ich halte es für zweckmäßiger, wenn wir die Tapete wechseln, Doris. Einverstanden?«

Sie schüttelte heftig den Kopf. »Nein. Das sähe wie Flucht aus. Wir bleiben. Und wenn er platzt!«

Gruber grinste. »Er sieht aber sehr gut aus. Ich könnte mir vorstellen ...«

»Sei still«, schnitt sie ihm das Wort ab. »Er ist nicht mein Typ.« Ihr Blick wurde weich. »Mein Typ sitzt genau vor mir, hat ein schrecklich zernarbtes Gesicht und ... Weißt du, was ich an dir bemerkt habe, Lorenzo?«

Er sah sie fragend an.

»Wenn du lachst«, sagte sie, »bleiben deine Augen unbeteiligt. Du hast harte Augen, Darling – ich möchte sie nicht sehen, wenn sie wütend sind.«

»Ich bin ein beherrschter Mensch, Doris.«

»Du bist ein lieber Mensch«, verbesserte sie ihn.

In diesem Augenblick ertönte ein seltsames Geräusch. Es war, als schlüge man auf tausend Riesenpauken. Das dumpfe Dröhnen schwoll zu einem tiefen, überdimensionalen Donnern an. Es ließ die Unterhaltungen verstummen, es trieb ein paar Neugierige aus dem Lokal.

Grubers Gesicht spannte sich, nahm einen lauernden Ausdruck an. »Bomber«, sagte er.

»Yes«, lächelte Doris, »unsere Bomber sind da.«

Über Neapel dröhnten die erwarteten Bomberverbände und zogen die Blicke der flanierenden Bevölkerung an. Der ganze Himmel dröhnte. Das Brüllen der vielen Motoren übertönte jedes andere Geräusch.

Plötzlich stand der Major am Tisch. Er sah dienstlich aus der Uniform. Sehr dienstlich. »Lieutenant Thompson«, schnarrte er, »ich gebe Ihnen den Befehl, sofort zu Ihrer Dienststelle zurückzukehren. Sie wissen, warum, nicht wahr?«

»Ich höre es, Sir«, erwiderte Doris.

»Okay«, sagte Fletcher. »Ich nehme Sie in meinem Jeep mit.«

»Das lässt sich leider nicht mehr vermeiden«, erwiderte sie sarkastisch. »Wir werden sofort zahlen, Major.«

»Ich erwarte Sie draußen, Lieutenant Thompson.«

»Nein«, sagte sie rasch, »kommen Sie in einer Viertelstunde zur Piazetta della Cappella Vecchia.«

Fletcher sah wütend aus. »Ich sagte – vor dem Lokal!«

»Und ich sagte Piazetta della Cappella Vecchia, Major!«

»Alright«, knurrte er. Und ohne Gruber einen Blick zu gönnen, kehrte er an den Tisch zurück.

Die Unterhaltung hatte in englischer Sprache stattgefunden, Gruber hatte jedes Wort verstanden. Kein Zweifel, der Major war eifersüchtig. Doris winkte dem Kellner.

»Lass das«, sagte Gruber, »das mache ich.« Und als er ihr Zögern bemerkte: »Denkst du, ich lasse mir vor den Augen des Majors die Zeche bezahlen?« Er zog die Brieftasche.

»Schade, dass alles so blöd ausklingt«, seufzte Doris. »Es war so schön – es waren wundervolle Stunden, Lorenzo.«

Er warf ihr einen lächelnden Blick zu und gab dem Kellner ein paar große Geldscheine.

Als sie das Lokal verließen, ging Doris an Grubers Arm. Sie tat es in voller Absicht. Der Major sollte sich grün und blau ärgern.

Die Bomberverbände kreisten noch immer über der Stadt. Der Abend dröhnte und war plötzlich kriegerisch geworden. Das Volk auf der Straße sah zum Himmel hinauf und debattierte erregt.

»Wann sehen wir uns wieder, Lorenzo?«, fragte Doris, als sie die Richtung zur Piazetta einschlugen. »Passt es dir am kommenden Donnerstag?«

»Mir passt es immer.«

»Dann am nächsten Donnerstag, Lorenzo – ja? Zur gleichen Zeit, am gleichen Platz?«

Er drückte ihren Arm. »Meinst du, dass du frei bekommst? Der Major sah sehr wütend aus!«

»Das ist er immer, wenn er mich mit einem anderen sieht.«

»Diesmal ist es ein Italiener, Doris. Du bist schließlich Offizier in der US-Army. Ich weiß nicht recht, ob du da nicht Schwierigkeiten bekommst, Cara mia.«

»Nonsens – die Fraternisierung vollzieht sich überall«, sagte sie heiter und kniff ihn in den Arm. »Ich war sehr glücklich und danke dir für die schönen Stunden.«

Die Bomber kreisten abwartend über der Stadt, während die anderen Maschinen in vorgeschriebener Manier auf dem Flugplatz landeten und zu ihren Abstellplätzen eingewinkt wurden.

Weder Gruber noch Doris merkten, dass hinter ihnen der grüne Jeep mitfuhr und sich ganz rechts an den Straßenrand hielt. Sie erreichten die Piazetta.

»Ist es dir sehr unangenehm, mit mir gesehen worden zu sein?«, fragte Gruber, ihr die Basttasche umhängend.

»Shut up«, lachte Doris. »Der Major ist mir so gleichgültig wie nur was! – Komm, Darling, küss mich.« Sie stellte sich auf die Zehenspitzen und bot ihm den Mund an.

Gruber legte den Arm um sie. »Bis Donnerstag also, Cara mia.« Er neigte sich über sie.

In diesem Augenblick kreischten Bremsen. Der Jeep war herangekommen und hielt mit einem Ruck. Eine große, breitschultrige Gestalt sprang heraus.

Da stieß Doris einen Warnruf aus.

Zu spät fuhr Gruber herum. Er sah die Boxerfigur das Leutnants vor sich. Dann traf ihn ein fürchterlicher Hieb an die Kopfseite. Neunzig Kilo waren es, die hinter diesem Schlag standen. Gruber wurde aufs Pflaster geschleudert. Wie aus weiter Ferne hörte er Doris' schrillen Schrei. Noch ehe er sich aufraffen konnte, packten ihn zwei Fäuste, zerrten ihn hoch. Ein zweiter ... ein dritter klatschender Schlag trafen ihn.

»Bloody bastard ...«, hörte Gruber eine heisere Stimme. Dann warf ihn ein vierter Hieb zu Boden.

Um Gruber wurde es Nacht. Eine heulende, schrecklich chaotische Nacht, in der sich fremde Geräusche verloren ...

Der Mann, der sich stöhnend am Pflaster wälzte, wusste nicht, wie lange dieser dumpfe Schmerzzustand anhielt. Er schwamm in einem Meer von mannigfachen Empfindungen. Jemand kam und beugte sich über ihn, fragte ihn etwas. Hände zogen ihn hoch. Dann war es ihm, als trüge man ihn irgendwohin.

Er fand sich in einem alten Taxi wieder. Der Fahrer fragte ihn etwas, sagte Worte, die Gruber nicht begriff. Sein Kopf war wie taub, ohne Hirn und Verstand.

»Wo wohnst du, Amico?«, fragte der Fahrer. »Wohin soll ich dich fahren?«

»Wohin ...«, wiederholte Gruber blöde. Dann fand er die Kraft zum Nachdenken und lallte: »Fahr mich ... Torre Annunziata.«

Die Umwelt geriet in Bewegung. Lichter huschten

vorbei. Und als Gruber mit der Hand nach dem Gesicht tastete, spürte er etwas Klebriges.

»Dieser Schweinehund hat dich ganz schön zusammengeschlagen«, sagte der Fahrer.

Gruber nickte nur und lehnte mit geschlossenen Augen im verschlissenen Polster des alten Wagens.

Oberfähnrich Lorenz Gruber war das, was man in Sportkreisen als »k. o.« bezeichnet: Die Niederlage, herbeigeführt durch zwei stahlharte US-Army-Fäuste, war vollkommen und schmerzhaft. Für ein paar Stunden verlor Gruber jede Beziehung zur Umwelt. Es verwirrte ihn daher, als er am Morgen des nächsten Tages plötzlich die Feststellung traf, nicht im Quartier bei Mastro Emilio, sondern auf einer zersessenen Couch in der Bibliothek der Villa Bianca zu liegen. Die Ursache, warum er aus einem schlafähnlichen Zustand gerissen wurde, war sehr schmerzhaft und hing damit zusammen, dass eine Nadel ihm die Haut über dem linken Augenknochen durchlöcherte und einen Faden durchzog, der eine fingerlange Platzwunde zusammenziehen sollte.

Dr. med. Renata Nazzari arbeitete rasch und sicher. Gruber sah das Gesicht der Frau wie hinter einem in Bewegung befindlichen Gazeschleier.

Auf das Stöhnen des Patienten antwortete eine raue Frauenstimme: »Bitte ruhig bleiben. Nehmen Sie sich zusammen. Ich bin gleich fertig.«

Da hielt er still und knirschte mit den Zähnen, bis ihn eine neue Ohnmacht von den Schmerzen erlöste.

Am Fußende des Lagers stand Capitano Brandon und verfolgte die Arbeit der Ärztin mit kummervollem Blick.

»So«, murmelte sie endlich und legte die Nadel mit dem abgeschnittenen Fadenende auf eine Mullunterlage. »Er braucht nichts anderes als Ruhe. In ein paar Tagen ist er wieder fit.«

Brandon schüttelte den Kopf. »Möchte wissen, wer ihn so fertig gemacht hat. Das muss ein ziemlich versierter Kunde gewesen sein, schätze ich.«

Die Ärztin war von zierlicher Gestalt und besaß ein frühzeitig gealtertes Gesicht, in dem man noch Spuren einstiger Schönheit erkennen konnte. Sie richtete sich auf und ging zum Tisch, schenkte sich ein Glas Kognak halb voll und trank es mit mannhaftem Ruck aus.

Über Renata existierte bei der amerikanischen Militärregierung eine Akte, aus der hervorging, dass sie am 24. März 1914 in Ancona als Tochter des Arztes Giuseppe Nazzari geboren wurde, in Heidelberg Medizin studierte und als Faschistin sowie Freundin eines Nazi-Stabsarztes galt.

Den weiteren Aktenvermerken zufolge verbrachte Renata Nazzari genau einhundertunddreiundsechzig Tage im Kerker von Poggioreale. Sie erlitt dort sämtliche Demütigungen, die man einer Frau zufügen kann.

Als man Renata Nazzari entließ, schlich ein gebrochenes Bündel Mensch in die Calle Calosta, verkroch sich in einem fensterlosen Interno und begab sich nachts zu jenen, die ärztliche Hilfe brauchten und statt Geld mit ein paar Lebensmitteln bezahlten.

Dann kam eines Tages ein Mann und holte sie zu einem Verwundeten. Seither liebte der Mann diese Frau und versuchte, ihr den Glauben an das Gute in dieser Welt wiederzugeben.

Capitano Brandon war dieser Mann. Auch heute hatte er Renata Nazzari geholt.

»Ich danke dir«, sagte er und entzog ihr die Flasche. »Bitte trink nicht mehr, Renata, du weißt, ich mag das nicht.«

Sie nickte nur und beugte sich dann noch einmal über Gruber, zog ihm die Decke bis ans Kinn und wandte sich wieder Brandon zu: »Wann schlagt ihr los?«

»Ich rechne, in den nächsten Tagen. Gestern Nacht sind die Bomber eingetroffen.«

»Va bene. Ich bin sicher, dass ihr mich dann wieder brauchen werdet.«

»Möglich.«

Brandon half ihr, die herumliegenden Utensilien einzupacken. Sie legte plötzlich ihre Hand über die seine und sah ihn an. In ihren dunklen Augen lag ein stilles Leuchten.

»Und du vergisst mich bestimmt nicht, Ricardo?«

»Wie könnte ich das, Renata?« Er küsste sie auf die linke Wange, an der eine große Narbe glühte – die Erinnerung an den Messerschnitt eines rachedurstigen Partisanen. »Sobald wir hier fertig sind, kommst du mit.«

Umberto Pucci trat ein. Die Ärztin gab ihm die Anweisung, den Kopf des Patienten mit Kompressen zu kühlen.

»Si, si, Dottoressa«, murmelte Umberto. »Das mache ich schon.«

»Ich komme morgen wieder und schaue nach«, sagte die Ärztin und verließ mit Brandon den Bibliothekraum. Umberto Pucci goss Wasser in eine Schüssel und tauchte einen Lappen hinein. Das Geplätscher machte den Patienten wach. Gruber kam mit einem dumpfen Stöhnen zu sich.

»Du musst ganz ruhig liegen bleiben, Amico«, sagte

Umberto und legte ihm die kühlende Kompresse auf den Kopf. »Sooo … das tut dir bestimmt wohl!«

Gruber stöhnte wieder. »Mein Kopf … mein armer Kopf!«

Umberto beugte sich etwas tiefer. »Wem hast du ihn so hübsch hingehalten, Amico?«

»Weiß … ich jetzt noch nicht … Ich kann nicht denken.«

»Dann penn noch 'n Weilchen«, brummte Umberto.

Gruber schlief wieder ein.

Als er erwachte, war es Abend. In einer Ecke brannte eine abgeschirmte Lampe. Der Capitano saß, die Beine lang von sich gestreckt, ein Buch in der Hand, im Sessel und hielt bereits seit dem Nachmittag Krankenwache.

Gruber fühlte sich etwas wohler.

»Na, wie geht's?«, fragte Brandon und kam lautlos über den dicken Perser.

»Ausgezeichnet«, ächzte Gruber und versuchte, sich aufzurichten.

»Bleib liegen«, sagte Brandon und drückte ihn sanft in die Horizontale zurück.

Gruber blieb eine Weile wortlos liegen und dachte nach. Er suchte die Zusammenhänge und fand sie allmählich.

»Wie ist das passiert?«, fragte Brandon.

Langsam begann Gruber zu sprechen. Und während er sprach, entsann er sich immer deutlicher der üblen Sache. »Der Kerl hat so plötzlich zugeschlagen, dass ich gar nicht mehr dazu kam, mich zu wehren«, sagte er.

»Das hast du nun davon«, grinste der andere. »Man soll sich eben nicht in Dinge einlassen, die ins Auge gehen können. Du hast dabei noch Glück gehabt, Amico. Wer kräht hier schon danach, wenn einer umgelegt wird? Deine Miss Amerika hätte dir sehr übel bekommen können.«

»Sie kann nichts dafür«, ächzte Gruber. »Ich bin sicher, dass der eifersüchtige Major dahinter steckt.«

»Hast du den anderen erkannt?«

»Leider zu spät. Es war der Leutnant. – Alle Achtung – einen Schlag hat der, da ist alles drin!«

Brandon lachte nicht; er nahm die Kompresse ab, bereitete eine neue und legte sie Gruber auf den brummenden Schädel. »Danke, Ricardo … Und jetzt hätte ich Appetit auf 'ne Zigarette.«

»Verboten.«

»Na schön«, grunzte Gruber. »Dann erzähle mir wenigstens 'n hübsches Märchen.«

»Ich weiß keins. Aber ich denke schon die längste Zeit darüber nach, wie wir die Sache am Dienstag machen wollen.«

Gruber blinzelte hoch. »Welche Sache?«

»Die mit dem Geld. Du bist doch am Dienstag zwischen eins und zwei ins Albergo ›Termini‹ bestellt. Von Nina. – Erinnerst du dich jetzt?«

»Tatsächlich«, seufzte Gruber.

Eine Weile blieb es still. Von irgendwo ertönte der Ruf eines Nachtvogels durch das offene Fenster.

»Lass die ganze Sache sausen«, sagte Brandon. »Ich halte nicht viel davon.«

Als Gruber abwehrend den Kopf schütteln wollte, entschlüpfte ihm ein Wehlaut.

»Du musst dich für den Flugplatz fit machen«, sagte Brandon. »Wir schlagen bald los. Ich hoffe, dass es am kommenden Sonntag so weit ist. Die Bomberverbände sind eingetroffen.«

214

»Hm …«, brummte Gruber. Und dann: »Ich muss erst die Geldsache abwickeln, und deshalb werde ich am Dienstag in das Albergo gehen. Es geht nicht, dass ich fünftausend Dollars einfach sausen lasse, Ricardo. Du weißt: Befehl ist Befehl.«

»Va bene. Dann tu, was du nicht lassen kannst. Ich werde inzwischen mal bei allen möglichen Leuten herumfragen und rauskriegen, was das für ein Stall ist, dieses Albergo ›Termini‹. Noch nie etwas davon gehört.«

Gruber hob die Kompresse und grinste zu Brandon herüber. »Wo du doch sonst in allen Löchern rumschnüffelst, nicht wahr?«

»Eben.«

Am nächsten Morgen fühlte Gruber sich schon viel besser. Er aß ausgiebig und riskierte sogar die erste Zigarette. Daraufhin wurde ihm so speiübel, dass er sich wieder hinlegen musste. Am Nachmittag kam die Ärztin und untersuchte ihn gründlich. Sie klopfte an seinem Oberkörper herum, überprüfte die Augenreflexe und lächelte plötzlich, als sie Grubers neugierigen Blick auffing.

»Wie kommen Sie hierher?«, fragte er erstaunt.

»Das wird Ihnen der Capitano sagen können«, antwortete sie.

»Ach so«, schmunzelte Gruber und erinnerte sich plötzlich, dass Brandon einmal von einer Adresse gesprochen hatte, bei der er sich von den Strapazen seines Dienstes auszuruhen pflegte.

»Sagen Sie mal, Dottoressa, können Sie mich bis morgen wieder auf die Beine bringen?«

»Kaum«, erwiderte sie. »Sie brauchen ein paar Tage Ruhe.«

»Ich muss aber morgen wieder auf dem Damm sein«, beharrte er.

»Dann hätten Sie sich nicht verhauen lassen sollen«, meinte sie lächelnd. »Aber ich werde mir alle Mühe geben, Signore.« Sie zog eine Injektionsspritze auf und verabreichte sie ihm. »So«, lächelte sie dann, »jetzt werden Sie schlafen. Morgen klebe ich Ihnen ein kleineres Pflaster auf, dann können Sie sich einen neuen Sparringspartner suchen.«

»Sie sind ein entzückender Mensch«, grinste er. »Und das werde ich Ricardo auch sagen.«

»Grazie«, sagte die Ärztin.

Gruber vernahm noch undeutlich, dass jemand ins Zimmer kam; dann segelte er wieder in die Arme Orpheus' und schlief bis tief in die Nacht hinein.

Er erwachte, als ihm jemand eine frische Kompresse auf den Kopf legte. Brandon war es.

»Geht es wieder?«, erkundigte sich der Capitano.

Gruber bewegte die Glieder, wackelte mit dem Kopf und stellte erfreut fest, dass der dumpfe Druck aus ihm gewichen war und die Glieder gehorchten. »Ausgezeichnet«, sagte er.

»Na schön, dann können wir ja die morgige Sache besprechen.«

»Gib mir 'ne Zigarette, bitte … Wenn sie mir schmeckt …«

»Alles, was mit ›wenn‹ anfängt, ist faul«, winkte Brandon ab, seinen alten Leitspruch gebrauchend. »Du rauchst erst morgen. Basta.«

»Verdammt!«, schimpfte Gruber. »Das Ding morgen fängt auch mit ›wenn‹ an: Wenn dieser Dombrowsky ein Schwein ist …«

»Das ist er«, fiel Brandon rasch ein. »Er will dich

durch Nina abkochen lassen und fädelt irgendeine faule Sache ein.«

»Hast du Beweise?«

»Unter anderen den, dass er verheiratet ist.«

»Waas?« Gruber setzte sich auf. »Verheiratet ist der Schuft?« Er ließ sich wieder ins Kissen zurücksinken. »Mensch, Ricardo – dann sehe ich schwarz. Nina, das arme Luder, glaubt fest daran, dass er es ernst mit ihr meint.«

»Du musst morgen sehr vorsichtig sein. Lorenzo. Wir alle haben das Gefühl, dass dieser Dombrowsky eine Schweinerei im Schilde führt.«

»Wie kommt ihr darauf?«

»Erstens: – das so genannte Albergo ›Termini‹ ist ein ganz billiges Absteigequartier in der Calle Callini, und zweitens: – weil Peppo heute Morgen mit Dombrowsky gesprochen hat. Wir haben ihn nur testen wollen. Er hat das angebotene Geld nicht genommen. Damit wissen wir, dass er aussteigen will. Wir werden jedenfalls in der Nähe sein, wenn du mit ihm zusammenkommst. Wir trauen dem Burschen nicht über den Weg.«

Gruber starrte nachdenklich zur dunklen Zimmerdecke empor. Er dachte an Nina. Sie war ihm noch immer so viel wert, dass er sie vor Schaden schützen wollte. Dieser Charles Dombrowsky schien wirklich ein ausgemachter Gauner zu sein.

»Übrigens«, ließ Brandons tiefe Stimme sich vernehmen, »die Miss Amerika war heute Morgen beim Mastro und hat sich nach dir erkundigt.«

Gruber drehte den Kopf und schaute Brandon überrascht an. Der grinste breit.

»Pietro hat mit ihr gesprochen. Sie wollte wissen, wo du bist und wie es dir geht.«

217

»Nett von ihr«, brummte Gruber. »Aber mir reicht's. Ich habe keine Lust mehr, mich mit ihr zu treffen.«

»Deine Weibergeschichten sind durch die Bank faul«, stellte Brandon mit gutmütigem Spott fest.

»Nicht jeder kann sich eine Dottoressa leisten, Amico!«

Da legte Brandon das Grinsen ab und konterte knurrig: »Lass Renata aus dem Spiel. Sie hat mehr durchgemacht, als ein Mensch gemeinhin aushalten kann.«

»Entschuldige«, brummte Gruber und schwenkte auf die Frage über: »Was hat Pietro zu Doris gesagt?«

»Dass du ein paar Tage Urlaub hättest und zu Verwandten gefahren wärst. Sie wollte durchaus wissen, wann du wieder zurückkämst. Aber Pietro hat gesagt, dass er das nicht wisse. Sie war, wie er mir sagte, ziemlich bedrückt und will in den nächsten Tagen noch einmal vorbeischauen.«

»Hm …«, machte Gruber und dachte an Doris. Er war sich darüber klar, dass sie mit dem heimtückischen Überfall des US-Leutnants nichts zu tun hatte.

»Also pass auf«, ertönte Brandons Stimme in seine Gedanken hinein. »Wir werden dich morgen beschatten. Das Absteigequartier, in dem du dich mit Nina und Dombrowsky triffst, liegt im Industrieviertel. Der Besitzer hat uns auch schon das Zimmer gezeigt, in dem ihr zusammenkommt. Wir haben uns nebenan eines reservieren lassen, verstehst du! Sollte Dombrowsky irgendeine Schufterei machen, sind wir rechtzeitig zur Stelle.«

»Okay«, grunzte Gruber.

»Die Gegend hat etwas Gutes für sich«, sagte Brandon. »Sie liegt abseits. Neben dem Albergo stehen

218

zwei leere Häuser. Wegen Einsturzgefahr sind sie un-
bewohnt. Falls also etwas eintritt, womit wir leise fertig werden müssen, können wir von dem Albergo weg
durch einen Verbindungsgang in die leeren Häuser gelangen.«

Gruber schwieg. Er dachte wieder an Nina. Wenn
dieser Dombrowsky wirklich ein Schuft war, sollte sie
sehen, wie man mit einem solchen Element fertig wurde. Exemplarisch fertig wurde!

»Wer kommt mit?«, fragte Gruber.

»Umberto, Carlo, Peppo und ich.«

»Ich denke, das wird ausreichen«, murmelte Gruber.

Dienstag.

Gruber fühlte sich, wenn auch noch nicht hundertprozentig, so doch einigermaßen in Ordnung und verbrachte den Vormittag damit, seine Pistole zu reinigen,
zwei Reservemagazine bereitzulegen und die letzten
fünftausend Dollars durchzuzählen, sie zu bündeln
und in der Aktentasche zu verstauen. Anschließend
machte er einen kleinen Rundgang um die Villa Bianca, saß eine Weile auf dem Felsplateau und schaute
über den sonnigen Golf nach Neapel hinüber.

Der Anschlag auf den Flugplatz sollte also am kommenden Sonntag steigen. Ein paar Tage später dann der
Einsatz im Ölhafen. Brandon hatte gesagt, dass er noch
einmal mit Mangani gesprochen habe und – wie erwartet – ohne Erfolg gehen musste. Es war also noch ungewiss, wann die Bombe im Hauptpostamt hochgehen
würde. Man war aber entschlossen, zweigleisig zu arbeiten und Manganis Manipulationen wohl ernst, aber
doch nicht zu wichtig und als das eigentliche Unternehmen gefährdend zu bewerten. Als Gruber gegen Mittag

zur Villa hinabstieg, spürte er doch, dass er noch immer unter den Einwirkungen des sonntäglichen K.-o.-Schlags stand; in seinem Kopf rumorte noch ein dumpfer Schmerz, die Knie zitterten, und der Schweiß brach ihm bei jeder Bewegung aus. Scheußlich!

In der Villa waren inzwischen Umberto Pucci, Carlo Mantas und Peppo Bertani, die beiden Leutnants der O. V. R. A., eingetroffen. Man besprach noch einmal kurz das Vorhaben. Es wurde beschlossen, dass Gruber erst dann das Albergo Termini betreten sollte, wenn die anderen bereits im Nebenzimmer waren.

»Wir hören ja, was gesprochen wird«, sagte Brandon, »und schalten uns sofort ein, falls Dombrowsky Zicken machen sollte.«

Sie fuhren kurz nach Mittag nach Neapel.

Das Albergo Termini lag im verrufensten Viertel der Stadt, in einer schauerlich engen und stinkenden Gasse und unterschied sich in seiner baufälligen Ärmlichkeit durch nichts von den anderen Häusern. Es stand in der Nachbarschaft der beiden einsturzreifen Wohnblöcke und diente erst zur Nachtzeit seinem schmutzigen Zweck.

Wegen der Mittagszeit herrschte Ruhe in der Gasse. Die Hitze brütete in der Enge, und der dunstig blaue Himmel über der Straßenschlucht tröstete nur wenig darüber hinweg, dass hier das Elend und die Sünde hausten. Die einzigen Lebewesen waren zwei erschreckend dürre Katzen, die miauend über das holprige Pflaster strichen und in einem finsteren Torbogen verschwanden.

Die vier Männer verabschiedeten sich im Flüsterton von Gruber. »In zehn Minuten also …« Dann bewegten sie sich auf lautlosen Sohlen davon.

Gruber lehnte an einer Mauerecke und behielt den

zitternden Zeiger der Uhr im Auge. Ist er schon da, oder kommt er erst mit Nina?, dachte er und wischte sich mit dem Handrücken den rinnenden Schweiß aus dem Gesicht. Verdammt, ich bin noch ziemlich klapprig auf den Beinen, stellte er fest. Er schaute sich um. Niemand zu sehen. Nirgendwo war ein Wagen, mit dem Dombrowsky gekommen sein könnte. Der eigene stand in einer breiteren Quergasse. Lucio, ein Fahrkünstler erster Güte, saß hinter dem Steuer und schlief. Er hatte das Warten gelernt.

Punkt dreizehn Uhr und zehn Minuten betrat Gruber das hässliche Absteigequartier. Hinter einem kleinen Guckfensterchen saß eine zottelhaarige Alte und legte sich die Karten. Sie schaute nur kurz auf und nickte erlaubend mit dem Kopf.

»Zimmer neun, Signora?«, fragte Gruber.

»Zweiter Stock links, dritte Tür«, verwies die Alte, ohne sich in ihrer Beschäftigung unterbrechen zu lassen.

Eine schmale, mit einem abgetretenen Hanfteppich belegte Treppe führte in die oberen Etagen. Die Fremdenzimmerflure zweigten wie finstere Höhlengänge ab. Es roch nach Schimmel und Tapetenleim.

Gruber spürte, dass er keinen trockenen Faden mehr am Leibe hatte; das Hemd klebte ihm auf der Haut, der Schweiß rann ihm in Strömen über das Gesicht und brannte in den Augen.

Der Himmel mochte wissen, wo Ricardo, Umberto, Carlo und Peppo untergeschlüpft waren!

Gruber tastete sich in einen finsteren Korridor. Er ließ das Feuerzeug aufschnappen und leuchtete die Nummern der wurmstichigen Türen ab. Sechs ... sieben ... acht ... Hier war es! Zimmer neun!

Gruber vernahm eine Frauenstimme. Und jetzt ertönte eine männliche. Dann hörte es sich an, als drehe jemand an der Skala eines Rundfunkgerätes. Musikfetzen wechselten mit Stimmen ab. Er klopfte an.

Das Geräusch sich überschneidender Ätherwellen verstummte jäh.

»Come in«, sagte die Männerstimme hinter der Tür.

Gruber tastete noch einmal an die linke Brustseite, fühlte den harten Widerstand der Waffe und drückte dann die Türklinke nieder.

»Buon giorno.«

Er stand in einem hässlichen, trüb erhellten Raum mit abgeblätterten, verschossenen Tapeten, einem Bett, Tisch und zwei Stühlen. Auf einer Waschkommode stand eine riesige Porzellanschüssel mit einem Krug Wasser. Schmutzige Stores verdunkelten ein hohes, schmales Fenster.

An diesem Fenster lehnte eine Frauengestalt. »Buon giorno, Biondo«, sagte sie freundlich und kam heran.

Nina trug das Haar aufgesteckt und roch sehr aufdringlich nach einem süßlichen Parfüm. Gruber konnte ihr Gesicht nicht erkennen, da es im Schatten lag. »Hallo, Nina!«, rief er und reichte ihr die Hand.

»Ich freue mich«, sagte sie und verschenkte einen festen Händedruck.

»Hallo …«, ertönte es vom Bett herüber.

Gruber drehte sich um. In diesem Augenblick durchzuckte ihn ein Schlag. Der Mann dort mit dem pockennarbigen Gesicht, den hellen Augen und der breiten Boxerfigur war jener Leutnant, der am vergangenen Sonntag so faustsicher angriff. Lieutenant Charles Dombrowsky. Er war in Zivil gekommen, trug einen hellen Anzug und ein dunkles Hemd, das am Hals offen stand. Auch Dombrowsky erkannte jetzt, wen er vor sich hatte.

»Hallo«, sagte er noch einmal. »Sie sein also die Mann mit die Geld?« Er sprach sehr gebrochen Italienisch und schob die Hände in die Hosentaschen.

»Si, der bin ich«, nickte Gruber. Du Schweinehund, dachte er zugleich, du warst es also. Nun weiß ich, dass ich doppelt vorsichtig sein muss.

»Äh … tut mir Leid, Signore«, sagte Dombrowsky, sich auf die Tischkante flegelnd. »Ich nix konnte wissen, dass Sie die Mann mit die viele Dollars sein.« Er lachte heiser und schlug sich knallend auf den Schenkel.

Nina folgte verständnislos der Unterhaltung. Jetzt schob sie sich vor und fragte: »Was ist passiert, Biondo?«

»Nix, Darling«, fiel Dombrowsky rasch ein und zog sie am Handgelenk zur Seite. »Setz dich, und nix sprechen in Sache von Männer.«

Gruber kämpfte die Lust nieder, diesem Kerl ins grinsende Gesicht zu spucken, zu schlagen – ihm die Pistole an die Stirn zu setzen und abzudrücken.

Dombrowskys Blick tastete die Aktentasche ab. »Komm wir gleich zu Geschäft«, sagte er sachlich, während Nina sich mit nervösem Gesicht auf das Bett setzte. »Haben Sie Dollar mitgebracht?«

»Ja.«

»Okay.« Dombrowsky bot Zigaretten an, Gruber lehnte ab und nahm auf einem wackligen Stuhl Platz. »Nina hat mir schon fünftausend Dollars zum Umtauschen gegeben«, ergänzte Dombrowsky. »Alles okay gegangen. Sie haben Geld bekommen?«

»Habe ich, ja«, nickte Gruber, die Aktentasche auf den Tisch legend.

»Alright«, grinste der Amerikaner. »Wir können noch Geschäft machen. Mir gefallen Geschäft, weil kein Mittelsmann da. Capito?«

Gruber horchte. Waren die Kameraden auf Posten? Ihm war es alles andere als wohl in der Haut.

»Nein«, sagte er laut. »Mittelsmann ist keiner da.«

Dombrowsky saß noch immer auf der Tischkante und musterte Gruber aus hellen, sehr scharf blickenden Augen. »Ich kann viele Dollar umsetzen«, sagte er, »aber ich müssen besser verdienen. Twenty-five Perzent mir sein zu wenig.«

»Mehr gibt es nicht!«

Dombrowsky runzelte die Stirn. »Pironje, da mir machen business kein Spaß.«

»Dann lassen Sie die Finger davon«, erwiderte Gruber kühl und erhob sich.

Der andere hob die Hände. »Stopp! – Wir können ja miteinander spreken. – Ich mache Vorschlag. Okay?«

»Bitte.«

Dombrowsky rutschte von der Tischkante und kam einen Schritt näher. »Look here, my boy«, sagte er halblaut. Seine hellen Augen glitzerten wie Glasscherben in der Sonne. »Ich mich sehr interessieren für Druckplatten … Sie haben doch Druckplatten, wie?«

Gruber sah plötzlich klar. Er grinste, schüttelte leise den Kopf. »I am sorry«, entgegnete er. »Die habe ich nicht.«

»Sie lügen! Sie haben Druckplatten«, zischte der andere. »Geben Sie mir Druckplatten, und wir machen größte business of world!«

»Tut mir Leid!« Gruber zuckte die Schultern. »Die Noten sind in Deutschland hergestellt worden, und dort liegen auch die Druckplatten.«

Dombrowsky stieß einen polnischen Fluch aus. Jetzt kam Nina heran.

»Biondo«, sagte sie, und in ihrer Stimme schwang noch immer etwas von der früheren Zärtlichkeit, »Charly könnte die Druckplatten gut auswerten. Er hat Beziehungen. Er hat ...«

»Halt Mund!«, fuhr Dombrowsky sie an und stieß sie grob von sich. »Misch dich nix ein in die Sach!«

Gruber sah jetzt vollkommen klar und wusste, wohin der Hase lief. Dombrowsky benützte Nina nur als Mittel zum Zweck und wollte nichts anderes haben als die Druckplatten. Denkste, Freundchen, schoss es ihm durch den Sinn. Das dreht dir den todsicheren Strick, an dem du dich selber aufhängen wirst!

Gruber ließ sich nichts anmerken. Er blieb ruhig und trat entschieden auf. »Wollen Sie nun die Dollars, oder soll ich sie wieder mitnehmen?«, fragte er gleichgültig.

Dombrowsky reckte seine schwere Gestalt. »Ich will Druckplatten, die Druckplatten, die in Ihre Aktentasche sind!« Gruber grinste. »In dieser Aktentasche sind nur fünftausend gefälschte Dollars. Entweder Sie nehmen sie und tauschen Sie zu der bereits festgelegten Quote um, oder wir verabschieden uns, und ...«

Gruber brach ab und starrte in die runde Mündung eines Brownings. Er hob den Blick und begegnete einem kalt funkelnden Augenpaar. Er sah darin Entschlossenheit und Härte, sah darin die tödliche Warnung.

»Charly!«, ertönte es erschrocken aus dem Hintergrund. Dombrowsky winkte gebietend mit der Hand, ohne Gruber aus den Augen zu lassen.

»Charly!«, stammelte Ninas Stimme. »O Charly, was tust du!«

»Sei still!«, fuhr er sie an und ging einen halben Schritt auf Gruber zu. »Also – was ist? Wo sein Druckplatten? Geben Sie Aktentasche her!«

Gruber hätte sich selbst ohrfeigen können. Warum hatte er nicht zuerst gezogen? Dieser Kerl war zu allem fähig! Was nützte es, dass die Kameraden in der Nähe waren? Er machte eine kleine Bewegung, aber zugleich ruckte auch der drohende Pistolenlauf höher.

»Mach nix Dummheit, Amico«, sagte Dombrowsky. »Gib mir jetzt Aktentasche. Gib her, gib her!«

Gruber rührte sich nicht. Seine Gedanken überschlugen sich: Wie kann ich ihn ablenken? Ich muss etwas sagen … ich muss laut reden, damit die nebenan hören, dass ich aufs Glatteis geraten bin!

»Sir«, sagte Gruber mit kratziger Stimme. »Sie sind das erbärmlichste Schwein, das mir jemals untergekommen ist. Nicht nur, dass Sie mich reinlegen wollen – Sie begaunern auch dieses Mädchen dort …« In Dombrowskys Augen starrend, rief er dem entgeisterten Mädchen zu: »Nina, der Kerl ist bereits verheiratet! Er denkt nicht daran, dich zu heiraten … Er …«

»Schnauze!«, bellte Dombrowsky. »Oder soll ich dir den Kolben über den Schädel hauen?«

»Ich denke, Sie wollen mich umlegen, Mister?«

»Vielleicht tue ich's noch«, grinste der andere. »Vielleicht gleich … Ich zähle schon … One … two …«

Da geschah etwas Unerwartetes. Nina stieß einen wilden Fluch aus und sprang Dombrowsky ins Genick. Wie eine Furie stürzte sie sich auf ihn und riss ihn an den Haaren zurück. Dombrowsky fuhr herum. Zugleich patschte ein Schuss. Nina schrie erschrocken

226

auf, aber ihre kralligen Hände ließen das Haar das Mannes nicht los.

Da sprang Gruber vor und drosch Dombrowsky mit beiden Fäusten ins Genick, riss ihm den rechten Arm herum und entwand ihm den Browning.

Dombrowsky stürzte über Nina, kam auf ihr zu liegen und trat mit den Beinen nach Gruber.

»Steh auf, du Schwein!«, keuchte Gruber. In seinen Augen zuckten tödliche Hasslichter. Die Narben glühten. »Steh auf, sag ich.«

Dombrowsky erhob sich.

Am Boden lag Nina Morin. Und wo sie lag, breitete sich ein immer größer werdender Blutfleck auf dem schmutzigen Bretterboden aus.

»Nimm die Flossen hoch, du Dreckschwein«, knirschte Gruber.

In diesem Augenblick sprang die Tür auf, und Brandon kam mit den Kameraden herein. Alles geschah blitzschnell. Brandon sprang auf Dombrowsky zu. Zwei dumpfe Schläge. Ein Gurgeln. Die große Gestalt Dombrowskys sackte zusammen und geriet in zwei von hinten zupackende Arme.

»Schafft ihn nach nebenan«, befahl Brandon.

Gruber fuhr sich mit zittriger Hand über Gesicht und Haare; dann stolperte er zu Nina und sank neben ihr auf die Knie. Er hob ihren Kopf und bettete ihn in den Arm. Das schwarze Haar löste sich und zerfloss. Ein fahles, seltsam spitz werdendes Gesicht schaute aus der schwarzen Flut heraus. Langsam und mühevoll hoben sich schwere Lider und gaben einen schläfrigen Blick frei.

»Nina …!« Gruber streichelte mit der freien Hand das Gesicht. »Nina …«

Sie versuchte zu lächeln. »Biondo …«

Brandon kniete auf der anderen Seite nieder und sah, dass über Grubers Arm Blut troff. Viel Blut.

»Biondo …«, flüsterte sie. »Er hat … er war … O Madonna mia, ich wusste nicht, wie … wie schlecht er war …«

»Sei still, Cara mia!« Gruber schluckte. In seiner Kehle steckte etwas, was nicht wegzuschlucken war. Es würgte und trieb Nässe in die Augen. »Nina … kleine Nina …!«

»O Biondo …«, hauchte sie.

Brandon streichelte das schwarze Haar. »Hast du Schmerzen, Nina?«, fragte er weich.

Sie verneinte. Ihre Lippen bewegten sich. »Mir … mir wird so kalt, Biondo.«

Da hob Gruber die schlaffe Gestalt des Mädchens auf und trug sie zum Bett hinüber, legte sie sanft nieder und sank auf die Bettkante.

An der Tür stand Umberto Pucci, die Pistole in der Hand. Brandon ging zu ihm hinüber und sagte etwas. Pucci deutete mit dem Kopf nach nebenan, und Brandon verließ das Sterbezimmer.

Gruber sah nur Nina. Sie starb. Langsam verlosch ihr Lebenslicht.

»Biondo …« Ihr Blick war weit und offen.

»Cara mia«, flüsterte Gruber. »Nicht sprechen. Sei ganz still … ganz still.«

»O Biondo …«, hauchte sie, und ein paar dicke Tränen lösten sich aus ihren Augen. Sie rollten schwer und glitzernd an den Schläfen hinab ins Haar. Ihr Kopf fiel müde zur Seite. Ein Zittern rann durch die hingestreckte Gestalt. Ein letzter Seufzer. Nina Morin, das Mädchen ohne Heimat und Tugend, war nicht mehr.

Gruber saß am Bettrand und ließ den Kopf hängen. Etwas Warmes fiel ihm auf die Hand nieder. Er weinte. Er weinte um den Verlust eines Offiziersliebchens, um eine Hure, zu der Tausende und Abertausende Frauen in Neapel geworden waren, um am Leben bleiben zu können.

Umberto Pucci kam heran und sah auf die Tote. Er schob die Pistole in die Tasche und faltete die Hände. »Pater noster …«, begann er halblaut zu beten.

In das Gemurmel hinein ertönten dumpfe Laute. Nebenan wurde Gericht gehalten und jemand zum Sprechen gezwungen. Dann trat wieder Stille ein.

»Amen«, sagte Umberto und verließ auf Zehenspitzen das Zimmer, schloss die Tür und begab sich in das angrenzende Zimmer, wo ein lallender Mensch auf dem Stuhl hing und aussagte, dass niemand wisse, wo Lieutenant Charles Dombrowsky heute hingegangen sei.

»Ich … ich schwöre …«, sagte er mit blutendem Mund und starrte in vier gnadenlose Gesichter.

Gruber saß bis Anbruch der Dunkelheit neben Nina Morin. Er hielt Totenwache. Ab und zu kam jemand herein und stand eine Weile neben dem Bett, um dann wieder zu gehen. Um neun Uhr tippte Brandon dem Freund auf die Schulter und sagte: »Wir müssen jetzt gehen, Amico.«

Gruber schaute auf. Er sah sehr müde aus, leer, steinern. »Was machen wir mit ihr?«, fragte er. »Hier liegen lassen? Nein, Ricardo!«

»Reiß dich zusammen, Lorenzo. Werde fertig damit.«

Im Zimmer brannte die Lampe über dem Tisch, tief

herabgezogen, eine schmale Lichtbresche in das Dunkel zeichnend.

»Wie geht's weiter?«, fragte Gruber den Freund. »Du wirst es gleich sehen«, sagte Brandon.

Wenige Augenblicke später wankte Charles Dombrowsky herein. Er war nicht mehr wieder zu erkennen. Sein pockennarbiges Gesicht war verschwollen. In den Mundwinkeln klebte vertrocknetes Blut. Die von Schlägen blutunterlaufenen Augen blickten ängstlich.

Brandon schob den Mann zum Bett hin. »Schau sie dir an«, sagte er halblaut. »Schau sie dir genau an, du Schwein. Die hast du auch auf dem Gewissen.«

Charles Dombrowsky starrte die schmutzige Tapete an. »Was wollt ihr noch von mir?«, fragte er lallend. »Legt mich um … pironje … legt mich endlich um.«

»Nein.«

Dombrowsky drehte das verunstaltete Gesicht, starrte Brandon und dann der Reihe nach die anderen an. Zuletzt Gruber. »Was … wollt ihr?«

»Du kannst gehen«, sagte Brandon. Dombrowskys Blick irrte zu Brandon zurück.

»Ja«, sagte dieser noch einmal, »du kannst gehen. Aber du nimmst Nina mit.«

»Nina … mitnehmen?«, fragte Dombrowsky. Er sah sich erschrocken um. Sah Umberto, der an der Tür stand und sie langsam aufmachte. Sah die anderen Gesichter, die nichts als Kälte ausdrückten. Dann zuckte er die Schultern. »Okay. – Wo soll ich hingehen?«

»Wir werden dir den Weg zeigen«, antwortete Brandon. »Los, nimm die Leiche und trage sie weg. Va presto.«

Da ging ein entschlossener Ruck durch Dombrowsky. Er hob Nina Morin auf und trug sie aus dem Zimmer.

»Hier entlang«, befahl Umberto und deutete in den trüb erhellten Flur. »Bis zur Tür. Stoße sie mit dem Fuß auf, dann links halten!«

»Momento!«, ertönte es.

Dombrowsky blieb wie angewurzelt stehen. Brandon ging auf ihn zu und zeigte ihm den Browning.

»Er gehört dir?«

»Yes«, nickte Dombrowsky.

Wortlos versenkte Brandon die Waffe in Dombrowskys äußere Rocktasche. »Vorwärts!«, drängte er dann und gab dem Polen einen Stoß.

Dombrowsky schritt mit seiner Last auf den Armen den Korridor entlang – auf die Tür zu. Plötzlich verlosch das Licht. Zugleich rief Brandons kalte Stimme: »Immer geradeaus!«

Dombrowsky tapste vorsichtig weiter. Er spürte, dass er eine Stiege unter den Füßen hatte und hielt sich links, ging weiter und – trat ins Leere.

Ein Schrei hallte durch die Finsternis. Dumpf klatschte ein Körper nieder. Leise rieselte Schutt in die Tiefe …

»Erledigt!«, sagte eine Stimme im Korridor. »Du kannst wieder Licht machen, Peppo.«

Die trübe Korridorfunzel flammte auf. Im Hintergrund stand die ehemalige Verbindungstür zum Nebenhaus offen.

Gruber ging darauf zu. Langsam, vornübergebeugt wie unter einer schweren Last. Er knipste die Stablampe an und leuchtete in die Dunkelheit eines Stiegenganges hinunter. Dort, wo die Treppe einen Knick machte,

231

hörte sie jäh auf. Zwei Stockwerke tief war der Abgrund, in den Dombrowsky mit Nina gestürzt war. Nichts rührte sich dort unten. Ein Mörtelstück bröckelte ab und raschelte in die Dunkelheit hinab. Leichter Staub wehte im Strahl der Taschenlampe. Gruber fröstelte plötzlich und kehrte um. Er zog die Tür hinter sich zu und ging zu den wartenden Männern zurück.

»Va bene«, murmelte er, »wir können gehen.«

Der alte Fiat fuhr langsam durch die Stadt. Als er am Waisenhaus vorbeikam, hielt er an. Ein Mann stieg aus und ging auf das verschlossene Tor zu, durch dessen eisernes Gitterwerk man die dunkle Front des barmherzigen Hauses sah.

Gruber öffnete die Aktentasche, entnahm ihr die Banknotenbündel und warf sie durch die Eisenstäbe in den dunklen Vorhof. Fünftausend gefälschte Dollars zerflatterten und regneten auf das Pflaster vor dem Waisenhaus nieder ...

Die Höllenmaschine im Hauptpostamt tickte noch immer. Am Flugplatz lagen Hunderttausende Liter Flugbenzin und stapelten sich die Bombenvorräte. Im Hafen traf wieder ein großer Truppentransporter ein, machte an der Mole 12 fest und entließ ausgeruhte Soldaten für die Italienfront.

Nur noch wenige Tage, dann hob sich die unsichtbare Faust, um zuzuschlagen und zu vernichten. Capitano Brandons Männer wussten die genaue Stunde noch nicht, denn der Chef schwieg. Aber seine Befehle verrieten, dass die Stunde X immer näher kam ...

Gruber, Perugio und der einsilbig gewordene Garza trainierten täglich bei den Klippen.

»Was ist eigentlich mit der Miss Amerika?«, fragte

Perugio an diesem Tag, als sie erschöpft im Sand lagen und sich die Sonne auf den Pelz brennen ließen.

»Ich könnte sie Sonnabend treffen«, antwortete Gruber.

»Wieso könnte? Willst du sie nicht mehr wieder sehen?«

»Nein.«

Perugio schielte zu Gruber und grinste. »Eigentlich ist sie 'n ganz netter Käfer.«

Gruber schwieg.

»Ist sie 'ne gute Patriotin?«, bohrte der andere weiter.

»Sie ist Amerikanerin.« Gruber warf sich herum und ließ den feinen Sand durch die Hand rieseln. »Sie haut nicht auf die Pauke. Sie hat mir nur gesagt, dass sie an den Sieg ihrer Nation glaubt, und lernt deshalb Deutsch.«

»Reizend, reizend«, feixte Pietro. »Ich an deiner Stelle ginge zu ihr. Man soll das Leben genießen, Amico. Wer weiß, wie lange unsere Uhr noch tickt.«

»Brandon schweigt sich aus. Demnach wird es wohl bald so weit sein.«

»Ich halte die Wette mit zehn Zigaretten gegen sämtlichen alliierten Whisky, dass es am Sonntag losgeht.«

»Die kannst du vielleicht gewinnen.«

»Menestri hat mir verraten, dass Rom jetzt den Daumen auf die Sache drückt; man will endlich Erfolgsmeldungen hören.«

Gruber warf sich wieder auf den Rücken zurück. »Die Herren haben es leicht«, sagte er. »Die drücken aufs Knöpfchen, und wir müssen über die Klinge springen.«

Garza, bisher schweigsam im Sand liegend, richtete sich auf. »Warum tun wir's dann?«, fragte er erregt.

»Hast du das noch immer nicht gefressen, Amico?«, fragte Gruber ärgerlich.

»Ich weiß«, nickte Garza, »weil wir A gesagt haben.«

»Genau, Michele – weil wir A gesagt haben.«

Garza stand auf und watete ins Wasser, warf sich hinein und tauchte unter. Die beiden Männer am Strand hatten sich aufgesetzt und sahen sich an.

»Der wird immer komischer!«, knurrte Gruber. »Von Tag zu Tag komischer.«

»Er hat Manschetten, Lorenzo.«

»Kommt mir auch so vor.«

»Ganz sicher«, nickte Perugio. »Er wird von Tag zu Tag nervöser. Carlo sagte mir, dass er ihn vor zwei Tagen in einer Taverne getroffen habe. Besoffen.«

Gruber starrte über das Wasser. Garza war noch immer nicht aufgetaucht. »Er schwimmt zu gut, als dass wir ihn heimschicken könnten«, sagte er nachdenklich. »Wir brauchen ihn. – Verdammt noch mal, er soll sich endlich am Riemen reißen, sonst passiert was!«

Draußen tauchte Garza auf, holte Luft und verschwand wieder.

»Ich verstehe den Kerl einfach nicht«, ließ sich Gruber vernehmen. »Er trainiert, er richtet sich ganz auf die Aufgabe aus und macht trotzdem Bocksprünge. – Ich kann nicht glauben, dass er feige ist, Pietro.«

»Feige nicht, Lorenzo – nur die Angst, weißt du –, die blöde Angst, die auch uns Alte immer wieder packt ... diese Angst hat er.«

»Er muss damit fertig werden.«

»Und er wird damit fertig werden«, sagte Perugio. »Dafür lege ich meine Hand ins Feuer.«

Sie verbrachten den ganzen Tag am Strand und kehrten erst nach Sonnenuntergang in die Villa zurück. Dort fanden sie den ganzen Verein vor. Brandon winkte Gruber zu sich. »Das ist der genaue Lageplan vom Ölhafen.«

»Hier«, sagte er und reichte ihm einen großen Umschlag.

»Sind wir endlich so weit?«

»Ja.«

Gruber setzte sich zwischen die Männer. Die Gespräche verstummten, als Brandon sich vor den Schreibtisch stellte und jeden der Reihe nach ansah.

»Kameraden«, fing er an, »wir starten den ersten Schlag in der Nacht zum Montag.«

Die Gesichter der elf Männer spannten sich.

»Punkt null Uhr fünfzig geht es am Flugplatz los. Die Gruppe eins arbeitet auf dem Feld, die Gruppe zwei außerhalb davon. Der Gruppe eins ist die Aufgabe bekannt.«

Brandon ging zur Wand, schleuderte einen verschlissenen Seidenvorhang zur Seite, hinter dem eine stark vergrößerte Lageskizze des Flugplatzgeländes hing. Grelles Licht fiel darauf. Brandon nahm das Lineal und erklärte weiter:

»Die Gruppe zwei, die ich anschließend namentlich benenne, übernimmt für die Gruppe eins die Rückendeckung. Dies ist die Straße, die vom Haupteingang weg nach Neapel führt.« Er deutete mit dem Lineal auf die Einzeichnung. »Zweihundert Meter unterhalb des Haupteinganges wartet der zweite Wagen. Lucio fährt ihn. Feuerschutz wird von zwei Seiten aus übernommen. Das erste MG postiert sich hier links, nahe dem Haupteingang, an der einzelnen Pinie. Das zweite geht auf der anderen Straßenseite in Stellung. Sobald der Wagen mit der Gruppe eins durch den Haupteingang

235

kommt und sich Verfolger anhängen sollten, wird von diesen beiden Positionen aus geschossen!«

Brandon schaltete eine Pause ein. Dann: »Umberto, Lorenzo, Carlo und Peppo – ihr vier seid die Gruppe zwei. Lorenzo, du übernimmst das MG bei der Pinie. Carlo das zweite. Pro MG achthundert Schuss. Umberto und Peppo – ihr zwei postiert euch links und rechts im Straßengraben und haltet mit Maschinenpistolen den Rückzug frei. Im besonderen Falle stehen euch auch Handgranaten zur Verfügung, mit denen ihr Verfolgungsfahrzeuge stoppen könnt. – Alles klar, meine Herren?«

Sie murmelten ihre Zustimmung.

»Va bene«, fuhr der Einsatzleiter fort. »Es gibt nur diese eine Straße, auf der man uns verfolgen kann. Gruppe zwo hat also die Aufgabe, diese Straße frei zu halten. Um jeden Preis! – Lucio weiß, wo die Gruppe zwo hinfährt. Wir treffen uns am nächsten Vormittag um zehn hier in der Villa. – Und noch eins, Kameraden: Schwerverwundete darf es nicht geben. – Ich bin verstanden worden?«

Die harten Gesichter nickten einmütig. Michele Garza saß unbeweglich neben Perugio. Mit fahlem Gesicht und fiebrig glänzenden Augen.

»Aspirante Offiziale Lorenzo Gruber.«

Gruber stand auf.

»Sie übernehmen das Kommando über die Gruppe zwo.«

»Si, Capitano.«

Brandon löschte das grelle Licht und zog den Vorhang zu. »Also, meine Herren«, sagte er dann, »Abfahrt in der Nacht vom Sonntag zum Montag, null Uhr. Die Gruppe zwo sammelt sich hier.« Brandon wandte sich an Tenente Paolo Nenzi: »Nenzi, Sie haben das Kommando über die Gruppe eins.«

Der schlanke Mann im saloppen Zivilanzug sprang auf: »Si, Capitano.«

»Ihre Leute wissen Bescheid?«

»Si, Capitano.«

»Va bene«, sagte Brandon. »Dann ist ja alles in Ordnung. Wir haben noch achtundvierzig Stunden Zeit. – Umberto!«

»Capitano?«

»Was hast du uns vorzusetzen?«

»Jede Menge!«, grinste Umberto und wälzte sich aus einem Sessel.

Lange noch saßen die Männer beisammen und unterhielten sich anscheinend gelassen über ihre Aufgaben ...

Sonntag.

Ein Tag wie Tausende zuvor. Die Sonne brütete über der Stadt. Die Frauen und Mädchen flanierten mit dem Soldatenvolk. Die Soldaten lächelten, handelten, nahmen und kosteten den Sieg in mannigfachen Genüssen.

Niemand ahnte, was in dieser Nacht geschehen würde. Draußen in Torre Annunziata, in der idyllischen Vorstadt, im schattigen Winkel der kleinen Piazza, ruhte die Arbeit, saßen die Mütter mit ihren Kindern vor den Häusern, schwatzten und lachten, kosten oder schimpften.

Das Läuten der vielen Kirchenglocken war verstummt. Sonntägliche Ruhe herrschte überall. Nur auf der Autostraße summten die Wagen mit den fünfzackigen Sternen auf den Kühlerhauben und an den Seiten der Karosserien.

Im Hause des Mastro Marzi herrschte Ruhe. Die beiden Alten waren mit einer klapprigen Caretta aufs Land zu Verwandten gefahren, um zu schwatzen, Wein zu trinken und über die Zeit zu klagen. Im Zimmer des oberen Stockwerkes hockten zwei Männer. Ihre Beschäftigung verriet das, was sie vorhatten: Sie reinigten ihre Waffen. Sie taten es gewissenhaft und schweigsam. Der große Blonde mit dem zernarbten Gesicht zählte die Patronen ins Magazin. Der Dunkelhaarige ließ das Pistolenschloss hin und her gleiten.

»Sie wird auf dich gewartet haben«, sagte Perugio.

Der andere hob den Kopf und schaute verständnislos herüber. »Wer?«

»Deine Amerikanerin. Gestern. – Gestern war doch Sonnabend.«

»Schnauze!«, murmelte Gruber.

Perugio ließ das Pistolenschloss knacken. »Wenn Weiber verliebt sind, werden sie pünktlich.«

»Hör endlich auf damit!«, bellte Gruber.

»Komisch«, meinte Pietro, »jetzt hast du den Koller!«

»Dann reize mich nicht.«

Perugio grinste breit. »Heute Nacht, Amico – heute Nacht kannst du dich austoben!«

»Hoffentlich klappt alles«, murmelte er.

Gruber stand auf und schob die Pistole ins Schulterhalfter. In diesem Augenblick schellte unten im Hausflur die Glocke. Die beiden Männer zuckten zusammen. Misstrauen, jähe Entschlossenheit spannte die Mienen.

»Geh nachschauen, wer es ist«, flüsterte Perugio.

Es schellte zum zweiten Mal. Laut und fordernd. Wer konnte das sein? Gruber schnallte rasch das Halfter um, zog die Lederjacke an, ließ sie vorn halb offen, schob die rechte Hand hinein und ging hinunter. Der Türriegel schnappte zurück.

Draußen stand Doris Thompson. In Uniform. Der grüne Jeep parkte direkt vor der Haustür.

»Buon giorno, Lorenzo.«

»Hallo«, grüßte Gruber, ohne sich zu freuen.

Sie machte ein verlegenes Gesicht und versuchte zu lächeln. Ihre braunen Augen forschten in seiner Miene, sahen das große Heftpflaster über dem linken Augenknochen.

»O Lorenzo«, sagte sie kläglich, »mir tut alles so Leid. Ich schwöre dir – ich kann nichts dafür.«

»Ich weiß, Doris.«

Sie schaute sich um und sagte dann: »Kann ich zu dir reinkommen, Lorenzo?«

»N … nein«, dehnte er. »Du bist in Uniform. Die Leute reden darüber.«

»Well. Fahren wir ein Stück nach Sorrent, und sprechen wir uns irgendwo aus.«

Gruber zögerte. Er hatte beschlossen, mit Doris Schluss zu machen. Diese Liebschaft war ihm zu gefährlich. Trotzdem – wie hübsch Doris wieder aussah! Und ihre Augen bettelten! Da zog er die Tür hinter sich zu, sagte »Komm« und sprang in den Jeep. Doris fuhr zur Autostraße zurück, jagte eine Weile auf ihr entlang und bog dann plötzlich in einen zum Meer abzweigenden Weg ein.

Der Jeep hielt zwischen üppig blühenden Büschen. Doris nahm das Käppi ab und strich sich über das Haar. Sie lächelte Gruber an.

»Ich war gestern pünktlich«, sagte sie, »aber du bist nicht gekommen.«

»Ich kam erst heute früh aus Benevento zurück«, log er sicher.

Sie legte ihm den Arm um die Schulter und schaute bittend zu ihm auf. »Bist du mir böse, Lorenzo – wegen unlängst?«

»Nein. Aber ich halte es für besser, wenn wir uns trennen.«

Ihr Blick wurde bestürzt. »Nein, Lorenzo!«, rief sie und bekam feuchte Augen. »Nein! Ich kann doch nichts dafür! Hörst du! Ich kann nichts dafür! Ich habe ihm ganz gehörig die Meinung gesagt, beschimpft habe ich ihn – ihm gesagt, dass es hundsgemein sei und ich nichts mehr mit ihm zu tun haben möchte! Ich bin vollkommen fertig mit ihm, Lorenzo!«

»Du sprichst vom deinem Major?«

»Von Fletcher – yes!« Sie wischte mit dem Handrücken über die Augen. »Übrigens – der andere, Dombrowsky heißt er, er ist tot.«

Gruber tat erstaunt. »Was du nicht sagst! Wie ging das zu?«

»Man hat ihn in der Calle Vellini gefunden. In einem Keller. Neben ihm lag ein totes Mädchen. Gestern war die C. I. C. bei uns und hat Ermittlungen angestellt. Wie ich hörte, besteht der Verdacht, dass Dombrowsky das Mädchen – es soll eine aus dem Offiziersbordell gewesen sein – umgebracht hat, und als er die Leiche wegbringen wollte, mit ihr in den Keller stürzte.«

Gruber schwieg gleichgültig. Es hat also doch geklappt, dachte er. Brandons Rechnung ist aufgegangen. Niemand hat Verdacht geschöpft …

»O Lorenzo«, seufzte Doris, »du weißt nicht, was ich durchgemacht habe. Ich fuhr gleich am nächsten

Morgen, also am vergangenen Montag, nach Torre Annunziata und wollte dich besuchen. Ich war sehr in Sorge um dich, tosoro mio … Dein Arbeitskamerad sagte mir, du seist zu Verwandten gefahren.«

Gruber starrte geradeaus, ohne den dunstig heißen Tag zu sehen, die blühenden Büsche, den glasigen Himmel, der eine regennasse Nacht verriet. Sie ist ein aufrichtiger Kerl, dachte Gruber, und sie ist verliebt bis über beide Ohren. Fast täte mir Leid, wenn ihr heute Nacht … Vor diesem Gedanken erschrak er.

Doris hatte sich an ihn geschmiegt und streichelte zärtlich sein Haar. »Bleiben wir heute beisammen, Lorenzo?«

Er nagte an der Unterlippe. Seine Gedanken suchten einen Ausweg, wie man Doris vor dieser Nacht warnen könnte. Es war eine verdammte Geschichte! Warum hatte er sich auf sie eingelassen!

»Ich habe Dienst«, sagte er.

»Dienst?«, wiederholte sie. »Heute am Sonntag?«

»Ja. – Vergiss nicht, ich arbeite in einer Autowerkstatt.«

»Damned …«, murmelte sie ärgerlich, »und ich habe mich so auf ein Beisammensein gefreut.«

Da kam Gruber eine Idee. »Hör zu«, sagte er rasch, »wir können es ja so machen: Du fährst gegen Abend nach Fuorigrotta hinaus und wartest auf mich in der Trattoria bei Tonio.«

Ihr Gesicht strahlte. »Wo wir am vorigen Sonnabend waren? Wo wir übernachteten?«

»Ja, dort«, lächelte er und küsste sie auf die Stirn. »Ich weiß jedoch nicht genau, wann ich kommen kann. Aber ich komme, Cara mia.«

»Bestimmt?«

»Wenn nichts Außergewöhnliches dazwischenkommt«, schränkte er ein.

»Was wäre das?«, fragte sie ängstlich.

»Na ja – Abschleppdienst oder so …«

Sie zog eine Schnute. »Und dann hocke ich allein in der Trattoria und muss mich von den Mannsbildern belästigen lassen, nicht wahr?«

Er lachte und drückte sie an sich. »Du wirst sie dir schon vom Halse halten, denke ich. – Falls ich nicht kommen kann, gebe ich dir Bescheid.«

Da warf sie sich ihm ungestüm an den Hals, schlang die Arme um seinen Nacken und bettelte: »Komm' bitte, lass mich nicht warten, tosoro mio! Ich … ich bin krank vor Sehnsucht nach dir!«

Sie küssten sich.

Gruber wusste jetzt, dass er eine Liebesgeschichte begonnen hatte, die ihm vielleicht noch Kummer und Sorge bereiten würde. Diese Frau war hemmungslos in ihren Gefühlen und liebte ohne Bedenken.

Eine halbe Stunde lang stand der Jeep in dem Seitenweg. Dann brummte der Motor; Doris bugsierte das Fahrzeug auf die Straße und fuhr nach Torre Annunziata zurück. An der Abbiegung zur Vorstadt stieg Gruber aus und reichte Doris die Hand.

»Bis heute Nacht also, Cara mia!«

»Alright«, lächelte sie, »ich erwarte dich bei Tonio.«

»Und sollte ich nicht kommen …«

»Du musst kommen!«, drohte sie bittend.

Er lachte. »Va bene. Dann bete, dass nichts dazwischenkommt!«

»Nein!«, rief sie. »Dann werde ich mich ganz schrecklich betrinken!«

Der Jeep brauste davon. Doris winkte noch einmal, dann ging Gruber zur Werkstatt Emilios zurück.

Eine Stunde später befand sich Gruber in Neapel und besuchte die Wohnung seines Freundes Alfredo.

»Pass auf«, sagte er zu dem Einbeinigen, »du musst mir heute einen Gefallen tun.«

Alfredo Menzina bekam den Auftrag, abends nach Fuorigrotta zu gehen und in der Trattoria Tonios auf die Amerikanerin Doris Thompson aufzupassen.

»Geht in Ordnung«, schmunzelte Alfredo. »Mach ich! O Lorenzo, du bist doch ein Satansbraten!«

Der Nachthimmel über Neapel ist bewölkt und begünstigt das Vorhaben. Gruber denkt nicht mehr an Doris Thompson, die bei Tonio auf ihn wartet und in Alfredos Gesellschaft den schwersten Wein trinken soll, bis er seine Wirkung tut. Grubers Gedanken sind voll und ganz bei dem bevorstehenden Unternehmen.

Die Nerven sind bereits in jener vibrierenden Spannung, die sich immer dann einstellt, wenn die Stunde der Entscheidung näher rückt. Die Unruhe steigert sich mit jedem Sekundenschlag. Das Warten wird zur Qual.

Perugio steht am Fenster und schaut prüfend zum Himmel empor. Er ist tintenschwarz und regenschwanger. »Es ist so weit«, ertönt die Stimme vom Fenster her. »Gleich halb zwölf.«

Als sie den Wagen aus dem Hof bugsieren, taucht Garza auf und steigt ein.

Wortlos fahren sie nach Castellammare hinaus, zur Villa Bianca, wo die anderen warten.

Die Gruppe eins ist bereits unterwegs. Brandon empfängt Gruber und die beiden anderen mit einem Knurren. Sie sind um fünf Minuten zu spät gekommen.

Auf dem finsteren Hof werden leise die Namen aufgerufen. Lucio, der Teufelsfahrer, sitzt schon hinterm Steuer.

»Uhrenvergleich!«

Sie stellen die Uhren.

»Ab jetzt! Und Hals- und Beinbruch, meine Herren!«

Sie fahren getrennt zum Einsatzort. Unterwegs steigen stumme Gestalten ein und setzen sich neben die anderen. Der kleine Lkw, auf dem die Gruppe zwo zur Arena gerollt wird, summt monoton und stark.

»Habt ihr alles dabei?«, fragt Gruber in die Dunkelheit.

»Alles da«, antwortet Umbertos Bierbass. »Zwei Zerstäuber, zwei Maschinenpistolen, Made in Germany, ein Dutzend Eier, sechshundert Schuss MP-Munition, zwölfhundert Schuss MG-Munition ... und 'ne Pulle Black & White. Wer will mal kosten?«

Umberto reicht die Flasche herum. Jeder nimmt einen tiefen Schluck daraus und gibt sie wortlos weiter.

»Hoffentlich klappt alles«, lässt sich die Stimme Bertanis vernehmen.

»Es klappt nie hundertprozentig«, sagt Umberto. »Sag mir einer, wo's schon mal hundertprozentig geklappt hat!«

»Unke nicht!«

»Keineswegs – darum: Salute, Kameraden!«

»Besauf dich nicht, Umberto!«, ermahnt Gruber.

Neben ihm gluckert es. Dann kommt die seufzende Antwort: »Ich muss saufen, Amico – nur wenn ich besoffen bin, bin ich mutig – bin ich ein Held!«

Die Reifen sirren über den Asphalt. Lucio fährt den vorgeschriebenen Umweg und treibt dann den Wagen die Serpentinen hinauf. Er nimmt traumhaft sicher die Kurven und verlangsamt das Tempo, als das Flugplatzgelände näher kommt. Rechts abseits, in einem Seitenweg, steht der erste Wagen. Die Abblendlichter verlöschen. Gestalten huschen davon. Jetzt erreicht Lucio die schmale, nach links abbiegende Allee. Der Wagen verlässt die Hauptstraße, fährt in die Abbiegung, manövriert um 180 Grad und hat seine vorgeschriebene Position eingenommen.

Null Uhr dreißig!

»Los, die MG her!« Es ist Grubers unterdrückte Stimme. »Peppo, du beziehst rechts drüben Stellung. Das andere MG übernehme ich. Umberto und du, Carlo – ab auf die Plätze!«

Lucio reicht die Waffen vom Wagen herunter. Leise klirren die Munitionsgurte.

Leutnant Carlo Mantas nimmt sein MG, geht geduckt auf die Straße zu und blickt sich um. »Attenzione!«, flüstert er zurück.

Ein Fahrzeug kommt mit grellen Scheinwerfern die Straße herauf. Grölender Gesang fährt vorüber. GI's sind aus Neapel gekommen und fahren in ihre Unterkünfte zurück. Der grölende Gesang entfernt sich. Verstummt im Dunkel.

Zweihundert Meter geradeaus ist der Haupteingang zum Flugplatz. Zwei Posten patrouillieren vor dem Schlagbaum. Dahinter liegt das von Bombensplittern und MG-Garben zernagte Hauptgebäude. Sämtliche Stockwerke sind erleuchtet. Niemand befürchtet einen deutschen Bombenangriff. Die Germans sind ja schon down!

Auch dort, wo die Flugleitung untergebracht ist, wo die provisorisch errichteten Hangars und Werkhallen sind, ist alles hell. Die Teerstraßen laufen kreuz und quer an den Unterkunftsbaracken vorbei, und links drüben, hinter hohem Stacheldraht, liegen die riesigen Treibstoff- und Bombendepots. Am Rande des Flugfeldes stehen die schweren Maschinen. Heute ist keine gestartet, da Sonntagsruhe herrscht und über dem Neapolitanischen Apennin Schlechtwetter gemeldet ist. Niemand ahnt, was drüben beim Sprit- und Bombendepot umherschleicht.

Sergeant Mac Hawkins sitzt im Wachzimmer und schreibt an Lissy einen Brief. »… Italien macht mir viel Spaß, und Neapel ist eine tolle Stadt. Ich werde Dir nächstens eine echt neapolitanische Halskette aus Korallen schicken …«

Die Doppelposten am Flugfeldrand vertreiben sich die Zeit mit Geschichtchen.

Bewegungslos, vom Bogenlicht aus der Ferne angestrahlt, stehen die Riesenvögel am Rande der Flugbasis. Nebeneinander, hintereinander. Reihe an Reihe. Drüben, im Hangar IV, lärmt die Nachtschicht, zischen die Sauerstoffgebläse, rasseln die Flaschenzüge, wird gehämmert, repariert und lackiert.

Die Nacht ist gewitterschwül und windstill. In der Ferne zuckt ein Wetterleuchten. Regungslos trauert die alte Pinie auf der kleinen Erhöhung und reckt ihre breite Krone dem unheilschwangeren Himmel entgegen.

Ein Schatten huscht heran.

Gruber bringt das MG in Stellung. So leise er es auch macht, ein feines Klirren des Munitionsgurtes ist doch zu hören. Aber das Geräusch reicht nicht zu dem Lichtkreis hinüber, wo der Torposten herumspaziert und manchmal mit dem Kameraden am Schlagbaum schwatzt.

Von den Unterkunftsbaracken her ertönen Musikfetzen.

Null Uhr 32.

Noch achtzehn Minuten, noch achtzehn Mal sech-
zig Sekunden, dann wird sich die Ruhe der Nacht in
die Hölle verwandeln.

O dolce Napoli ...

Die beiden Musikanten in Tonios Trattoria singen
es wieder, weil es Doris Thompson so will. Zehn Mal
haben sie schon das gleiche Lied gesungen. Sie tun es,
weil sie dafür bezahlt werden und essen und trinken
dürfen. Fünf Flaschen, die der einbeinige Gesellschaf-
ter Alfredo auffahren ließ, um seinen Auftrag zu erfüllen.

»Warum ... Warum kommt er nicht, Alfredo?«,
fragte sie wieder mit lallender Stimme und lehnt sich
an die Schulter des geschwätzigen Gesellschafters.

»Er kommt noch«, sagt Alfredo. »Er kommt bestimmt.« Sie weint. Dann wieder lacht sie und tut so,
als sei sie lustig und der Abend wundervoll. »Ein anderes Lied!«, befiehlt sie.

Die beiden musizierenden Tagediebe spielen Tänze
aus dem Apennin. Doris Thompson schaut auf die
kleine goldene Armbanduhr, aber sie erkennt die Zeit
nicht mehr. Alles dreht sich. Die Musikanten sind Gestalten, die hinter einem Schleiervorhang spielen.

Alfredo lässt sein Opfer nicht aus den Augen. Es
wankt bereits, es gähnt verhalten. Die schmuddelige
Wirtin steht bereit, um den Gast ins Zimmer zu bringen, und Tonio, der feiste Schankwirt, will die sechste
Flasche auf den Tisch stellen.

»N ... nein ... nicht mehr«, wehrt Doris lallend ab.

Dann kichert sie und freut sich, so viel getrunken zu haben, und dann fragt sie wieder, wann Lorenzo käme.

»Er kommt noch«, versichert Alfredo schon zum hundertsten Mal.

O dolce Napoli ...

Doris sieht alles wie durch einen Schleier: die Musikanten, die Wirtin, den lüstern schauenden Wirt. »Ich ... ich will schlafen gehen«, lallt sie und erhebt sich taumelnd.

Alfredo winkt die Wirtin heran. Willenlos lässt sich der Gast hinausführen, die schmale Stiege empor, ins Zimmer.

»Er ist ... nicht gekommen«, weint die Betrunkene, während die Wirtin ihr die Decke ans Kinn zieht. »Er ist ... doch nicht gekommen ...«

Er lauert am Fuß der Pinie hinter dem schussbereiten MG. Sprühregen hat eingesetzt und sirrt in der Krone des alten Baumes. Die Nacht riecht nach Benzin und Nässe. Die Dunkelheit ist voller Spannung und sprungbereiter Erwartung.

Null Uhr 40.

Noch zehn Minuten, dann hat die Säure das dünne Kupferplättchen zerfressen. Noch zehn Minuten werden die Zeitzünder der heimlich gelegten Bomben ticken ... Noch neun ... noch acht Minuten ...

Da! – Was ist das?

Gruber hebt erschrocken den Kopf. Auf dem Flugfeld knallen Schüsse, rasselt in kurzen Feuerstößen eine Maschinenpistole. Verdammt! Etwas ist schief gegangen. »Etwas geht immer schief!«, hat Umberto gesagt.

248

Was ist los?

In diesem Augenblick bebt die Erde, läuft ein Stoß durch sie. Eine riesige Stichflamme schießt zum Himmel empor.

Eine unheimlich rote, brodelnde, nach oben sich ausbreitende Riesenwolke steht in der Nacht. Die Erde zittert noch immer. Und jetzt jagt eine heiße Druckwelle heran und peitscht die Krone der alten Pinie. Im gleichen Augenblick zerreißt eine schwere Explosion die Feuernacht.

Es ist, als habe die Hölle mit all ihren vernichtenden Gewalten sich aufgetan. Überall rotes Licht. Feuerwehrwagen rasen zu den Explosionsstellen. Eines der Fahrzeuge verwandelt sich noch während der Fahrt in eine Lohe und brennt aus.

Das matte Knattern von Schüssen, das deutliche Reißen berstender Handgranaten verscheucht Grubers lähmenden Schreck. Ein kleiner Lkw rast über das grell erhellte Flugfeld. Das sind die Leute der Gruppe eins. Sie versuchen, sich zum Haupteingang durchzuschlagen.

Schreie, Flüche, Gebrüll verraten die Kopflosigkeit der Amerikaner. Ein paar Gestalten rennen auf der Teerstraße heran.

Gruber schießt. Die Waffe bockt und hüpft im rasenden Rhythmus. Die Garben werfen ein paar der Gestalten nieder – die anderen rennen weiter.

Jetzt fängt Mantas' MG zu rattern an. Die beiden Posten beim Tor sind verschwunden.

Mit heulendem Motor kommt der kleine Lkw herangejagt. Das Holz des Schlagbaums splittert. Dann ist er durch und rast die Straße nach Neapel entlang.

Wer fehlt von diesen Männern?

Einige. Sie liegen in der Nähe der sengenden Brandherde. Verkohlend, als brennende Bündel.

Nun hat die Abwehr des Gegners sich gesammelt. Zwei mit Soldaten besetzte Jeeps preschen zum Tor.

Gruber verfolgt die beiden Fahrzeuge mit schwenkendem MG. Das erste torkelt hin und hier, prallt gegen den Torpfeiler und versperrt die Ausfahrt.

Jetzt hämmert Mantas' Maschinengewehr. Gestalten, die hervorspringen, sinken in die Knie oder fallen schwer vornüber. Man zerrt von rückwärts an dem zerschossenen Jeep, um den Weg frei zu bekommen. Gebrüll begleitet die lebensgefährliche Arbeit, denn noch immer tackern zwei Maschinengewehre aus der Dunkelheit, zernagen die Eckpfeiler und werfen ein paar beherzte Gegner nieder.

Grubers MG schießt nicht mehr. Die Munition ist verschossen. Mit der Waffe in der Hand rennt er ein Stück zurück. Jetzt gibt es nur noch eines: verschwinden! Und zwar ganz schnell! Oberleutnant Mantas schießt noch Dauerfeuer. Verbissen hindert er die GI's daran, den Jeep zur Seite zu ziehen und den Verfolgungsweg frei zu machen ...

Ein paar Feuerstöße aus mehreren amerikanischen Maschinenpistolen zwingen den Oberleutnant, den Kopf einzuziehen.

Verdammt! Jetzt ist die Straße frei gemacht worden! Zurück zum Wagen!

Auch Mantas läuft geduckt zum wartenden Wagen.

In diesem Augenblick, und während die Nacht von wilden Explosionen auf dem Rollfeld erschüttert wird, jagt der zweite Jeep aus dem Tor und will die Verfolgung aufnehmen.

Das alles sieht Umberto Pucci, im Straßengraben

liegend. Er weiß, dass der im Seitenweg wartende Wagen nicht mehr wegkommt und dem Gegner in die Hände fallen muss.

»Miseria maladetto!«, knirscht der Oberleutnant und richtet sich auf. Er reißt die Maschinenpistole in die Höhe und feuert. Der heranjagende Jeep schleudert, stellt sich quer. Wilde Flüche und Geschrei brechen los.

Umberto schießt noch immer. Hin und her pendelt der kurze Lauf der Waffe. Klick, macht es plötzlich, das scharfe Prasseln verstummt. Leergeschossen!

»Komm zurück, Umberto!«, schreit jemand. »Schnell! ... So hör doch schon!«

Ein italienischer Fluch antwortet. »Haut ohne mich ab!«

Gruber sieht, wie die massige Gestalt des Agenten sich erhebt, auf die Straße springt ...

»Umberto! ...«

Er hört es nicht. Mit zwei Handgranaten in den Fäusten geht er auf den quer stehenden Jeep zu.

Schüsse peitschen. Die große, breitbeinig gehende Gestalt zuckt zusammen, aber sie geht weiter ... Schritt für Schritt ... Sie taumelt, stockt ... sie torkelt weiter. Jede Kugel, die ihn trifft, erschüttert die massige Gestalt, wirft sie aber nicht um.

Da springen fünf ... sechs ... acht Soldaten auf den torkelnden Mann zu. »Stopp! ... Hands up! ...«

Bis dicht vor den Jeep schleppt sich Umberto Pucci noch. Dann ein Doppelblitz, und ein zweifacher Knall übertönt den Lärm. Umberto Pucci sprengt sich selbst, um den Kameraden den Rückzug zu ermöglichen. »Nur wenn ich besoffen bin, bin ich mutig ... bin ich ein Held ...«

Er war nicht besoffen, als er sich aus dem Straßengraben erhob – er war nur entschlossen, den anderen zu helfen. Ohne Rücksicht auf sich selbst.

Gruber stolpert zum Wagen zurück. Lucio hat den Motor schon angelassen.

»Tempo presto! Wir müssen weg!«

Sie springen in das Fahrzeug. Der Motor heult auf. Wie ein Irrer jagt Lucio den Wagen in die Kurven.

»Sie sind hinter uns her!«, ruft Bertani und schießt kniend auf zwei näher kommende Scheinwerfer.

»Fahr schneller, Lucio!«

Die Reifen jaulen, Bremsen kreischen. In halsbrecherischem Tempo hetzt Lucio den Wagen durch die Serpentinen, in kurze Geraden, in Kurven. Neapels Lichter kommen näher. Die ersten Häuser tauchen auf, aber der Verfolger jagt noch immer in zweihundert Metern Abstand hinterher.

»In die nächste Seitenstraße!«, schreit Gruber dem Fahrer zu.

Lucio nickt. Er reißt den Wagen herum. Tritt jäh auf die Bremse. Gruber lässt sich fallen, rennt zum Straßeneck und macht im Laufen zwei Handgranaten fertig.

Da stechen auch schon die Scheinwerfer des Verfolgers heran. Bremsen kreischen. Der große Lkw stoppt.

Jetzt wirft Gruber die Handgranaten ... wirft sie den vom Wagen springenden Soldaten vor die Beine.

Das gellende Schreien der Sterbenden und Verwundeten geht im Getöse der Explosionen unter.

In langen Sprüngen setzt Gruber zum wartenden Wagen zurück. Fäuste packen zu und zerren ihn hoch. Lucio fährt weiter. Er kennt sich aus in Neapel. Er weiß, wohin das Gewirr von Straßen und Gassen führt.

Endlich erreichen sie eine ruhige Gegend. Die Häuser bleiben zurück, dunkles Land tut sich auf, mit Hügeln und Bäumen. Der Wagen holpert einen schmalen Weg entlang und hält vor einem kleinen Bauernhof.

Lucio nimmt die verkrampften Hände vom Lenkrad und lässt müde den Kopf sinken. »Wir sind da, Kameraden.« Die anderen drei rühren sich nicht. Nur langsam weicht die innere Verkrampfung, lockern sich die Gedanken.

Mantas streicht sich über die Stirn und spürt etwas Klebriges. »Ich glaube, mich hat's erwischt.«

Diese gemurmelte Feststellung bringt Leben in die Männer; sie steigen aus und schauen sich um.

»Hier wohnen meine Eltern«, sagte Lucio. »Wir sind ganz sicher hier. Kommt.«

In einer niedrigen, von einer trüben Funzel erhellten Stube steht ein altes Ehepaar und grüßt einsilbig. Lucio küsst die Mutter auf die welken Wangen und drückt dem Vater die Hand.

»Hat es geklappt?«, fragt der Vater.

Lucio schaut die Kameraden an. »Hat es geklappt? … Ich denke doch, nicht wahr?«

Gruber nickt und sinkt auf das alte Ledersofa, wischt sich mit zitternder Hand über das schmutzverkrustete Gesicht. »Umberto …«, murmelt. er. »Wisst ihr, dass wir es Umberto verdanken …?«

Die anderen nicken stumm. Nur Bertani sagt gedankenvoll: »Wieder einer unserer Besten.«

Die alte Frau stellt einen Kübel mit warmem Wasser bereit. Sie waschen sich. Bertani lässt sich die Stirnwunde verkleben. Als Gruber sein Pistolengehänge ablegt, sagt Lucios Mutter mit zittriger Greisenstimme:

»Setzt euch an den Tisch, meine Söhne, und nehmt mit dem vorlieb, was ich habe.«

Keiner rührt einen Bissen an. Nur den heißen Kaffee schlürfen sie gierig. Indessen macht Lucios Mutter die Kammer bereit, in der »ihre Söhne« ausruhen können.

Gruber winkt Lucio zu sich. »Hör zu«, sagt er zu ihm, »ich muss noch einmal weg. Nach Fuorigrotta, in Tonios Trattoria. Dort wartet jemand auf mich. Fährst du mich hin, Lucio?«

»Wer wartet auf dich? – Ein Frauenzimmer etwa?«

Gruber nickt verdrossen.

»Du hast vielleicht Nerven«, grinst Lucio. »Jetzt hätt' ich keinen Appetit auf 'n Weib.«

»Ich muss hin«, beharrt Gruber. »Frage nicht viel und sage mir, ob du mich fährst.«

»Muss ich wohl«, grunzt Lucio.

Die anderen fragen nicht. Stumm gehen sie in ihre Kammer und legen sich zur Ruhe.

Ein paar Minuten später fährt Lucio zum Dorf Fuorigrotta. Durch das Seitenfenster sieht man den brandroten Feuerschein in Richtung Caserta.

»Das hat hingehauen«, hört Gruber den Fahrer sagen. »Aber irgendetwas muss doch schief gegangen sein.«

»Wir werden es morgen hören.«

»Ja, morgen«, nickt Lucio. »Um zehn bringe ich die anderen nach Castellammare hinüber.«

»Bene. – Sag dem Chef, dass ich erst gegen Mittag komme.«

»Werd's ausrichten, Lorenzo.«

Als der Wagen vor Tonios Schänke hält, wird es schon allmählich hell. Die Vögel singen im Weinlaub. Der Morgen riecht nach feuchter Frische und Blüten.

»Ciao, Amico«, grüßt Lucio aus dem Seitenfenster heraus.

Gruber winkt nur müde mit der Hand, wartet, bis der Wagen verschwunden ist, und geht dann auf die verschlossene Haustür der Schänke zu.

Es dauert lange, bis jemand kommt. Die verschlafen aussehende Wirtin öffnet die Tür und fragt barsch, was los sei.

»Ich bin Lorenzo«, sagt Gruber, und zugleich sieht er das stoppelbärtige Gesicht Alfredos hinter der Frau auftauchen.

»Komm nur herein«, flüstert der Einbeinige.

Gruber tritt ein. »Wo ist sie?«, fragt er.

Alfredo deutet grinsend mit dem Kopf nach oben. »Sie schläft. Es war eine tolle Nacht, kann ich dir sagen.«

Doris Thompson merkt es nicht, dass ein Mann in ihr Zimmer tritt, sie eine Weile gedankenvoll anschaut, sich dann aus der Lederjacke schält und mit einem Seufzer auf das Sofa legt. In ein paar Stunden wird Lorenz Gruber der Frau einreden, er sei kurz vor Mitternacht gekommen …

Dies geschah in jener Nacht vom Sonntag zum Montag in Neapel: Die Bevölkerung befand sich in großer Aufregung, und der Sabotageakt vom Flugplatz ging von Mund zu Mund. Wenngleich nur spärliche Nachrichten über das Ausmaß des Schadens durchsickerten und die Alliierten das Flugplatzgelände hermetisch absperrten, sah man doch auf weite Entfernung hin die finstere Qualmwolke über dem Katastrophenort hängen und erhielt einen Begriff von dem, was sich dort abgespielt hatte.

Das große Treibstofflager hatte sich buchstäblich in Luft aufgelöst. Wo es lag, gähnte ein rauchender Krater. Unzählige Benzin- und Ölfässer lagen zerfetzt im Umkreis und hatten bei ihrem Aufprall mehrere der abgestellten Bombermaschinen in Brand gesetzt. Eine Anzahl weiterer Maschinen fiel den gelegten Sprengladungen zum Opfer. Ein Bombendepot flog in die Luft und vervollständigte das Chaos.

Der Schlag aus dem Dunkel gegen einen sich in Sicherheit wiegenden Gegner war gelungen. Die Zahl derer, die sich als Erste von dem Schrecken erholten und die Verfolgung der Saboteure aufnahmen und dabei ihr Leben ließen, war hoch. 14 Tote und viele Verwundete blieben auf dem Kampfplatz liegen. Aber auch die andere Seite hatte Blutopfer bringen müssen.

Die Nachforschungen des C. I. C. und der alliierten Militärpolizei wurden fieberhaft betrieben. Schon in der gleichen Nacht setzten scharfe Kontrollen an allen Punkten der Stadt ein, wurden schlagartig Razzien abgehalten. Verdächtige und Unschuldige saßen in den Gefängnissen oder im Quarzlicht der Verhörzimmer. Die wahren Täter aber fing man nicht – sie verschwanden wieder und beobachteten aus ihren Schlupfwinkeln heraus die hektischen Vorgänge auf den Straßen, in den Gassen und Kaschemmen.

Drei Männer der O. V. R. A. hatten bei diesem Anschlag ihr Leben lassen müssen, ein vierter stellte sich dem Tod in kalter Entschlossenheit.

Umberto Pucci, Agent Nr. A. S. 29, Oberleutnant bei der O. V. R. A. Diejenigen, die mit dem Leben davongekommen waren, gedachten seiner. Er war einer, der sich stets im Sumpf hatte herumtreiben müssen oder sich als verkommener Säufer tarnte und auf diese

Art und Weise seine Pflicht tat. Umberto Pucci, alias Tenente Baralli, hatte nichts mehr zu verlieren, weil ihm der Krieg alles nahm. Der einzige Bruder fiel in Abessinien, die Braut kam in einer Bombennacht in Mailand ums Leben. Deshalb glaubte jener Umberto, nichts mehr verlieren zu können, und ging in den Tod.

Die Überlebenden dieses Unternehmens trafen sich am nächstem Vormittag in der verschwiegenen Villa wieder. Hier wurde Bericht erstattet und mit gedämpften Stimmen von den Vorgängen gesprochen.

Nebenan im Bibliothekzimmer lag Tenente Stampas und ließ sich von Dr. Renata Nazzari den durchschossenen Unterschenkel verbinden. Stampas war der einzige Verwundete.

»Wie kam es, dass ihr vor der Zeit entdeckt wurdet?«, fragte Capitano Brandon den Kommandoführer der Gruppe eins.

Tenente Paolo Nenzi, in Neapel unter dem Namen Luigi Capone sich herumtreibend, erhob sich. »Es ging zunächst alles planmäßig, Capitano. Nur – ein paar Bombenzünder sind zu früh losgegangen. Das hat die ganze Schweinerei ausgelöst. Die Schuld trifft also nicht uns, sondern – ich sag's frei heraus! – das Pionier-Beschaffungsamt.«

Brandon nagte an der Unterlippe. »Verdammt, auf diese Kerle ist in letzter Zeit kein Verlass mehr. Ich werde eine Beschwerde einreichen, die sich gewaschen hat.«

»Damit machen wir weder Giovanni, noch Emilio, noch Guido lebendig«, bemerkte der Oberleutnant bissig.

Stampas kam, von der Ärztin gestützt, aus dem Bibliothekzimmer gehüpft, setzte sich in einen der Sessel und legte das verbundene Bein hoch. »Wir haben Glück gehabt«, sagte er, sich eine Zigarette anbrennend. »Die Dinger hätten ja auch noch früher losgehen können.«

Menestri wandte sich an Brandon: »Kann ich jetzt die Erfolgsmeldung durchgeben, oder soll ich noch warten?«

»Gib sie durch und hänge gleich die Beschwerde an. Aber saftig, hörst du?«

Der lange Funkeroffizier nickte nur.

»Hat doch keinen Zweck«, ließ sich Bertani vernehmen, der ein Pflaster über einer abrasierten Kopfstelle trug. »Damit werden unsere Sprengladungen auch nicht sicherer.«

»Na hör mal«, schaltete sich Perugio ein, »ich möchte verlässliche Ladungen um den Bauch gebunden haben, wenn ich ins Hafenwasser steige.«

»Keine Sorge«, bemerkte Brandon. »Ich habe sie selbst überprüft, sie sind in Ordnung.«

»Das beruhigt mich ungemein«, grinste Perugio. »Und wann lässt du uns starten?«

»Sobald sich die Herren von der anderen Feldpostnummer ein bisschen beruhigt haben von ihrem Schrecken.« Brandon nahm einen Schluck Kognak zu sich, den die Ärztin ihm reichte. »Was ich noch sagen wollte«, fuhr er fort, »bleibt in den nächsten Tagen in den Quartieren. Und vor allem: kein Fahrzeug benützen. Die Kontrollen sind sehr scharf, und ich möchte nicht, dass einer von uns … Na ja, ihr wisst schon, was dann kommt.«

»Wo steckt Lorenzo?«, ließ sich Nenzi vernehmen. Als ob er auf das Stichwort gewartet hätte, ging die Tür auf, und Gruber kam herein.

»Buon giorno«, grüßte er.

Man erwiderte murmelnd den Gruß.

»Bist du mit der Bahn gekommen?«, fragte Brandon. Gruber warf sich in die Sofaecke und fischte nach einer Zigarettenpackung. »Ja.«

»Wie ist die Stimmung in der Stadt?«

»Aufgeregt.« Gruber nahm von Perugio Feuer und blies den Rauch durch die Zähne. »Die Meinungen stehen gegen uns.«

»Kann uns piepegal sein«, grunzte Menestri und verließ die Runde.

»Du warst mit der Miss zusammen?«, fragte Brandon.

»Ja.«

»Weiß sie schon, was vorgefallen ist?«

»Klar. Sie rauschte gleich ab.«

»Erzähle«, sagte Brandon, mit dem Kognakglas spielend. Er sah verärgert aus.

»Ich schickte sie in Tonios Trattoria«, sagte Gruber. »Alfredo hatte von mir den Auftrag, sie betrunken zu machen. Es gelang ihm. Kurz nach Mitternacht war sie fertig und wurde aufs Zimmer gebracht. Als ich kam, schlief sie. Sie hatte nicht die Bohne bemerkt und … Na ja«, schwenkte Gruber verlegen ab, »jedenfalls hat es hingehauen.«

Die Männer grinsten.

»Du wirst ihr noch das Herzchen brechen«, witzelte Stampas.

Gruber sah das verbundene Bein des Oberleutnants und fragte. »Schlimm?«

»Durchschuss.« Stampas wandte sich an die Ärztin, die schweigsam an der Unterredung der Männer teilnahm: »Ich darf doch wohl annehmen, in ein paar Tagen wieder Fußball spielen zu können, Dottoressa?«

Renata Nazzari schüttelte den Kopf. »Sobald diese Besprechung zu Ende ist, legen Sie sich ins Bett und bleiben so lange liegen, bis ich Ihnen die Erlaubnis zum Aufstehen gebe. Capito?«

Stampas schnitt eine Grimasse. »Hast du gehört, Ricardo? Ich protestiere.«

»Ich habe gehört«, sagte der Capitano gelassen, »und weise deinen Protest zurück. Du wirst genau das tun, was Renata dir gesagt hat.«

»Und die Sache im Hafen?«

»Bringen wir auch ohne dich über die Bühne.«

Unter Brandons Blick verstummte jeder weitere Widerspruch, und Oberleutnant Stampas starrte missvergnügt sein verbundenes Bein an.

»Was sagst du zu der Sache mit Umberto?«, ließ sich Gruber vernehmen.

Brandon erhob sich. »Kameraden«, sagte er feierlich, »steht auf. Wir gedenken Tenente Barallis aufopfernder Tat in einem kurzen Schweigen. Friede seiner Seele.«

Sie erhoben sich alle. Auch Stampas. Mit gesenkten Köpfen standen sie im Raum und gedachten des Mannes, der sich in der vergangenen Nacht für das Gelingen des Rückzuges geopfert hatte.

In der Präfektur, wo die amerikanische C. I. C.-Dienststelle zentralisiert war, herrschte fieberhafte Tätigkeit. Trotz der massenweisen Verhaftungen und Verhöre fand man keine Spur der Täter. Kein Wunder also, dass die maßgeblichen Herren vom C. I. C. schlechter Laune waren. Der Boss verlangte Erfolge.

»Wie konnte das passieren?«, rief er. »Hier, mitten in der Zentrale der Abwehr.«

»Der Anschlag war von langer Hand vorbereitet, Sir«, sagte ein mittelgroßer, braun gebrannter Mann mit angegrautem Haar und sehr hellen Augen. Captain Thornton Wilder. Das Vaterland hatte auch ihn, den bekannten amerikanischen Schriftsteller und Dramatiker, vom Schreibtisch geholt und in die Uniform gesteckt. »Wir müssen damit rechnen«, fuhr er in seiner ruhigen Art fort, »dass diesem Anschlag noch weitere folgen.«

Der Colonel hob abwehrend die Hände. »Malen Sie den Teufel nicht an die Wand, Captain Wilder!«

»Keineswegs, Sir. Aber ich versetze mich jetzt in die Person des Gegners. Er wird es bei diesem einen Erfolg nicht belassen. Neapel bietet noch viele lohnende Ziele. Und vergessen wir auch nicht, dass es unter der Zivilbevölkerung noch eine Menge Leute gibt, die noch immer mit den Faschisten und Nazis paktieren.«

»Das ist der Fall«, bemerkte ein Oberleutnant.

»Wir haben es mit der O. V. R. A. zu tun«, sagte Wilder. »Neapel bietet unzählige Verstecke. Wir können aber auch als sicher annehmen, dass in den Reihen der Zivilarbeiter viele Saboteure stehen. Übersehen wir auch nicht«, fuhr er mit erhobener Stimme fort, »dass viele alliierte Offiziere – und nicht nur diese allein, meine Herren! – zu engen Kontakt mit der Bevölkerung halten. Diese Fraternisierung bringt die Gefahr mit sich, dass Dienstgeheimnisse in mehr oder weniger beabsichtigter Art und Weise ausgeplaudert werden.«

Die versammelten Herren nickten zustimmend. Es war so, wie Captain Wilder gesagt hatte.

»Und so lange dies geschieht«, erklärte Wilder weiter, »werden wir immer Gefahr laufen, dass Informationen – wichtiger oder auch unwichtiger Art – dem Gegner zu Ohren kommen.«

Der Colonel ließ sich vernehmen: »Unter diesen Umständen halte ich es für richtig, wenn wir unsere Nachforschungen auch auf das Privatleben verschiedener Herren vom Flugplatzkommando ausweiten. – Major Davies, diese Aufgabe übertrage ich Ihnen. Forschen Sie nach, wer enge Beziehungen zu italienischen Adressen unterhält, und durchleuchten Sie diese Verbindungen.«

Die C. I. C. erschien schon am nächsten Vormittag im Hauptgebäude des Flugplatzes. Vier Herren wurden dem Flugplatzkommandanten gemeldet.

Oberstleutnant Graham musste sich von der Wichtigkeit dieser neuen Nachforschungsmethode erst überzeugen lassen und versuchte Einwände.

»Unter meinen Offizieren? – Nein! Für die lege ich meine Hand ins Feuer.«

Major Davies hatte die Antwort rasch zur Hand: »Hätten Sie auch für Lieutenant Charles Dombrowsky die Hand ins Feuer gelegt, Sir?«

Der Oberstleutnant meinte darauf, dass dies ein Ausnahmefall gewesen sei. »Aber wenn Sie glauben, dass Sie auf diese Art und Weise weiterkommen – bitte, meine Herren. Tun Sie, was Sie für Ihre Pflicht halten.«

»Thanks, Sir.«

In den folgenden Stunden geschah es, dass eine große Anzahl Mannschaftsdienstgrade und Offiziere ein bestimmtes Zimmer betrat, in dem vier Herren hinter einem Schreibtisch saßen. Man ging lächelnd und sicher hinein in dieses Zimmer und kam blass oder auch schwitzend heraus.

Es gab vier Festnahmen. Drei Mannschaftsdienstgrade und ein Offizier. Sie standen im Verdacht, sich verbotener Geschäfte schuldig gemacht zu haben.

In den Unterkünften der Soldaten und Offiziere herrschte deshalb eine begreifliche Unruhe.

Diese Unruhe teilte sich auch dem weiblichen Lieutenant Doris Thompson mit, als jemand den Kopf zur Tür hereinstreckte und rief: »Lieutenant Thompson ins Hauptgebäude, Zimmer vier.«

Doris warf noch einen raschen Blick in den Spiegel, zupfte die Uniform zurecht und verspürte etwas wie Angst. Das Herz schlug schmerzhaft rasch. In den Pulsen klopfte Aufregung, und im Kopf überschlugen sich die Gedanken: Was wird man mich fragen? Was soll ich antworten? Kommt es jetzt heraus, dass ich mich mit Lorenzo in einer billigen Schänke herumtrieb und ... O Gott! Das darf ich nicht sagen! Niemals! – Also werde ich lügen müssen. Lügen, bis man mir glaubt!

Eine peinvolle Viertelstunde nahm ihren Anfang. Doris bekam eine käsige Nasenspitze, als sie auch Major Fletcher im Zimmer sitzen sah. Neben dem Oberstleutnant. Dieser machte ein Gesicht, als sei er magenkrank.

Nur Major Davies lächelte, als Doris sich nach einer militärischen Ehrenbezeigung auf den Stuhl vor dem Schreibtisch setzen durfte.

Doris mied es, Major Fletcher anzusehen. Sie wusste, dass er sie ansah und wie ein Faun grinste. Sie wusste auch, dass Fletcher jetzt die Möglichkeit hatte, eine ganz schauderhafte und sehr peinliche Situation herbeizuführen.

Mal sehen!

Major Davies fing mit den üblichen Fragen an. Doris antwortete sicher und saß kerzengerade auf dem Stuhl, fest in zwei schiefergraue Augen schauend.

»Haben Sie Beziehungen zur Bevölkerung, Lieutenant Thompson?«

»Nein. – Das heißt«, lächelte sie, »ich war zwei Mal in Neapel und ließ mir von einem Italiener die Stadt zeigen.«

»Was ist das für ein Mann?«

»Ich weiß nur, dass er Lorenzo heißt.«

Der Major neigte sich vor. »Wo wohnt er? Was ist er von Beruf?«

Doris warf einen schnellen Blick nach links, wo Major Fletcher saß. Wie widerlich dieser Mensch grinste.

»Ich weiß weder, wo er wohnt«, antwortete Doris, »noch ist mir bekannt, was er treibt.«

»Und – Sie verzeihen bitte – und von so einem Mann, über dessen Person Sie gar nichts wissen, lassen Sie sich die Stadt zeigen, Lieutenant Thompson? Sie sind eine Frau, eine sehr hübsche sogar. Neapel ist für Frauen sehr gefährlich.«

»Was wollen Sie hören, Sir?«, fragte sie kühl.

»Alles. – Ob Sie diesen Mann näher kennen. Ob Sie mit ihm über dienstliche Dinge gesprochen haben. – Sie wissen, warum ich das wissen möchte, Lieutenant Thompson?«

»Ich kann es mir denken, Sir.«

»Dann – bitte«, forderte Major Davies auf.

»Ich habe mit diesem Mann nie über etwas Dienstliches gesprochen. Er zeigte mir nur die Stadt. Ich gab ihm dafür fünfhundert Lire.«

Der Major nickte und notierte sich etwas. »Sonst haben Sie sich mit diesem Lorenzo nicht getroffen?«

»Nein.« Dieses Nein kam aus Richtung des anderen Majors. Fletcher lächelte Doris an, als er sagte: »Lieutenant Thompson war – bis auf die beiden schon erwähnten Spaziergänge in Neapel – immer in meiner Gesellschaft.«

»Danke«, unterbrach Major Davies freundlich, »das genügt. Ich brauche Sie nicht mehr, Lieutenant Thompson. Sie können wieder gehen.«

Doris erhob sich, grüßte, warf Major Fletcher einen seltsamen Blick zu und verließ das drückend heiße Zimmer. Sie schwitzte.

Die beiden MP-Soldaten grinsten.

Doris ging mit zitternden Knien durch den langen Korridor. Warum hat er das gemacht?, dachte sie verwirrt und verließ das Hauptgebäude, schritt langsam zur Baracke hinüber und betrat ihr kleines Zimmer, ließ sich auf das Feldbett nieder und tastete in der Brusttasche nach den Zigaretten. Hm … sinnierte sie weiter, es war nett von Fletcher. Es hätte alles sehr dumm ausgehen können …

Doris zog nervös an der Zigarette.

Da ertönten im Barackenflur Schritte. Sie kamen heran. Verstummten. Und jetzt klopfte es.

Doris ahnte, wer es war. »Bitte!«, rief sie und erhob sich. Major Fletcher stand unter der Tür. »Entschuldigen Sie, dass ich eintrete«, sagte er lächelnd. »Ich weiß, dass es verboten ist, aber ich möchte mit Ihnen etwas besprechen, Doris.«

Doris deutete auf den einzigen Stuhl vor dem Tisch. Das Fenster stand offen. Der Lärm des nahen Flugplatzes und die Hitze des Tages drangen herein.

»Darf auch ich rauchen?«, fragte Fletcher.

»Natürlich«, sagte sie und bot ihm eine Zigarette an. Dann Feuer.

»Danke, Doris«, sagte er und sah sie dabei an. »War es Ihnen recht, dass ich so ausgesagt habe?«

»Was heißt – recht?«, erwiderte sie, sich an die Spindtür lehnend und mit der Zigarette spielend. »Es stimmte ja auch. Wir waren zusammen in ›Zi Theresa‹, und wir spazierten auch einmal zum Castel dell' Ovo.«

Fletcher nickte. »Und ich erinnere mich«, ergänzte er halblaut, »dass wir uns auf eine Bank setzten und ich Ihnen sagte, dass ich Sie liebe.«

»Ach, lassen Sie das, Fletcher«, wehrte sie müde ab. »Es ist immer wieder dasselbe mit Ihnen.«

»Eben«, lächelte er, auf sie zugehend. »Ich liebe Sie! Deshalb wollte ich nicht, dass private Dinge …«

»Ich habe nichts zu verschweigen«, schnitt sie ihm ins Wort. Er sah sie nachdenklich an. Dann fuhr er leise fort: »Lügen Sie doch nicht, Doris. Ich weiß, dass Sie am Montag erst um halb elf vormittags aus Neapel gekommen sind.«

Doris fand nicht den Mut, ihm in die Augen zu schauen. Sie sah an ihm vorbei zum Fenster hinaus. Sie schwieg und nagte an der Unterlippe.

»Lassen Sie die Finger davon, Doris«, ermahnte die Stimme des Mannes. »Das ist nichts für Sie. Diese Italiener marschieren zwar mit uns, aber sie marschieren nur mit, weil ihnen nichts anderes übrig bleibt. Wir dürfen nie vergessen, dass wir Amerikaner sind, Doris. Als Offiziere dürfen wir das erst recht nicht vergessen.«

Sie senkte den Kopf.

»Doris«, fuhr er eindringlich fort, »gehen Sie nicht mehr in diese verdammte Stadt! Und wenn – dann mit mir! An meiner Seite laufen Sie keine größere Gefahr, als dass ich Sie dann und wann mit einer Liebeserklärung belästige. Die können Sie ja überhören, nicht wahr?« Er legte ihr die Hand auf die Schulter und rüttelte sie sanft. »Doris ...! Geben Sie mir eine Antwort!«

»Sie wollen immer dieselbe Antwort hören, Fletcher.«

»Nein. In diesem Falle möchte ich von Ihnen nur hören, dass Sie den Umgang mit dem Italiener lassen.«

Doris wandte sich von ihm ab. Seine Hand fiel herab. »Fletcher, es ist wirklich meine ureigenste Sache. Niemandem steht es zu, sich einzumischen. Ich bin weder unmündig, noch fühle ich mich, weil ich diese Uniform hier trage, versklavt.« Doris stellte sich ans Fenster und sah hinaus. Die heiße Luft roch noch immer nach Brand. »Dieser Mann ist ein hoch anständiger Kerl!«

Fletcher stand dort, wo sie ihn verließ. Er schaute sehr ernst herüber. »Wer ist dieser Mann?«, fragte er. »Kennen Sie ihn? Ich meine – woher er kommt, was er für Verwandte hat, wo er geboren ist, sein Lebenslauf ... ach Gott, Doris! Sie wissen von mir mehr als von diesem Mann!«

»Ja«, sagte sie. »Sie heißen William Fletcher, haben Jura studiert, besitzen in der Fifth Avenue eine Anwaltskanzlei. Sie verloren Ihre Frau durch einen Autounfall. Sie wurden als Lieutenant der Reserve eingezogen und avancierten auf Grund Ihrer Fähigkeiten rasch zum Major. Ich weiß tatsächlich mehr von Ihnen, Fletcher – ja!«

Er kam langsam heran und blieb hinter ihr stehen. »Doris ... Ich verstehe Sie ... ich verstehe Sie vollkommen! Dieses Italien ist etwas so Neues für uns alle, dass es uns verwirrt. Neapel ist für uns ... wie soll ich sagen? Es ist mit einer Prostituierten zu vergleichen, die einen lockenden Reiz ausübt. Es ist eine ungeschminkte Stadt. Voller ›Off Limits‹ und ›Out of bounds‹! Und gerade das Verbotene reizt uns und macht uns verrückt. – Doris, ein Mann kann dieser Lockung unterliegen; er bezahlt's auf seine Weise. Aber eine Frau? Doris, eine Frau muss immer wissen, dass sie eine Frau ist. Ich glaube nicht daran, dass Sie diesen Mann lieben. Ich glaube es deswegen nicht, weil Sie vorhin, als Sie vor dem Major standen, gar nicht so sicher waren, wie Sie sein wollten. Da hatte ich plötzlich Angst um Sie, Doris. Ich musste Ihnen beispringen, ich musste es auch, weil ich nicht wollte, dass man …« Er brach ab.

Doris wandte sich um und sah ihn an. In diesem Blick war kein Trotz, keine Auflehnung, keine Zurechtweisung. Er war klar und dankbar.

»Bleibt das, was Sie von mir wissen, unter uns, Fletcher? Oder muss ich es auf meine Weise abzahlen?«

»Nein. Ich liebe Sie, und deshalb warte ich auch.«

»Worauf, Fletcher?«

»Bis Sie diese Krankheit losgeworden sind und zu diesem Mann nicht mehr hingehen.«

»Es ist gut, Fletcher«, seufzte sie. »Bitte gehen Sie jetzt. Ich möchte allein sein.«

Er nickte gehorsam und ging zur Tür. Dort drehte er sich noch einmal um und wollte etwas sagen. Aber er schwieg, grüßte mit einer leichten Verbeugung und ging.

Doris Thompson sank auf den Stuhl und starrte den Aschenbecher an; er war eine kleine Kartusche aus Messing. William hat Recht, dachte sie. So kann das nicht weitergehen. Ich habe mich in einem Urwald verlaufen … ich muss wieder herausfinden.

An diesem Tag beschloss Doris Thompson, nur noch einmal zu Lorenzo zu gehen und vom ihm Abschied zu nehmen.

Im Hafen herrschte Hochbetrieb. Am Freitag trafen nicht nur zwei dicke Öltanker ein, sondern auch drei große Transporter, die an der Mole zwölf und dreizehn festmachten. Capitano Brandon wurde durch den Mittelsmann verständigt und eilte sofort ins Quartier der drei Froschmänner; denn nun sollte deren Aufgabe besprochen und so rasch wie möglich durchgeführt werden.

»Es ist so weit«, sagt Brandon. »Lorenzo, bringe die Lageskizze her.«

Gruber holte das Kartenblatt und breitete es auf dem Tisch aus.

»Wir starten in der Nacht vom Sonnabend zum Sonntag«, fing Brandon an und nahm den Bleistift zur Hand. »Also – die beiden Ölpötte liegen hier …« – er kreiste die Positionen ein –, »die drei Transporter haben hier festgemacht. Einer davon soll 15 000 Tonnen groß sein. Dicker Bursche also. Es bleibt euch überlassen, wie ihr angreift. Leider ist der Weg zu den drei Eimern etwas weit, dreihundert Meter eine Strecke.«

Die drei Froschmänner tauschten fragende Blicke.

»Ist es dir recht, wenn Michele und ich die drei Pötte anschwimmen?«, fragte Perugio Gruber.

»Einverstanden!«, nickte dieser. »Dann übernehme ich die beiden Tanker.«

»Darauf bist du ja spezialisiert«, bemerkte Perugio.

Die Besprechung ging weiter. Perugio und Gruber hatten die Jacken abgelegt und standen hemdsärmelig um den Tisch. Niemand vermutete eine Störung. Das

Haus Emilios war still. Im Garten lärmte das Spatzen-
volk. Die Sonne berührte den Wasserhorizont, als
Brandon fortfuhr:

»Wir fahren mit zwei Wagen und arbeiten wieder in
zwei Gruppen. Ich führe die erste Gruppe und gehe
mit ihr die Ölbehälter an. Du, Lorenzo, übernimmst
also die beiden Tanker, Pietro und Michele die drei
Transporter. Nachdem ihr auf dem Weg, den ich euch
gleich auf der Karte zeige, in den Hafen gekommen
seid, steigt ihr Punkt null Uhr ins Wasser. Die Zünder
haben eine Gesamtlaufzeit von zwei Stunden fünfzehn
Minuten. Demnach müsste der erste Pott Punkt zwo
Uhr fünfzehn hochgehen.«

»Wenn die Zünder in Ordnung sind«, schränkte
Gruber ein.

Brandon sah kurz auf und schaute ihn an. »Ich habe
das Menschenmöglichste getan, Lorenzo, und die
Zünder persönlich überprüft.«

»Dann ist es ja gut. Mach weiter, Ricardo. Wie kommen wir in den Hafen?«

Vier Köpfe beugten sich gespannt über die Lage-
skizze. »Ich hole euch morgen um dreiundzwanzig
Uhr von hier ab. Wir fahren im Wagen Nummer zwo
bis zur Via Cremona. Dort wartet Lucio mit Wagen
Nummer eins, und mit diesem fahren wir dann bis zur
Calle Cortinanta. Das ist eine kleine Querstraße zur
Via Emoli. Somit befinden wir uns im Industrieviertel.
Von hier aus dringe ich mit meiner Gruppe in den Öl-
hafen ein, während ihr unter Peppos Führung durch
eine Luke in den Abwasserkanal einsteigt.«

»Pfui Teufel«, ließ sich Perugio vernehmen, der den
Abwasserkanal in Palermo in schlechtester Erinnerung
hatte. Brandon grinste zu Perugio hinüber. »Ich weiß –

kein angenehmer Weg, aber er ist für euch der sicherste und schnellste. Durch ihn gelangt ihr ins Hafenbecken. Dort liegt ein alter Schlepper. Menestri erwartet euch dort und hält die Ausrüstungen bereit. Wir müssen genau auf Zeit arbeiten, meine Herren.«

Gruber reichte Zigaretten herum. »Das ist mir klar«, sagte er. »Nehmen wir an, bei dir, Ricardo, geht eine Ladung zu früh hoch! Dann können wir drei uns gleich zur Himmelfahrt fertig machen!«

»Ich sagte schon, dass ich das Menschenmögliche getan habe, Lorenzo!«

»In Ordnung«, murmelte Gruber.

»Das wär's vorläufig«, sagte Brandon und wandte sich an Garza. »Na, mein Junge – dein erster Einsatz als Froschmann! Morgen kannst du zeigen, ob du etwas gelernt hast!«

Garza lächelte nervös. »Ich fühle mich den Aufgaben gewachsen, Capitano.«

»Umso besser«, nickte Brandon und sprach die anderen beiden an: »Seid auch ihr fit?«

»So gut wie«, bemerkte Perugio. »Ich bin froh, dass diese verdammte Warterei zu Ende geht.«

»Wir haben inzwischen Meldung bekommen, dass unser Abholboot unterwegs ist«, sagte Brandon, an der Zigarette saugend. Er musterte die drei Männer. »Tja, Kameraden – eigentlich müsste alles klappen. Die Hauptsache ist, wir kommen mit der Zeit zurecht.«

»Und wann verschwinden wir von hier?«, fragte Perugio. »Sofort nach dem Einsatz. Das Boot läuft bereits heute Nacht aus und erwartet uns ab drei Uhr morgens am vereinbarten Platz. Packt eure Klamotten zusammen, denn ihr kommt nicht mehr ins Quartier zurück.« Brandon lächelte. »Hoffen wir also, dass unsere Abschiedsvorstellung in Neapel gut über die Bühne geht.«

»Warum soll sie's nicht?«, grinste Gruber. »Ich schlage vor, dass wir jetzt einen trinken! Einverstanden, Capitano?«

»Va bene«, nickte Brandon. »Her damit!«

Perugio brachte die Kognakflasche und vier Gläser auf den Tisch.

Keiner der Männer ahnte, dass in diesem Augenblick ein grüner Jeep mit einem weiblichen Leutnant der US-Army am Steuer auf Mastro Emilios Haus zurollte.

Doris Thompson wollte Lorenzo besuchen. Zum letzten Mal. Ich werde es kurz machen, dachte sie. Es tut weh – ja, aber wir bringen uns ja nur in Gefahr. Wir müssen vernünftig sein. – O diese dumme Vernunft!

Der Jeep hielt ein Stück abseits der Werkstatt. Als Doris auf das Haus zuging, fand sie das Tor der Werkstatt verschlossen. Mastro Emilio saß in der Schänke und trank seinen Grappa, und Mama Anna hielt mit der Nachbarin einen Schwatz ab. Aus diesem Grunde schien Emilios Haus leer zu sein. So kam es Doris jedenfalls vor, als sie in den dunklen Hausflur trat und horchte.

Doch nein! Das Haus war nicht leer. Im oberen Stockwerk ertönten Stimmen. Männer unterhielten sich. Jemand lachte. Entschlossen stieg sie die Treppe empor und erreichte die Tür. Hatte Lorenzo Besuch? – Na, wenn schon!

Sie klopfte.

Das Gespräch brach ab.

Doris öffnete die Tür. Vier verdutzte Gesichter starrten die Frau an.

Sie übersah die Situation mit einem einzigen Blick! Auf dem Tisch lag, deutlich erkennbar, eine Skizze des Hafens. Die vier Männer standen wie angewurzelt. Zwei von ihnen waren hemdsärmelig und bewaffnet.

Doris' Gruß erstarb auf den Lippen. Mit erschrockenen Augen und bleicher Miene stand sie da und wusste plötzlich: Das sind sie! Das sind die Gesuchten! Die Saboteure! Und Lorenzo gehört zu ihnen!

Das Schweigen war drohend. Es währte eine Ewigkeit. Keiner der Männer rührte sich von der Stelle. Sie starrten die uniformierte Frau an.

Brandon fasste sich als Erster und ging auf sie zu. »Sie sind Doris Thompson?«

Sie vermochte nur noch mit dem Kopf zu nicken und sank dann an den Türpfosten.

»Haben Sie eine Waffe bei sich?«, fragte Brandon.

»Nein«, stammelte sie und sah zu Gruber hinüber.

»Ihr Kommen war ein großer Fehler«, sagte die raue Stimme.

Doris nickte. Sie fühlte sich elend, zerschlagen. Ihre Gedanken überschlugen sich. Er ist mein Feind, wusste sie nur. Er hat mich nie geliebt, hat mich belogen.

Brandon nahm die Frau am Handgelenk und zog sie vom Türpfosten weg. »Setzen Sie sich.«

Doris sank auf einen Stuhl und schlug die Hände vors Gesicht.

Brandon wechselte mit Gruber einen Blick. »Ich sagte dir oft, diese Frau wird dir noch Kummer machen! Jetzt ist es passiert. Du trägst die Verantwortung, Lorenzo.«

Doris hob das Gesicht. »Was werden Sie mit mir tun?«

Brandon antwortete mit der barschen Gegenfrage: »Weiß Ihre Dienststelle, wo Sie sind?«

Schweigen.

»Antworten Sie!«, knurrte Brandon.

Statt zu antworten, wandte sich Doris an Gruber. Langsam stand sie auf. »Wer bist du? – Jetzt kannst du es mir doch sagen!«

»Du weißt es ja schon«, erwiderte er finster.

Brandon legte der Frau die Hand auf die Schulter. »Ich habe Sie etwas gefragt, Miss Thompson!«

»Was denn? – Ach so, ja …« Sie fuhr sich mit dem Handrücken über die Stirn. »Nein, niemand weiß, wo ich bin.«

»Ist das wahr?«

»Ja.«

Brandon fing an, im Zimmer auf und ab zu gehen. Er sah zornig aus. Zwischen seinen dichten, schwarzen Brauen stand eine steile Falte.

»Michele, geh hinunter und pass auf«, sagte er zu Garza. Und dann ausbrechend: »Verdammt – einmal unterlässt man es, Posten aufzustellen – und schon ist's passiert!« Er fuhr zu Doris herum: »Was wollten Sie hier?«

»Ich wollte mich von Lorenzo verabschieden.« Sie sah Gruber an, der mit starrer Miene dastand. »Lorenzo … oder wie du heißt – ich bin gekommen, um dir zu sagen, dass es zwischen uns zu Ende sein muss. Jetzt weiß ich, dass alles zu Ende ist.«

Michele Garza verließ das Zimmer. Brandon verriegelte wieder die Tür.

Gruber ging zum Tisch und faltete das Kartenblatt zusammen. Er wusste, dass Doris in eine tödliche Gefahr gelaufen war – eine Gefahr, aus der niemand sie mehr retten konnte. Das Todesurteil musste in den nächsten Sekunden kommen.

»Miss Thompson«, sagte Brandon, »ist es Ihnen klar, was mit Ihnen geschehen wird?«

»Yes«, sagte sie leise.

»Es bleibt uns keine andere Wahl«, fuhr Brandon leidenschaftslos fort. »Sie sind in eine Sache geraten, die mir persönlich Leid tut – ich kann sie aber nicht ändern.«

»Das sehe ich ein«, murmelte sie.

Perugio warf der Frau einen mitleidigen Blick zu und wandte sich dann an Brandon. »Unter diesen Umständen müssen wir das Quartier hier vorzeitig räumen.«

»Ja. Packt gleich zusammen.«

»Und sie?«, fragte Perugio, auf Doris deutend.

»Kommt mit. Beeilt euch, wir müssen weg.«

Wortlos wurde gepackt. Gruber stopfte die wenigen Habseligkeiten in den Rucksack. Perugio tat dasselbe. Plötzlich sagte er zu Gruber:

»Möchte wissen, wie du damit fertig wirst, Amico.«

Gruber schwieg. Er warf einen Blick zu Brandon, der am Fenster stand und rauchte, und auf Doris, die zusammengesunken auf dem Stuhl saß. Sie sah blass und geistesabwesend aus, hielt die Hände im Schoß gefaltet und blickte zu Boden.

Da ging Gruber zu Brandon hin und sprach ihn an. »Hör zu, wir müssen einen anderen Weg finden. Sie ist schließlich eine Frau … und keine x-beliebige!«

Brandons Gesicht blieb unbeweglich. »Was für einen anderen Weg? Ich sehe keinen. – Sie weiß zu viel. Wenn wir sie laufen lassen, haben wir sämtliche C. I. C.- und Polizeikompanien auf dem Hals.«

»Wir müssen überlegen, Brandon!«

»Du hättest überlegen müssen«, konterte er frostig. »Jetzt ist es zu spät. Es muss das geschehen, was getan werden muss.«

»Zum Teufel«, presste Gruber, hervor, »sie ist eine Frau!«

»Das sagst du mir schon zum zweiten Mal. Es ändert aber nichts an der Gegebenheit. – Bist du fertig?«

»Mit dem Packen – ja, aber mit dir noch nicht. Du wirst Doris nichts tun, hörst du! Das verbiete ich dir!«

Brandons Blick wurde schmal. »Du hast mir nichts zu verbieten. Ich bin hier der Kommandoführer!«

»Lass sie laufen!«

»Du bist verrückt!«

»Lass sie laufen, wenn wir unsere Sache hier abgeschlossen haben, Ricardo.«

»Das geht nicht!«

»Doch – das geht!«

»Nein, sag ich!« Brandon warf Perugio einen Blick zu. »Seid ihr fertig jetzt?«

»Si«, nickte Perugio, den Rucksack über die Schulter werfend. »Sollen wir uns von Emilio verabschieden?«

»Nicht nötig. Außerdem – es ist niemand zu Hause.«

»Va bene. – Dann können wir ja gehen.«

»Geh voraus und sag Michele, er soll den Wagen heranfahren.«

Perugio verließ das Zimmer.

Doris saß teilnahmslos auf dem Stuhl und starrte noch immer vor sich hin.

»Miss Thompson«, sagte Brandon zu ihr, »ziehen Sie bitte Ihre Uniformjacke aus.«

Sie hob das bleiche Gesicht und sah ihn verständnislos an. »Weshalb?«

»Sie fahren mit uns.«

»Wohin?«

»Bitte ziehen Sie das Jackett aus«, befahl er zum zweiten Mal.

Gruber half ihr. Plötzlich legte er den Arm um ihre Schulter. »Doris, ich verspreche dir ...«

»Du schweigst!«, zischte Brandon.

»Ich verspreche dir«, fuhr Gruber unbeirrt fort, »dass dir nichts geschieht. Du brauchst keine Angst zu haben, Doris.«

»Ich ... ich habe keine Angst«, sagte sie leise und legte die Uniformjacke ab. »Ich bin nur furchtbar ...« Da schlug sie die Hände vors Gesicht und schluchzte trocken.

Brandon hatte Doris' Jackett zusammengewickelt und unter den Arm genommen. Er ging zur Tür, zog ein Halstuch vom Nagel und gab es Gruber. »Im Wagen ihr die Augen verbinden.« Er wandte sich an Doris: »Sie sind doch allein gekommen?«

»Yes.«

»Womit?«

»Mit dem Jeep. Er steht an der Ecke.«

»Geben Sie mir den Zündschlüssel!«

»Er ist in der linken Uniformtasche.«

»Va bene«, murmelte Brandon und sagte dann zu Gruber: »Du kommst mit ihr nach, sobald ich Signal gebe. Sorge dafür, dass sie keinen Lärm schlägt.«

Brandon verließ das Zimmer. Die Tür blieb einen Spalt breit offen stehen.

Gruber und Doris standen sich gegenüber. Sie sah krank aus. Gruber versuchte, einen warmen Ton anzuschlagen, als er sagte:

»Es ist nicht mehr zu ändern, Doris, aber ich will alles versuchen.«

Sie sah ihn seltsam starr an, feindlich, fremd. »Gib dir keine Mühe – ich weiß, was mir bevorsteht. Du wirst es nicht ändern können.«

»Doch.« Er packte ihre Oberarme und presste sie erregt. »Doris – was wolltest du hier?«

»Dir sagen, dass alles zu Ende sein muss. Ich hätte mir diesen Weg ersparen können, aber du warst …« Sie brach ab und fragte spitz: »Sage mir wenigstens jetzt, wer du bist.« Sie streifte seine Hände ab und trat einen Schritt zurück.

»Ein Deutscher«, erwiderte er.

»Ich hätte es mir denken können!«, murmelte sie. »Aber ich war dumm – dumm und eine verliebte Gans.«

»Sprich nicht so, Doris! Du hast mir ein paar unvergessliche Stunden geschenkt.«

»Sei still! Ich schäme mich!«

»Weil du einen Deutschen geliebt hast?«

»Sei still!« Sie schlug die Hände vors Gesicht.

»Doris!«

»Ich kann deine Stimme nicht mehr hören! Ich will dich nicht mehr sehen!«

Er zog ihr die Hände vom Gesicht, doch sie wehrte ihn mit dem aufgebrachten Ruf ab:

»Lass mich in Ruhe!«

»So gleichgültig ist dir alles?«, fragte er betroffen.

»Yes«, presste sie hervor, »so gleichgültig! Was mir geschieht, geschieht mir recht!«

Gruber biss sich auf die Lippen. In diesem Augenblick erscholl im Hausflur ein leiser Pfiff.

»Komm«, befahl er ihr, »aber mach bitte keine Dummheiten.«

Sie ging vor ihm her, tapste müde die finstere Stiege

hinab und sah einen Mann an der offenen Haustür stehen. Draußen summte ein Motor.

Doris schlug keinen Lärm, als sie in den alten Fiat
einstieg; sie wehrte sich auch nicht, als Gruber ihr das
Tuch vor die Augen band und sie sanft in die Sitzecke
drückte.

Die Fahrt ins Ungewisse begann. Sie begann in dem
Augenblick, als im Hauptpostamt Neapel ein Mann im
blauen Monteurkittel in den Keller stieg und dem
Bombenversteck zustrebte.

Die Uhr des Satans lief.

Silvio Mangani öffnete das kleine Eisentürchen in
dem Moment, als die Bombe detonierte; er löste sich in
Nichts auf und verschwand im zusammenstürzenden
Mauerwerk.

Der zweite Akt war zu Ende und stand rauchend
und mit zertrümmerter Hausfassade in der vor Angst
und Empörung aufbrüllenden Stadt.

An diesem Freitagabend fluchte das neapolitanische
Volk jenen Männern, die dem Orlog ein weiteres grau-
siges Licht aufgesetzt hatten, und die Abendglocken
der Kirchen vereinten sich mit dem Heulen der Alarm-
sirenen.

Das Zimmer lag im zweiten Stock der Villa Bianca. Es
besaß nur ein Fenster, das den Blick auf eine schroffe
Felswand frei ließ, an der Sträucher wucherten und
Dohlen nisteten. In diesem Zimmer verbrachte Doris
Thompson die Nacht. Es war ihr Gefängnis. Sie wusste
nicht, wo es lag und wie lange es ihr noch als Bleibe dienen sollte. Ihr Schicksal wurde im Bibliothekzimmer
beschlossen. Hier saßen sie wieder, die Männer mit den
harten Gesichtern. Ihr Boss hatte gerade das Wort.

»Ich nenne jetzt die Namen, für die ich mich verantwortlich fühle: Tenente Perugio, Tenente Stampas, Tenente Calsata, Tenente Nenzi, Sotto-Tenente Mantas, Sotto-Tenente Bertani, Sotto-Tenente Garza. Ich nenne jetzt auch dich, Aspirante Offiziale Gruber, und ich nenne auch dich, Dottoressa Renata Nazzari – ich rufe ferner die Namen Sergente Lucio und Clemente, und ich beschließe die Namen mit dem meinen: Capitano Brandon! – Zwölf Namen also! Neun Offiziale, zwei Sergente und eine Frau! – Ich frage jetzt: Sollen wir diese Namen wegen einer liebestollen Amerikanerin aufs Spiel setzen? – Gebt Antwort, Kameraden!«

»Nein«, ertönte es dumpf und entschlossen.

Der Mann hinter dem Schreibtisch fuhr fort: »Monatelange Vorarbeiten sind getroffen worden, um die Aufgaben lösen zu können. Vier Männer starben bereits für diese Aufgabe. – Und jetzt« – Brandon hob seine Stimme zu einem zornigen Grollen – »sollen wir uns von dieser Miss in Gefahr bringen lassen? Ließen wir sie laufen, sie ginge hin und würde uns verraten. Alle! Auch dich, Lorenzo!« Brandon zeigte auf Gruber.

Die Männer und die Frau an der Tür nickten einmütig. Brandon reckte seine breite Gestalt. »Ich frage jetzt: Wer ist gegen die Liquidation?«

Gruber stand auf. »Ich!«

Brandon blickte ihn finster an und kam langsam um den Schreibtisch herum. »Du enttäuschst uns, Lorenzo«, sagte er beherrscht. »Du enttäuscht uns sehr, Amico!«

»Ich weiß, Capitano.«

Gruber ging auf Brandon zu, stellte sich neben ihn

und schaute die Anwesenden der Reihe nach an. Er begegnete nur abweisenden Gesichtern und mürrischen Mienen. Auch Dr. Renata Nazzari musterte Gruber feindselig.

»Ich bitte, etwas sagen zu dürfen, Capitano.«

Brandon nickte und trat zur Seite.

Grubers zernarbtes Gesicht wirkte dunkel, Mitleid erregend. Dann begann er: »Ich spreche jetzt nicht für eine Geliebte von mir, ich spreche nur für eine Frau. Ich will nicht, dass sie umgebracht wird! Und ihr wollt das auch nicht! Ihr habt nur Ja gesagt, weil es der Capitano so will!«

Brandon fuhr auf: »Gruber, ich verbitte mir diese Bemerkung!«

»Sie haben mir das Wort erteilt, Capitano – jetzt spreche ich!«

Brandon warf sich wütend neben Garza in den Sessel. »Rede weiter«, knurrte er.

»Und vergiss nicht, dass sie Lieutenant in der US-Army ist«, ergänzte Menestri bissig. Er war der Einzige hier, dem das Todesurteil gleichgültig war.

»In meinen Augen«, sprach Gruber weiter, »ist und bleibt sie eine Frau. Wenn ihr sie liquidiert, nehmt ihr mir das letzte bisschen Achtung vor den Kriegsgesetzen. – Ihr wisst, ich kämpfe für die gleiche Sache wie ihr. Ich bin mehr als nur der deutsche Verbindungsoffizier zu euch. Ich bin immer euer Freund gewesen! Ich spreche eure Sprache, ich liebe euer Land, ich kämpfe für Italien. Wie ihr! – Morgen Nacht Punkt null Uhr steige ich ins Hafenwasser und tue wieder meine Pflicht! – Wie ihr! – Ich weiß, dass auf eure Bombenzünder kein Verlass mehr ist! – Ich werde trotzdem schwimmen!« Grubers Stimme schwoll an:

»Aber ich protestiere ganz entschieden dagegen, dass ihr eine Frau töten wollt!«

Schweigen folgte.

Brandon starrte zur Zimmerdecke empor. Dann richtete sich sein dunkler Blick auf Gruber: »Gut geheult, Wolf. Sehr gut. – Und was schlägst du vor, was zu tun ist? Sollen wir sie laufen lassen?«

»Nein. Sie kommt mit, wenn wir hier fertig sind. Als Gefangene.«

Brandon erhob sich grinsend. »In der Tat, eine seltsame Beute! Wir bringen Lorenzos Betthäschen mit heim!«

Niemand lachte.

Grubers helle Augen funkelten gefährlich. Er ballte die Fäuste. Und dann sagte er ätzend: »Auch du nimmst dein Betthäschen mit, Capitano! Die dort!« Sein Arm stach auf die Ärztin hin.

Da sprang Brandon auf. »Du Idiot!«, brüllte er. »Verstehst du nicht, worum es hier geht? Renata ist … O du, ich hätte Lust, dich zusammenzuschießen, du …!«

»Silentium!«, mischte sich jetzt Perugio ein. »Ihr macht hier 'n Lärm, den man bis Neapel hört!« Er wandte sich an Gruber. »Lorenzo, das hättest du nicht sagen dürfen. Renata gehört zu uns. Du hast sie beleidigt. Entschuldige dich bei ihr!«

Gruber wischte sich übers Gesicht. Er war zu weit gegangen. Entschieden zu weit. Aber warum beharrten sie darauf, dass die Amerikanerin umgebracht werden sollte? Das durfte nicht geschehen! Niemals!

Noch ehe er sich zu einer Entschuldigung entschließen konnte, kam die Ärztin heran. Sie war auffallend ruhig. Ihre Stimme klang gelassen. »Lorenzo, du brauchst dich nicht zu entschuldigen. Ich verstehe dich.«

»Grazie, Dottoressa«, murmelte er aufatmend.

Da schnaubte Brandon: »Dieser Lümmel ist ...«

»Schweig bitte«, unterbrach ihn Renata Nazzari. »Und jetzt muss ich dir sagen, dass ich ihm Recht gebe!«

»Waaas?« Brandon starrte Renata an. »Du gibst ihm Recht?«

»Si, Capitano«, nickte die Ärztin. »Auch ich will nicht, dass sie umgebracht wird.«

Brandon schlich geschlagen zum Tisch, goss ein Glas mit Whisky voll und trank.

Plötzlich ließ Garza seine Stimme vernehmen. »Ich bin auch dagegen, Capitano. Ich führe keinen Krieg gegen Frauen!«

Brandon drehte sich langsam um und stierte Garza an. »So ... auch du, mein Sohn ... Hm ...« Er schüttelte den Kopf. Und dann ausbrechend: »Mit Gefühlen gewinnt ihr den Krieg nicht!«

»Nein«, sagte Gruber ernst, »weder mit Gefühlen, noch mit Waffen – und schon gar nicht, wenn wir uns hier wie die Frösche aufblasen oder päpstlicher als der Papst sein wollen. – Aber lassen wir das, Amico. Reden wir morgen weiter.«

Sie sahen sich eine Weile stumm in die Augen. Dann nickte Brandon.

Plötzlich redeten sie alle wieder durcheinander. Der Bann war gebrochen. Dr. Renata Nazzari ging mit der Kognakflasche herum und goss die Gläser voll.

Lieutenant Doris Thompson brauchte nicht zu sterben. Das Los der Gefangenschaft schien ihr so gut wie sicher zu sein. Es war noch früh am Abend, als Lucio, der Teufelsfahrer, mit seiner Caretta durch die winkligen Gassen von Castellammare knatterte und in den dunklen Hof der Villa Bianca einfuhr. Clemente, der Wachtposten, trat aus dem Dunkel.

»Ich bin's – Lucio«, meldete sich der andere.

»Was ist los?«, fragte Clemente, die Maschinenpistole umhängend.

»Allerhand«, sagte Lucio. »Ich muss dem Chef was melden. Ist er da?«

»Ja, drinnen, bei den anderen. Was gibt's?«

»Das Hauptpostamt ist in die Luft geflogen. Ganz Neapel ist auf den Beinen!«

»O Dio mio«, murmelte Clemente und drückte auf einen Knopf, wodurch im Bibliothekzimmer ein Rotlicht aufflammte und das Kommen des Melders ankündigte.

Die Gespräche verstummten, als Lucio in den Kreis der Männer trat und seine Nachricht übermittelte.

Brandon sann mit gefurchter Stirn nach, dann blickte er seinen Männern in die fragenden Gesichter.

»Va bene«, sagte er. »Der nächste Schlag folgt sofort hinterher … Domani! – Morgen!«

Lieutenant Doris Thompson blieb über ihr Schicksal im Unklaren. Bis auf Renata Nazzari, die das Amt der Kerkermeisterin übernommen hatte und die Gefangene mit Essen versorgte, kümmerte sich niemand um die Amerikanerin.

Gruber verwarf seinen Entschluss, zu Doris zu gehen und mit ihr zu reden. Es erschien ihm zwecklos, sich jetzt, knapp vor dem Einsatz, mit Doris über Probleme zu unterhalten, die sich zu einem gordischen Knoten verwirrt hatten.

Nur noch wenige Stunden, dann schlug der Gong zur Endrunde, dann stand nur noch die Aufgabe vor den Augen – der feste Wille, sie zu lösen, gleich, ob man dabei sein Leben verlieren konnte oder es behalten durfte.

In Neapel schlugen Empörung und Wut hohe Wogen.

»Hängt sie auf! An den Galgen mit allen Verrätern und Saboteuren!«

Das waren die Rufe im Volk, während die MP-Jeeps mit heulenden Sirenen durch die Straßen jagten.

Die Männer in Castellammare ließen sich durch nichts in ihren Vorbereitungen stören. Gelassen, wachsam und für tausend spähende Augenpaare unsichtbar bleibend, vollzogen sich die letzten Dinge.

In der Villa Bianca herrschte Ruhe. Man sprach gedämpft. Das Kommen und Gehen geschah unauffällig.

Gegen drei Uhr nachmittags kam Brandon aus Torre el Greco und sagte zu Gruber: »Alles klar, Lorenzo. Ich habe mir noch einmal die Verpackungen angesehen. Sie sind in Ordnung. Menestri ist bereits unterwegs und richtet auf dem alten Schlepper alles her.«

Sie studierten noch einmal die Lageskizze.

»Der Schlepper liegt gut«, sagte Brandon. »Er wird von einem Wrack verdeckt. Ihr müsst aufpassen, dass ihr dem gesunkenen Ding – es ist ein ehemaliges Hafenschutzboot – nicht zu nahe kommt.«

Gegen vier Uhr verließ Michele Garza die Villa – wie er sagte, um sich ein bisschen die Beine zu vertreten.

»Tu das, mein Sohn«, gestattete Brandon.

Dann kam Renata Nazzari herein und berichtete, dass Doris Thompson sich entschlossen habe, beharrlich zu schweigen. »Sie imponiert mir«, sagte die Ärztin. »Es ist die erste Amerikanerin, die mir imponiert.«

Brandon warf Gruber einen Blick zu. »Hast du mit ihr gesprochen?«

»Nein.«

»Das ist gut so«, nickte Brandon. »Du musst jetzt an andere Dinge denken.«

Gruber und Perugio legten sich zur Ruhe. Während Perugio sofort einschlief, sah Gruber sich von einem Schwarm Gedanken überfallen, aus denen sich immer wieder Doris Thompsons Person hervordrängte.

Gruber erkannte sehr klar, dass er Doris nicht liebte. Er hatte sich für ihr Leben eingesetzt, weil er ihren Tod nicht wollte. Damit – so meinte Gruber – war alles abgegolten. Er ahnte aber nicht, dass auch Doris etwas für ihn getan hatte – etwas, worin sie durch einen Major namens William Fletcher unterstützt wurde. Und doch – es trieb Gruber von der Couch hoch. Irgendetwas musste er doch noch mit Doris sprechen.

Gruber störte gerade eine Kussszene im Nebenzimmer. Brandon hielt Renata im Arm.

»Scusi«, murmelte Gruber und wollte die Tür wieder zuziehen, aber Brandon rief:

»Was willst du? Komm her, Lorenzo!«

Gruber sah Renata an. Auch sie war eine Frau, die der Krieg gezeichnet, geschlagen, gedemütigt hatte. Sie lächelte aber. Dieses Lächeln gab Gruber den Mut, zu sagen:

»Renata, lass sie nicht allein – geh zu ihr, und sage ihr, was wir über sie beschlossen haben.«

»Das werde ich tun«, erwiderte die Ärztin. »Mach dir keine Sorgen, Lorenzo.«

Brandon legte dem Freund die Hand auf die Schulter. »Bedrückt es dich sehr?«, fragte er.

»Wenn Renata bei ihr ist – nein.«

»Va bene, du hast gehört, dass sie zu ihr gehen wird.«

Da kehrte Gruber in sein Zimmer zurück, warf sich auf die Couch und schlief ein.

Er erwachte, als ihn jemand rüttelte. Perugio war es.

»Du«, sagte er, »Michele ist noch nicht da. Ich möchte wissen, wo der Kerl bleibt?«

Gruber setzte sich auf. »Wie spät ist es?«

»Gleich sechs.«

»Dann müssen wir ihn suchen.«

Sie verließen die Villa, stiegen auf der Anhöhe herum, riefen und pfiffen nach Garza, aber sie fanden ihn nicht. »Ich habe ihn beobachtet«, sagte Perugio. »Er ist nervös. Lampenfieber hat er. – Pass auf, Lorenzo, wir finden ihn bestimmt in einer Kneipe!«

»Du meinst, er besäuft sich?«

»Ich fress darauf 'n Besen, Lorenzo!«

Sie stiegen in die Vorstadt hinab und durchstreiften mehrere Lokale in Castellammare. Schließlich fanden sie ihn in einer billigen Kaschemme; er stand vor der Theke und war betrunken.

»Na, was machst du da, Amico?«, fragte Perugio, Garza die Hand auf die Schulter legend.

Garza zuckte zusammen. Taumelnd drehte er sich um. Dann grinste er. »Ach, ihr seid's?«, lallte er. »Fein! Kommt, sauft mit!«

»Wir haben keine Lust, Michele«, sagte Perugio. »Komm, wir gehen jetzt.«

Garza schüttelte eigensinnig den Kopf. »Nein. – Nein, sag ich! Mir gefällt's hier. Geht allein!«

»Du kommst mit!«

Da wurde Garza wütend. »Schert euch zum Teufel, ihr Idioten!«, schrie er. »Raus mit euch, sonst …!« Seine Hand tastete unter die linke Achsel.

In diesem Augenblick schlug Perugio zwei Mal zu. Gruber fing die zusammensackende Gestalt auf.

»Meine Herren!«, zeterte der Wirt. »Mein Geld … bitte mein Geld!«

Perugio warf ein paar Scheine auf die Theke und packte dann Garzas Beine. So schleppten sie den Ohnmächtigen hinaus, zu einem Brunnen hin. Sie tauchten seinen Kopf ins Wasser.

Die Gassenjungen johlten vor Vergnügen und sprangen um die drei anscheinend betrunkenen Männer herum. Schließlich kam Garza zu sich. Er lallte unverständliches Zeug und ließ sich willig durch die engen Gassen zur Villa Bianca führen, zwischen Gruber und Perugio torkelnd.

»Du disziplinloses Schwein!«, rief Brandon, als er bemerkte, wie betrunken Garza war. »Ich werde dir ein Strafverfahren anhängen! Warte nur!«

Garza grinste höhnisch und erwiderte lallend: »Bene! Bene! T … tun Sie das, w … was Sie nicht lassen können, Capitano!«

Da zuckte Brandons rechte Hand hoch. Sotto-Tenente Michele Garza wäre unweigerlich geohrfeigt worden, hätte sich nicht Dr. Renata Nazzari dazwischen gestellt. Sie fing Brandons Arm auf und zog ihn herunter.

»Lass das, Ricardo«, sagte sie sanft und wandte sich an Garza; sie sprach wie eine Mutter auf ihn ein: »Na komm, Michele, du wirst jetzt Kaffee trinken. Viel starken Kaffee, denn du musst wieder nüchtern werden.«

»Si, Dottoressa«, lallte Garza und ließ sich von ihr in das Bibliothekzimmer führen.

»Wo habt ihr ihn gefunden?«, knurrte Brandon.

»In einer Kneipe«, antwortete Perugio.

»Dieses pflichtvergessene Aas«, knirschte Brandon.

Gruber schüttelte den Kopf. »Nicht deswegen hat er gesoffen, Ricardo – sondern aus Angst … nur aus Angst. Es ist immer wieder dieselbe Angst … Auch ich möchte saufen.«

Brandon beruhigte sich. Er brachte sogar ein Grinsen zu Wege und fragte die beiden Männer: »Wer spielt Schach mit mir? Schach ist Medizin für die Nerven!« Er schaute auf die Armbanduhr. »Und außerdem haben wir noch Zeit.«

Elf Uhr nachts.

Brandon und seine Männer verlassen drei Minuten nach halb zwölf die Villa. Im Hof hantiert Lucio, der Fahrer, am Wagen herum. Er versteckt die schussbereite Maschinenpistole unter dem Sitz und bespricht sich leise mit Leutnant Bertani. Die drei Kampfschwimmer sind noch in der Villa. Sie machen sich fertig. Heute erledigen sie die Hauptarbeit. Niemand wird ihnen dabei helfen. Sie werden allein sein, ganz auf sich gestellt – allein mit dem Tod, der mit ins Wasser steigt und neben ihnen herschwimmt. Dr. Renata Nazzari und der verwundete Oberleutnant sind die Einzigen, die noch hier bleiben. Sie haben Anweisung, Punkt zwei Uhr morgens mit der Gefangenen an einer vereinbarten Stelle am Strand zu sein.

»Hier – nehmt das noch«, sagt die Ärztin und verteilt an die drei Froschmänner Dextropur. Als sie vor Garza steht, fragt sie besorgt: »Wie fühlst du dich, Michele?«

Garza sieht blass aus. Er hat sechs überstarke Mokka getrunken, die das Herz traktieren. Oder ist es die Nervosität, die ihm das Blut durch die Bahnen jagt?

»Mir geht es ausgezeichnet«, nickt er. Seine Stimme hat einen heiseren Klang.

»Unsere Klamotten bringt ihr nach?«, fragt Gruber.

»Ja«, antwortet Stampas, »wir vergessen nichts.«

Gruber reicht ihm die Hand. »Also, Vittorio – dann halte mal die Daumen.«

»Macht's gut«, murmelt der Oberleutnant. »Macht's ganz prima, Jungs!«

Sie verabschieden sich, da über der Tür das Rotlicht aufflammt und zur Abfahrt drängt.

Renata küsst jeden der Männer auf die Wangen, malt ihnen mit dem Daumen das Kreuzzeichen auf die Stirn und murmelt: »Gott mit euch … Gott mit euch … Gott mit euch.«

Gruber hascht nach ihrer Hand und drückt sie bittend. »Hör zu, Renata. Wenn mir etwas passieren sollte, dann … dann sage Doris, sie möge mir verzeihen. Sage ihr, dass wir Krieg haben und der Krieg die Menschen hart macht. Für Liebe ist kein Platz … er zertrampelt alles … Sage ihr das, Renata, und grüße sie von mir.«

»Ich werde es tun, Lorenzo.«

Gruber hebt die Hand. »Also – ciao!« Und zu den beiden anderen: »Ab jetzt!«

Sie gehen. Ihre leisen Schritte verstummen. Eine Tür klappt zu. Dann ertönt das Brummen eines Motors.

Doris wartet noch immer auf den Henker. Aber sie ist jetzt frei von jeder Angst. Auch den Vorsatz, sich aus dem Fenster in die Tiefe des stillen Hofes zu stürzen, hat sie aufgegeben.

Nur wenn draußen Schritte kommen und der Schlüssel im Schloss knackt, krallt sich die Angst in der Kehle fest. Aber es ist nur die schweigsame, von einer Narbe gezeichnete Kerkermeisterin, die hereinkommt, wortlos das Tablett mit Speisen hinstellt, einen prüfenden Blick auf die Gefangene wirft und dann wieder geht.

Der Henker kommt also nicht. Oder lässt er sich noch Zeit? Am schlimmsten ist die Stille. Doris hat sich schon die ganze Zeit den Kopf zerbrochen, wo sich diese Villa befindet. Nur eines konnte sie an Hand verschiedener Geräusche feststellen; der Aufenthaltsort ist hoch gelegen. Es muss ein gutes Versteck sein, denn man hört weder Menschen noch Straßen- oder Stadtlärm. Aus der Angst ist Haltung geworden. Doris Thompson ist sich dieser Haltung vollkommen bewusst und spürt, dass sie von Stunde zu Stunde fester wird.

Sie horcht in sich hinein und vernimmt nur die Flüsterstimmen ständiger Anklagen: Warum hast du dich mit ihm eingelassen! Warum hast du nicht auf Fletcher gehört! Er hat dich vor dieser Stadt und ihren Menschen gewarnt! Hier gibt es keine redlichen Menschen – hier wimmelt es nur so von Gaunern, Verrätern und jenen, die uns Schaden zufügen wollen!

Doris Thompson schämt sich. Sie könnte sich selbst anspucken! Dann wieder denkt sie an verflossene Stunden. Und trotzdem war es schön mit ihm, bekennt sie ehrlich. Ich war glücklich. Ich wusste ja nicht, wer er war ... Und sie fragte sich ihm gleichen Atemzug: Ahnte ich es wirklich nicht? Wich er mir nicht aus, wenn ich ihn fragen wollte? Und schließlich – fiel es mir nicht oft auf, dass er nicht der Typ des Italieners ist?

Nun weiß sie alles. Er gehört zu jenen, die ihr blut-rünstiges Kriegsgeschäft weiterführen und es nicht wahrhaben wollen, dass sie den Kampf bereits verlo-ren haben. Sie hat diesen Mann umarmt, geküsst, ihm alles geschenkt, was eine Frau zu geben vermag, und gab es – dem Feind.

In diesen Gedanken, die sehr schmerzvoll sind, hat Doris Thompson die schier endlosen Stunden ver-bracht. Zu einem Ergebnis ist sie nicht gekommen. Sie weiß jetzt nicht einmal, ob sie diesen Mann hasst oder noch immer liebt. Sie weiß nur eines: Es ist aus. Vor-bei. Die nächsten Stunden werden entscheiden. Doris Thompson hat die Vorgänge unten im Hof gehört und deutet sie richtig: Man bereitet wieder etwas vor. Sie holen wieder zu einem Schlag aus.

Weit aus dem Fenster gebeugt, hinabhorchend in den Hof, ist es ihr, als wäre jetzt der Augenblick ge-kommen, wo sie schreien müsste. Laut und weithin vernehmbar. Bis zum Flugplatz oder sonst wohin. Passt auf. Seid vorsichtig. Sie kommen wieder! Fangt sie doch! Stellt sie an die Wand!

Doch sie schweigt. Sie beißt nur die Zähne zusam-men und presst die Fäuste gegen die Augen. »Verfluch-ter, dreimal verfluchter Krieg!«, stöhnt sie.

Jetzt fährt wieder ein Wagen davon.

Die Stille ist schrecklich. Wenn doch nur die Dohlen krächzen würden!

Da zuckt die Frau am Fenster zusammen.

Schritte kommen. Der Schlüssel rasselt wieder. Wer kommt jetzt? Renata Nazzari tritt ein. Sie hält einen zweiarmigen Kerzenleuchter in der Hand, schließt die Tür, geht zum Tisch und setzt das flackernde Licht ab.

»Haben Sie einen Wunsch?«, fragt sie.

Doris steht regungslos am Fenster. Ihr Gesicht ist bleich. »Ist es so weit?«, fragte sie heiser und kommt an den Tisch heran. »Bringt ihr mich jetzt um?«

»Nein«, erwidert die andere. »Es wurde beschlossen, Sie weiterhin als Gefangene festzuhalten.«

Doris greift nach den Zigaretten. Ihre Hände zittern. »Gefangenschaft ...«, murmelt sie. Dann blickt sie die Frau prüfend an. »Wer sind Sie überhaupt?«, fragt sie.

»Setzen wir uns«, sagt die andere.

Sie nehmen auf den mottenzerfressenen Polstersesseln Platz. Das Kerzenlicht flackert im leisen Luftzug und wirft große Schatten an die verblichenen Tapetenwände.

»Ich heiße Renata Nazzari«, beginnt die Ärztin. »Weil ich zu den Deutschen hielt und einen deutschen Truppenarzt liebte, wurde ich von der alliierten Militärbehörde verurteilt. Ich saß sechs Monate im Kerker, wurde geschlagen, missbraucht und schließlich wieder entlassen. Ich bin Ärztin. Ärztin ohne Praxis. Jetzt ist es meine Aufgabe, jene Männer zu betreuen, denen Sie in die Hände gelaufen sind. – Es sind nicht die schlechtesten, glauben Sie mir das!«

Doris schweigt. Sie blickt ihr Gegenüber an. Sie findet sie nicht unsympathisch. »Ich danke für Ihre Offenheit«, sagt sie. »Wer ich bin, wissen Sie ja schon.«

Renata Nazzari nickt zustimmend. Dann beugt sie sich leicht herüber und sagt: »Ich soll Sie von Lorenzo grüßen. Sie verdanken es ihm, dass Ihnen nichts Schlimmeres zugestoßen ist. – Er lässt ausrichten, der Krieg mache die Menschen hart, und es sei kein Platz für Liebe da.«

Doris zieht an der Zigarette. Plötzlich zerstampft sie sie im Aschenbecher. »Darin gebe ich ihm Recht«, sagt sie gepresst. »Der Krieg macht die Menschen hart. Jetzt weiß ich es. – Es ist das Einzige, was ich diesem Mann glauben kann.«

»Haben Sie ihn geliebt?«

Doris wirft der anderen einen raschen, fast erschrockenen Blick zu. »Ich finde Ihre Frage fehl am Platz.«

»Meine Frage gilt nicht Lieutenant Doris Thompson, sondern der Frau.«

Doris erhebt sich und geht zum Fernster. Sie schaut in die Nacht hinaus. Irgendwo in der Felswand klagt ein Kauz. Das monotone Auf und Ab das nächtlichen Grillenkonzerts belebt das Dunkel. Doris steht lange am Fenster und denkt nach, dann dreht sie sich langsam um und schaut zu Renata Nazzari hinüber.

»Als Frau habe ich ihn geliebt«, sagt sie versonnen. »Bedenkenlos geliebt. Aber dann erinnerte mich etwas daran, dass ich Amerikanerin bin – Offizier … Lieutenant der US-Army.«

»Wer tat das?«, fragte die andere rasch.

»Die C. I. C. und ein Major, der mich liebt.«

Auch Renata Nazzari steht auf. Sie geht zu Doris und schaut sie seltsam nachdenklich an. »Und Sie wollten zu Lorenzo fahren, um ihm dies alles zu sagen?«, fragt sie.

»Yes«, flüstert Doris, »das war der Grund, weshalb ich kam.«

Renata Nazzari legt den Arm um Doris. »Ich freue mich … ich freue mich sehr«, sagt sie. »Sie sind wirklich eine Frau!«

Doris seufzt und entzieht sich dem Arm, geht zum Bett hinüber und setzt sich auf die Kante. »Gott sei's

294

geklagt – ich bin eine Frau!«, ruft sie mit einem Anflug von Heiterkeit. »Mir wär's lieber, ich wäre ein Mann!«

Die Ärztin nimmt neben ihr Platz. »Nein«, sagt sie leise und fest, »ich bin glücklich, eine Frau zu sein. Alles Leid dieses Krieges tragen wir – nur wir! Man fragt nicht danach, was wir lieben und ob wir lieben. Man nimmt es uns weg und bringt es meist tot wieder. Und wenn wir weinen, heißt's: Sie ist halt nur eine Frau. Es ist das Privileg der Männer, hart zu sein und die Liebe abzuleugnen. Das entbindet uns aber nicht von der Aufgabe, sie trotzdem zu lieben. Denn wir sind der einzige Halt für sie – für diese Männer. Egal ob Held oder Feigling. Sie brauchen uns immer.«

Beide Frauen schweigen. Beide denken an jene Männer, die jetzt irgendwo im Dunkel stehen und die Grenzlinie zwischen Tod und Leben erreicht haben.

»Wo ist er?«, fragt die Amerikanerin leise.

Die andere blickt vor sich hin und schweigt. Sie schweigt lange. Als sie das Gesicht hebt, erschrickt Doris vor dem wehen Ausdruck dieses Antlitzes.

»Sie dringen im Hafen ein und sprengen Schiffe«, flüstert Renata Nazzari. Und plötzlich schlägt sie die Hände vors Gesicht. »Es ist schrecklich«, murmelt sie.

Da legt Doris Thompson den Arm um die zusammengesunkene Gestalt und sagt leise: »Ja, es ist schrecklich ... und wir können es nicht verhindern.«

Der Wagen hat sie in den finsteren Hof einer Ruine im Industrieviertel gebracht. Nur undeutlich dringt der Stadtlärm durch die Dunkelheit. Die Fahrt hierher ist ohne Zwischenfall verlaufen, obwohl man solche befürchtete.

Lautlos steigen sie aus. Noch ein Flüstern mit dem

Fahrer, dann raunt Leutnant Peppo Bertani den drei wartenden Froschmännern zu: »Los …!«

Gruber schaut auf die Kampfschwimmeruhr am Handgelenk. Es ist ein schweizerisches Präzisionswerk und zeigt nicht nur die Zeit, sondern auch die Tiefe des Wassers und die Kompassrichtung an. Die Leuchtziffern glühen. Dreiundzwanzig Uhr dreißig.

In einer halben Stunde muss man im Wasser sein!

Im Gänsemarsch gleiten die vier Gestalten durch eine finstere Trümmergasse. Jetzt kommt das leise »Halt«. Ein abgeblendeter Lichtstrahl sucht umher, bleibt auf einer Luke liegen. Sie lässt sich geräuschlos heben.

Peppo Bertani steigt als Erster in das übel riechende Loch hinab.

Es ist ein etwa mannshoher Abwasserkanal, in dem sie stehen. Ein penetranter Gestank raubt ihnen fast den Atem. Die Luft ist erstickend heiß. In dünnen, schwarz schimmernden Rinnsalen kriecht eine stinkende Brühe aus Nebenrohren in den großen Kanal.

»Vorsicht!«, ruft der Anführer. Seine Stimme hallt schaurig durch den Tunnel, der irgendwo im Hafenwasser endet. Sie müssen vorsichtig vorangehen, denn der leicht gewölbte Boden ist schlüpfrig. Ein Sturz in die stinkenden Abwässer wäre schauderhaft!

Die Schritte patschen dem vorantastenden Lichtstrahl nach. Gleich nach den ersten paar Metern Weges bricht den Männern der Schweiß aus. Die Lungen keuchen nach Frischluft. Das Herz klopft bis zum Hals herauf.

»Mensch, wie weit ist's denn noch?«, ächzt Perugio, der seit dem Einstieg in den Kanal mit Brechreiz kämpft.

»Wir sind gleich da«, ertönt die Antwort.

Nach etwa hundert Metern erreichen sie eine Stelle, an der Steigeisen nach oben führen.

»Dicht hinter mir bleiben«, flüstert Peppo Bertani. Dann klimmt er nach oben. Er erreicht eine Luke und stößt sie vorsichtig auf.

Sie sind wieder draußen und atmen gierig die frische Nachtluft. In ihren eng anliegenden, nachtschwarzen Gewandungen sind sie kaum zu erkennen und verschmelzen mit der Dunkelheit.

Sie schauen sich um.

Es ist der ehemalige Verladehafen, in dem sie stehen. Die Trümmer ausgebrannter Schuppen zeichnen sich gespenstisch am Nachthimmel ab. Schräg gegenüber erstreckt sich ein zweiter, zerbombter Lagerschuppen, hinter dem die Hafenstraße verläuft, und an diese grenzt die ebenfalls beschädigte Kaimauer an. Die vier Gestalten huschen weiter. Sie werden von den weiter unten patrouillierenden Posten nicht bemerkt, denn diese unterhalten sich; man hört ihre Stimmen, ihr Lachen.

Der Schlepper liegt mit leichter Schlagseite hinter einem dicht am Kai abgesunkenen Frachter, dessen Takelage und Heck noch aus dem schwarzen Hafenwasser ragen. Ein paar Laufbretter führen auf den Schlepper hinüber.

Lautlos springen die vier Gestalten an Bord und schleichen an den Aufbauten entlang in einen Niedergang. Peppos Taschenlampe flammt wieder auf und leuchtet die rechte Seite ab. Dann stehen sie vor einer Kajütentür. Peppo Bertani klopft im bestimmten Rhythmus an, worauf es eine Weile still bleibt. Dann öffnet sich die Tür, und die lange Gestalt des Funk-Offiziers steht da.

»Buona sera«, grüßt er launig. »Tretet ein, meine Herren.« Sie befinden sich jetzt in der Kajüte. Von der Decke herab leuchtet eine abgeschirmte Azetylen-Lampe und lässt ein seltsames Stillleben sehen: Auf dem Tisch ausgebreitet liegen die Schwimmkombinationen, auf dem unteren Kojenbett sind drei Atmungsgeräte und auf der Bank die vorbereiteten Sprengladungen, jede sechs Kilo schwer und mit vier Kilo hochexplosivem Sprengstoff gefüllt. Die Gummisäcke, in denen diese Satansdinger transportiert werden sollen, liegen daneben.

»Ihr müsst euch beeilen«, drängt Menestri. »Los, ich helfe euch beim Umkleiden!«

Gruber, Perugio und der auffallend blasse Garza entledigen sich ihrer Kleider. Splitternackt stehen sie da und beschmieren sich gegenseitig mit Fettcreme.

Niemand spricht.

Dann schlüpfen sie in die wollenen Kombinationen, die bis zum Hals aus einem Stück gearbeitet sind, ziehen jetzt die zweiteiligen Gummianzüge über – Hose und Jacke, die Bauch, Arme und Hals wasserdicht abschließen, und setzen zum Schluss die Gummihaube auf. Sie reicht weit über den Nacken und lässt nur ein Stück des Gesichts frei.

Gruber wirft Garza einen besorgten Blick zu. Man sieht es dem Jungen an, dass er jenes Fieber hat, das Bühnenkünstler Lampenfieber und Froschmänner Angst nennen.

»Fühlst du dich fit?«, fragt Gruber.

»Aber ja«, kommt es heiser zurück.

Jetzt schnallen sie die doppelflaschigen Atmungsgeräte um, deren Atmungsschlauch über die Schulter zum Mund führt und mittels eines Mundstücks mit den Zähnen festgehalten wird.

Diese Atmungsgeräte sind das Wichtigste. Sie richtig zu bedienen, war Ausbildungsthema Nummer eins. Sie enthalten ein komprimiertes Sauerstoff-Nitrogen-Gemisch, das durch einen Regler der Atmung zugeführt wird. Der Froschmann muss seine Atemluft richtig mischen. Nimmt er zu viel Sauerstoff zu sich, beginnt in kurzer Zeit sein Blut buchstäblich zu kochen und betäubt ihn – atmet er zu wenig Sauerstoff, treten Atemnot und unmittelbar darauf die gefürchteten Herzkrämpfe ein. Nur eine lange und sorgfältige Ausbildung kann den Froschmann vor diesen beiden Todesarten schützen – zu der noch eine dritte Gefahr kommt: die zu früh einsetzende Explosion der angebrachten Sprengkörper. Befindet sich der Kampfschwimmer noch in der Nähe des Explosionsherdes, ist es um ihn geschehen, schwimmt er schon weiter weg, wird er zum raschen Auftauchen gezwungen und gerät dann meistens ins Blickfeld der Wachtposten; die wissen, was ein einsam im nächtlichen Hafenwasser schwimmender Mensch im Schilde führt!

So ist in jedem Falle die Kampfweise des Froschmannes außergewöhnlich und lebensgefährlich. Die meisten dieser verwegenen Männer sind zum Sterben verurteilt. Im Wasser oder – wenn man ihrer habhaft wird – am Erschießungspfahl. Nichts bleibt von ihnen übrig als eine Nummer, durch die ein Strich gezogen wird. Viele Gräber ohne Kreuze hat dieser Krieg schon auf dem Gewissen.

Sie sind fertig.

Wie Wesen aus einer anderen Welt stehen sie im spärlichen Licht der Lampe: unheimlich anzusehen, fremd, mit Gesichtern, in denen die Erregung zuckt, die Spannung. Erst wenn sie sich ins Wasser gleiten lassen, wenn die ersten paar Meter durchschwommen sind, weicht diese entsetzliche Spannung.

»Uhrenvergleich«, sagt Gruber. »Es ist … dreiundzwanzig Uhr sechsundfünfzig in fünf … vier … drei … zwo … Jetzt!«

Die dünnen Zeiger stoppen genau.

»Macht's gut«, murmelt Menestri und klopft jedem auf die Schulter, hängt ihm den Gummisack mit den Sprengladungen um und kontrolliert noch einmal den Sitz der Gurte, ob der Dolch in der Scheide steckt, ob die Gesichtsmaske richtig anliegt. »Va bene – ihr könnt jetzt abhauen!«

Sie klemmen die Schwimmflossen unter die Achseln und gehen aus der Kajüte.

Dort, wo sich das Deck dem Wasser zuneigt, ist eine Lücke in der Reling. Eine kurze Eisenstiege hängt im Wasser. Das ist die Stelle, von der aus die drei Männer starten werden. Perugio lässt sich als Erster ins Wasser gleiten. Noch ein Wink mit der Hand, dann lässt er sich sinken und verschwindet. Jetzt steigt Garza die Eisenleiter hinab.

»Mach's gut, Michele«, flüstert Gruber.

Der zweite Froschmann taucht ins dunkle Wasser.

Gruber klemmt das Mundstück zwischen die Zähne. Menestri dreht langsam den Hahn der Atmungsflasche auf. Gruber nickt bestätigend. Dann steigt er ins Wasser, schaut noch einmal auf die Leuchtziffern der Uhr.

Null Uhr.

Er lässt die Griffe der Leiter los und versinkt. Das Gewicht der vier Sprengladungen hebt sich fast vollkommen auf. Gruber beobachtet den Tiefenmesser seiner Uhr. Als der dünne Zeiger die Marke 2,5 erreicht, vollführt er eine geschmeidige Wendung und beginnt, die Flossenfüße zu bewegen.

Die grässliche Spannung ist fort.

Ruhig und kräftig schlagen die Beine das dunkle, aber nicht vollkommen undurchsichtige Hafenwasser. Wenn man nach oben blickt, kann man die hellere Oberfläche sehen.

Gruber bemerkt den leichten Druck im Kopf, der sich immer in den ersten Minuten unter Wasser einzustellen pflegt. Nur ruhig bleiben ... zügig schwimmen ... an nichts denken! Unheimlich still ist es hier unten.

Dann und wann vernimmt das Ohr ein leises, glucksendes Geräusch: Es sind die ausgeatmeten Luftblasen, die nach oben ziehen ... Gruber schwimmt mit Absicht so flach, um dem hier in der Nähe liegenden Wrack nicht zu nahe zu kommen. Es liegt allerhand gefährliches Gerümpel im Schlick: verrostete Trossen, Leinenstücke, die irgendwo dort unten verankert sind und wie schläfrige Riesenschlangen im Dunkeln taumeln!

Ich muss mich beeilen, denkt Gruber und schlägt einen rascheren Beinrhythmus.

Nach acht Minuten erreicht der Fischmensch den äußeren Rand und beschließt aufzutauchen und sich durch einen Rundblick zu orientieren.

Die beiden Tanker liegen im zweiten Becken. Dicht an den Pipelinebrücken, wo jetzt Brandon mit seinen Leuten arbeitet.

Hoffentlich werden sie nicht frühzeitig entdeckt, zuckt es Gruber durch den Sinn, als er auftaucht und zu den beiden Tankern schaut.

Er hat gut Richtung gehalten. Dort drüben liegen

301

sie. Nur noch knapp 150 Meter entfernt! Er erkennt die dicken, tief im Wasser liegenden Rümpfe der Schiffe, die breiten Aufbauten, die blauen Top-Lichter. Tauchen! Weiterschwimmen. Dass er sich jetzt im richtigen Wasser befindet, merkt er an dem schmierigen Film, der sich um die Handschuhe gelegt hat. Öl. Es fließt immer eine Menge in den Hafen, wenn die Schiffe leer gepumpt werden.

Das Wasser hier ist trüber als im ersten Becken. Kaum dass man etwas sieht.

Da! … Gruber zuckt zusammen! Etwas Langes, Spitzes kommt näher, von unten herauf wachsend!

Es ist der Mast des versunkenen Hafenschutzbootes, von dem Brandon unlängst gesprochen hat, als man den Einsatz besprach.

Gruber schwimmt näher. Er erkennt die Umrisse des gesunkenen Bootes. Sich ihnen nähernd, sieht er deutlich die Brücke und darauf eine Zwei-Zentimeter-Lafette. Doch was ist das dort? Etwas Helles, in Bewegung Befindliches hebt sich aus dem Dunkel ab.

Ein Mensch. Ein Toter. Irgendwie klemmt er am Deck des Wracks. Bleiches Haar weht aus dem Dunkel, bleich auch das Gesicht. Ein scheußlicher Anblick!

Das Grauen verliert sich wieder. Gruber schwimmt zügig weiter. Er fühlt sich frei von allen Unterwasser-Komplexen. Man merkt es doch, dass man schon den … ja, der wievielte Einsatz ist es eigentlich schon? Der fünfzehnte? Der zwanzigste? Der letzte? …

Weg mit diesen Gedanken! … Da! Vorn taucht etwas Dunkles, Breitflächiges auf. Das muss der erste Tanker sein!

Vorsichtig, mit ausgestreckten Händen schwimmt

Gruber auf die dunkle Wand zu, berührt sie, tastet sie ab, spürt Algen und all das Schmarotzerzeug, das sich an Schiffen festklammert und von Kontinent zu Kontinent mitschleppen lässt. Blinde Passagiere unter Wasser.

Gruber macht nur Beinbewegungen und schiebt sich langsam am Rumpf des Schiffes entlang. Mittschiffs muss er die erste Ladung anbringen, die zweite am Heck, in der Nähe der Schraube. Jetzt hat er ungefähr die Mitte erreicht und lässt sich tiefer sinken.

Undeutlich kommt der Grund näher – eine düstere Landschaft, die zu berühren gefahrvoll ist. Gruber tastet sich mit schwachen Beinschlägen und weit vorgestreckten Armen am Schiffsboden entlang. Dann erreicht er die ihm günstig erscheinende Stelle. Über ihm liegen Hunderttausende Liter Öl – gehen ahnungslos Posten auf und ab, schlafen Menschen, die den Tod unter ihrem Schiff nicht ahnen.

Für Gruber beginnt jetzt die schwierigste Arbeit: die Ladungen anzubringen!

Er zieht den Dolch aus der Scheide und schlitzt den Gummibeutel auf, nimmt die erste Bombe heraus und umwickelt den aufgeschlitzten Beutel mit einen Strick, diesen wieder am Gürtel befestigend.

Die Bombe jetzt mit beiden Händen fest an · die Brust gepresst, mit den Beinen leise schlagend, geht der Fischmensch daran, sie auf den Schiffsboden aufzusetzen. Der Magnet beginnt zu ziehen. Unwiderstehlich. Mit einem dumpfen Knall saugt sich die Haftlochung an dem stählernen Rumpf des Tankers fest.

Gruber schwitzt. Der Schweiß rinnt ihm in Strömen am Körper entlang. Die Lungen arbeiten krampfhaft.

Das Anlegen der Bombe ist immer das Scheußlichste. Der Aufprall ans Eisen verursacht einen Lärm, von dem man stets meint, er sei bis auf die Kommandobrücke zu hören.

Alles bleibt ruhig.

Gruber schwimmt weiter. Zum Heck. Hier vollzieht sich das Gleiche. Wieder knallt die Bombe mit metallenem Laut an den Schiffsboden. Auch sie sitzt!

Jetzt die Zündereinstellung! … Die panische Angst, es könnte etwas geschehen! Er denkt an die Fehlzündungen! Nein. Auch diesmal rastet der Stift ein und bringt das Laufwerk in Gang.

Der Satan tickt wieder. 135 Minuten lang.

Rasch schwimmt Gruber die zweite dunkle Wand an. Das muss ein ganz dicker sein. Er liegt sehr tief. Viel tiefer als der Erste! Das gibt 'n Feuerwerk, denkt Gruber, als er die Haut des Riesen abtastet. Rasch und gekonnt arbeitet der Mann in der Tiefe. Er spürt den schweren Herzschlag, die mühsam arbeitenden Lungen. Das Gesicht hinter der großen Tauchbrille trieft vor Schweiß.

Zwei Mal hallt das dumpfe Echo durch die nasse Finsternis, und zwei Mal denkt Gruber an Frühzündungen und den schnellen Tod. Die Uhr am Handgelenk frisst die Minuten, die erste Stunde. Erschöpft, vollkommen fertig, stößt sich Gruber nach getaner Arbeit von dem todgeweihten Schiff ab und schwimmt davon. Seine Bewegungen sind matt. Die Kinnladen haben sich am Mundstück des Atemschlauches verbissen. Gierig pumpen die Lungen nach Sauerstoff.

Ein kurzer Blick auf die Uhr. Noch neun Minuten, stellt Gruber fest. Dann sind die Flaschen leer. Ich muss mich beeilen!

Auf dem Weg ins erste Hafenbecken zurück begegnen ihm Fischschwärme. Sie stieben erschrocken auseinander, kommen wieder.

Gruber sieht sie nicht. Mechanisch hält er die Beine in Bewegung, krault mit den Armen leicht nach und schiebt sich durch das stille, finstere Wasser. Immer spürbarer wird die Umformung des Sauerstoffes. Als Gruber plötzlich rote Funken und Kreise vor den Augen hüpfen sieht, weiß er, dass es höchste Zeit wird, an die Ausgangsposition zu gelangen. Er denkt daran, aufzutauchen und das verdammte Mundstück auszuspucken. Er giert nach einem Atemzug frischer Luft.

Du musst durchhalten, befiehlt er sich. Jetzt bist du so weit gekommen – das letzte Stück schaffst du auch noch! Seine Bewegungen werden immer matter. In den Ohren rumort ein hohles Sausen. Ich muss es schaffen … ich muss … muss … muss …!, befiehlt er sich.

Endlich nähert sich der schwarze Schatten. Die weit vorgestreckten Hände berühren etwas Hartes.

Der alte Schlepper! Erreicht! Gott sei Dank!

Gruber taucht auf und hängt sich an die Griffe der Eisenleiter. Die Kiefer wollen sich nicht lockern. Endlich! Erlöst spuckt Gruber das Mundstück aus und japst nach frischer Luft.

Wie aus weiter Ferne hört er ein Geräusch. Ihm kommt es vor, als hinge er zwischen Himmel und Erde. Und jetzt – jetzt packen Fäuste zu und ziehen ihn noch höher.

Dann weiß er nichts mehr. Er kommt erst zu sich, als ihm jemand sanfte Ohrfeigen verabreicht und eine scharf riechende Flüssigkeit unter die Nase hält.

»Na los, komm schon hoch«, hört er eine knurrige

Stimme. Er befindet sich an Deck des alten Schleppers. Zwei dunkle Gestalten knien zu seiner Linken und Rechten.

»Hat es geklappt?«, fragt Menestris Stimme.

Da richtet sich Gruber auf. »Ja ... hat geklappt. Bei allen beiden.«

»Va bene«, hört er Bertanis Stimme.

»Wo sind die anderen?«, fragt Gruber.

»Noch nicht hier«, erwidert Menestri. »Sind verdammt lange aus, stell ich fest. Wird doch nichts passiert sein?«

Gruber erhebt sich. Er steht ziemlich wacklig auf den Beinen und schliddert zur Reling hinunter. Dort steht er und schaut die dunkle Wasserfläche an, sieht die Lichter der drüben liegenden Schiffe und dahinter den hellen Schein der Mole Razza.

Gruber sieht auf die Uhr. Ein Uhr fünfunddreißig. »Macht mir das zweite Gerät fertig«, sagt er. »Schnell. Ich muss nachschauen, was mit Michele und Pietro los ist!«

Menestri springt davon. Sekunden später schleppt er das Reserve-Gerät heran und schnallt es Gruber um.

»Wir müssen uns verdammt beeilen«, hört er noch Bertani sagen, dann sinkt er zum zweiten Mal ins Wasser und stößt sich vom Schlepper ab.

Gruber taucht und schwimmt rasch in Richtung der Mole 12 hinüber, wo Garza und Perugio ihre Aufgabe zu erledigen hatten. Warum sind sie noch nicht zurück?

Nach etwa hundert Metern glaubt Gruber eine Bewegung im Wasser zu erkennen. Er schwimmt darauf zu. Plötzlich gewahrt er einen vorüberziehenden Doppelschatten und schwimmt darauf zu.

Es ist Perugio. Er hält die schlaffe Gestalt Garzas fest und kommt nur sehr langsam voran. Gruber taucht auf. Sekunden später schwimmt er neben Perugio, packt Garzas schlaffen Arm und hilft Pietro bei der Rettungsarbeit.

Es ist inzwischen so hell geworden, dass Gruber die übermenschliche Anstrengung in Perugios Gesicht lesen kann. Wie lange müht sich dieser Mann schon mit Michele ab? Was ist geschehen? Doch zum Fragen ist jetzt keine Zeit. Die Satansuhren ticken! Wehe, wenn eine Bombe zu früh hochgeht! Und der Weg zum Schlepper will nicht kürzer werden.

Gruber spürt, dass er am Ende ist. Mit letzter Willenskraft schwimmt er weiter, die leblose Gestalt hinter sich herziehend. Perugios Bewegungen sind kraftlos. Nur noch Sekunden – dann kriegt er den Kollaps, dann verliert er die Kontrolle über sich und fängt an, wild um sich zu schlagen, zu brüllen. Und das wäre das Ende.

Endlich haben sie den Schlepper erreicht. Vier Arme packen zu und zerren erst Garza an Bord, dann Perugio, zum Schluss Gruber.

Gruber hat noch die Kraft, die Nasenklemme abzunehmen und das Atemmundstück auszuspucken.

Mit leisem Zischen entweicht das Sauerstoffgemisch. Perugio, dieser Kerl aus Eisen, dieser Mann mit den unwahrscheinlich kräftigen Lungen – er steht auf den Beinen, taumelt, reißt die Maske vom Gesicht und keucht wie ein Schwerkranker. Der dritte, Michele Garza, liegt wie ein Toter auf dem schräg abfallenden Deck.

Menestri und Bertani bemühen sich um ihn. Sie ziehen ihm die Schwimmflossen von den Füßen, nehmen ihm die Gesichtsmaske ab. Kein Wort fällt. Keine Frage. Keine Erklärung.

Gruber taumelt über die schiefe Ebene zum Niedergang hinauf. Plötzlich zuckt ein grelles Licht durch die Nacht. Ein fetzender Donnerschlag folgt.

Drüben, bei den Ölbehältern, geht die erste Sprengladung hoch! Zu früh!

Gruber steht wie erstarrt.

»Porco maledetto, da haben wir den Dreck!«, flucht jemand. Dann hasten Schritte davon.

Auch Gruber läuft in den Niedergang. Jetzt geht es um Sekunden! Gleich wird der ganze Hafen auf den Beinen sein.

Schon heulen die Sirenen. Der Feuerschein breitet sich aus. Die Nacht ist glutrot. Auf den Kaianlagen ertönt Gebrüll und knurren Motoren. Ein paar Schiffe tuten Alarm.

Die fünf Männer sind in der Kajüte. Gruber und Perugio reißen sich die Schwimmkombinationen vom Leib, ziehen sich in fliegender Eile um. Die anderen beiden bemühen sich um den Ohnmächtigen.

»Wie ist es passiert?«, fragt Menestri.

Perugio kommt nicht dazu, eine Erklärung abzugeben. Eine zweite Detonation erschüttert den alten Schlepper. Eine dritte folgt.

»Verflucht – viel zu früh!«, knirscht Gruber und saust in die Kleider, schnallt das Pistolengehänge um und springt zu Menestri hinüber, der Michele umzuziehen versucht.

Mit fahlem Gesicht, die Augen und den Mund fest geschlossen, liegt Garza da.

»Fa presto!«, treibt Bertani an. »Wir müssen hier fort!«

Menestri räumt die abgelegten Taucherausrüstungen weg, stopft alles in einen bereitliegenden Sack, rennt damit hinaus und versenkt ihn.

Da peitschen schon die ersten Schüsse. Drüben bei den Ölbehältern. Jetzt prasselt ein langer Feuerstoß. Verdammt, verdammt. Es wird schwer halten, aus dem Hafen zu kommen! Alles ist alarmiert. Auf der Hafenstraße jagen die ersten Jeeps zu den Brandherden. Taghell ist die Nacht. Ein Dutzend Sirenen übertönen den Lärm und veranstalten ein schauerliches Konzert.

Bertani verteilt drei Maschinenpistolen, dazu ein paar Eierhandgranaten.

Garza ist noch immer besinnungslos.

»Wir tragen ihn!«, sagt Gruber. Aber Bertani bückt sich bereits und lädt sich den Ohnmächtigen auf die Schultern und hastet durch den Niedergang, um die Aufbauten herum, über die Laufbretter. Die anderen rennen hinterher, die Maschinenpistolen schussbereit in den Fäusten.

Jetzt haben sie die Straße erreicht. Drüben liegt der ausgebrannte Lagerschuppen. Gruber jagt mit langen Sprüngen hinüber. Er duckt sich hinter einer geborstenen Mauer und sieht die anderen herüberkommen. In diesem Augenblick fliegt die Pipeline-Brücke in die Luft. Die Druckwelle fegt heran. Hitze.

»Stopp … ! Hands up! … Stopp!« Ein Jeep ist da. GIs springen herunter und brüllen.

Da schießt Gruber das erste Magazin leer. Das Prasseln der Waffe geht im Getöse weiterer Explosionen unter. Jetzt wissen die flüchtenden Männer, dass sie entdeckt worden sind. Jetzt geht es auf Tod und Leben. Sie hasten durch eine gespenstisch erhellte Trümmerlandschaft.

Puiiii … puiiii … summen gefährliche Hummeln um die Köpfe. Da bleibt plötzlich der lange Funkoffizier stehen und hebt das hohlwangige Gesicht zum lodernden Himmel empor. »Lauft … weiter …«, ächzt Menestri. »Haut ab … fa presto!«

Gruber bleibt stehen. Er sieht, dass Menestri getroffen ist, packt ihn, aber Menestri wehrt ab.

»Hau ab …«, knirscht er und sinkt in die Knie. Er lädt mit schweren Händen die Maschinenpistole und hebt sie in Richtung des näher kommenden Gebrülls.

Gruber rennt weiter. Er muss die Einstiegluke erreichen! Im Davonhasten hört er kurze Feuerstöße. Dreimal … viermal. Dann patschen Einzelschüsse.

Tenente Menestri stirbt kniend und fällt langsam vornüber …

Verfolgt von sirrenden und klatschenden Geschossen, erreicht Gruber den offen stehenden Lukendeckel. Jemand winkt hastig.

Es ist Perugio. Dann verschwindet er.

Gruber steigt in das Loch. Er tastet nach dem Deckel und wirft ihn zu. Mehr fallend als kletternd erreicht Gruber den Kanal. Schritte huschen im Dreck. Weiter vorn geistert ein Licht umher. Gruber hastet weiter.

Da! – Dumpf und gewaltig erhebt sich ein Donnerschlag. Ein Beben läuft durch den stinkenden Tunnel. Und jetzt wächst ein dumpfes Rauschen heran … kommt näher und schiebt eine erstickend heiße Luftwelle vor sich her.

Die vier Männer haben die nach oben führenden Steigeisen erreicht, doch es bleibt ihnen keine Zeit mehr, hinaufzuklimmen. »Festhalten!«, brüllt Bertani, auf dem dritten Steigeisen stehend, mit Garza auf den Schultern. »Wasser kommt! … O Madonna mia …!«

Gruber umklammert, zusammen mit Perugio, ein Steigeisen. Und jetzt rast das Wasser heran, gepresst von der fürchterlichen Explosion draußen im Hafen. Der erste Tanker fliegt in die Luft. Der Druck presst das Wasser in den Abflusskanal zurück ... Titanenfäuste zerren an den drei sich festklammernden Männern. Die Sturzwelle reißt an den Körpern ... rauscht vorüber und verliert sich mit dumpfem Lärm ... kommt langsam und schmatzend zurück, um den richtigen Weg zu nehmen und wieder abzufließen.

Die drei Männer hängen erschöpft und triefend an den Steigeisen. Das Wasser hat Garza belebt. Er wackelt und strampelt mit den Beinen.

»Los – halt dich fest«, keucht Bertani.

Garza taumelt hin und her. Gruber und Perugio schieben von unten nach, und Bertani stößt oben die Luke auf, steigt hinaus und zieht Garza empor.

Endlich sind sie draußen.

Auch hier lodert Brandlicht, aber die Ruinen versperren den Blick zum Hafen. Dort muss die Hölle los sein. Es prasselt, dröhnt, kocht und wogt in wilder Feuersbrunst durcheinander. Das ganze Hafenbecken steht in Flammen. Das ausgelaufene Öl brennt!

»Weiter!«, keucht Gruber. »Michele ... kannst du laufen?«

»Ja ... doch ...«, lallt der junge Offizier und torkelt auf unsicheren Beinen weiter.

Plötzlich ertönt Gebrüll.

»Stopp! – Stopp! ...!« Drei Carabinieri rennen heran. »Stopp ...« Die Antwort prasselt aus einer Pistole und zwei MP. Garza lehnt mit eingeknickten Knien an der Mauer und rutscht immer tiefer.

311

Die drei anderen stolpern heran.

»Mich hat's … erwischt«, lallt Garza. Dann kippt er Gruber in die Arme.

Rasch packt Perugio zu, und so tragen sie den schwer verwundeten Garza durch die enge Trümmergasse. Sie rennen. Vornweg Bertani mit der schussbereiten Maschinenpistole.

Da taucht ein Mann auf. »Halt – nicht schießen!«, schreit er heiser. »Ich bin's – Lucio!«

Der Wagen wartet mit laufendem Motor im Ruinenhof. Die Brände im Hafen werfen ein schauerliches Licht an die geborstenen Mauern.

Sie betten Garza in den Wagen, steigen ein und werden vom Ruck des anspringenden Wagens zurückgeschleudert. Jetzt fährt Lucio, der Teufelsfahrer. Die schussbereite MP auf dem Schoß, die Fäuste um das Lenkrad gekrallt, jagt er den Wagen durch die Trümmergasse, schleudert ihn um die Ecken und Kurven. Er legt ein mörderisches Tempo vor. Dann wird der Fahrweg breiter. Die Via Cremona ist erreicht. Scharen von Menschen rennen kopflos durcheinander, versperren den Weg. Ein paar Uniformen sind darunter, heben gebietend die Arme. Stopp!

Lucio drückt auf die Hupe und jagt brutal weiter. Die schreiende Menge spritzt auseinander. Ein paar dumpfe Schläge gegen den Wagen, ein erstickender Schrei verkündet, dass diese Nacht auch hier ein Opfer zertrampelt.

Mit starren Gesichtern, die Waffen umklammert, sitzen Gruber, Perugio und Bertani im dahinjagenden Wagen. Garza lehnt mit herabgesunkenem Unterkiefer in der Ecke und hält die Augen geschlossen.

Lucio fährt weiter. Er weiß, es geht um Sein oder Nichtsein. Anhalten würde den Tod bedeuten. Den sicheren!

Der Motor brüllt. Die Reifen jammern in den Kurven und plötzlichen Abzweigungen. Blutrot ist die Nacht und beleuchtet den Fluchtweg.

Lucio hat seine genauen Instruktionen; er kennt jede Gasse, jede Straße und weiß, wo er halten muss.

Jetzt fährt er langsamer. An einer Straßenstelle sieht man ein Stück des Hafens. Dort brodelt die glutrote Hölle und lodert eine riesige Feuerwand gen Himmel. Ein schauerlicher Anblick, vor dem die vier Männer erschrocken die Augen schließen. Denn es ist ihr Werk!

Da hält der Wagen. Eine Gestalt kommt herangelaufen. »Los – raus! Umsteigen!« Es ist Brandon. Sein Gesicht ist rußgeschwärzt.

Die vier Männer steigen hastig aus.

»Michele hat's erwischt«, sagt Gruber. »Und bei dir?«

»Carlo und Mario.«

»Verdammt!«

Sie heben Michele aus dem Wagen und tragen ihn zu dem kleinen, in einer Seitengasse wartenden Lkw. Es ist der schnellste Wagen, über den diese Männer verfügen. Clemente fährt ihn; er sitzt schon hinter dem Steuer.

Brandon reicht Lucio die Hand: »Komm gut heim, Amico.«

»Ihr auch«, sagt Lucio und presst Brandons Hände. »Gott mit euch!«

»Und Dank für alles«, sagt Brandon noch, dann klettert er auf den Lkw, und Clemente fährt los. Das letzte Wegstück. Es ist voller Gefahren und kann wirklich das letzte werden, das diese Männer zurücklegen …

Gruber wirft einen Blick auf die Uhr. Zwei Uhr zehn.

In fünfzig Minuten ist alles zu Ende, ist das Ende dieser schauerlichen Straße erreicht! An ihr liegen die toten Namen. Viele Namen … gute und schlechte. Doch was ist gut, und was ist schlecht? Die Zeit ist es! Nur die Zeit! Sie formt die Menschen, und sie bestimmt Wert und Unwert! – Doch nein! Die Menschen bestimmen das Maß der Zeit und ihren Charakter! Oder ist es am Ende doch umgekehrt?

Gruber schüttelt den Kopf und beugt sich über Michele Garza. Er sieht, dass Garza die Augen offen hat. Groß und horchend. »Hast du Schmerzen, Michele?«

»N … nein«, sagt er.

Der Wagen brummt über eine glatte Straße. Durch die hintere Bordwand fällt das flammende Licht des Hafens. Es beleuchtet jetzt in aller Ruhe die Gesichter der Männer. Sie sind schmutzig, leer, erschöpft.

»Er stirbt«, murmelt Gruber Perugio zu.

Da erhebt sich Perugio und klopft an das rückwärtige Fenster des Führerhauses.

Ein dunkles Gesicht schaut heraus, schiebt die Scheibe zur Seite und fragt rau: »Was ist los?«

»Er stirbt«, meldet Perugio.

Brandon starrt eine Weile, dann nickt er und schließt wieder das Fenster.

Noch zehn Minuten summt der kleine Lastwagen geradeaus, dann biegt er nach links ab und strebt einer mit dunklen Zypressen bewachsenen Höhe zu. Dort hält er an. Die Männer steigen aus. Von hier oben hat man einen beherrschenden Blick über Neapel und den brennenden Hafen.

Es ist ein makabrer Anblick. Rote, wabernde Glut, ein Meer aus Flammen und ein blutgetränkter Wolkenhimmel blenden die Augen.

Sie heben Garza vom Wagen und tragen ihn zum Fuß einer großen Zypresse. Dort legen sie ihn nieder und betten seinen Kopf so, dass er das schauerliche Bild des Hafens sehen kann. Garza blickt mit weit offenen Augen hinüber. Stumm stehen die Kameraden um ihn herum. Gruber kniet sich neben ihn hin und streicht ihm das wirre, nasse Haar aus der Stirn.

»Wir ... haben es geschafft!«, sagt der Sterbende mit schleppender Stimme.

»Wir haben es geschafft – ja«, murmelt Gruber.

Jetzt kniet Brandon neben Garza. »Gut gemacht, Sotto-Tenente Michele Garza!«

Garza verzieht das Gesicht zu einer Grimasse. »Brandon ...!«

»Was ist, mein Junge?«

Garza schaut den Capitano an. »Brandon, ich ... ich kann mich nicht freuen ... Ich kann's nicht. – Legt mich so, dass ich den Hafen nicht mehr sehe.«

Sie betten ihn um, und Garza schaut zum bewölkten Himmel empor, der sich im Osten aufzuhellen beginnt. Das eingefallene Gesicht zuckt. Seine Fäuste öffnen und schließen sich. Es ist der einsetzende Todeskampf. »Gebt ... mir 'ne Zigarette, Kameraden«, flüstert er.

Brandon brennt eine Zigarette an und schiebt sie ihm zwischen die Lippen. Der Sterbende raucht mit geschlossenen Augen. Dann hustet er, und Brandon nimmt ihm die Zigarette wieder weg, wirft sie fort.

»Lorenzo ...«, ächzt Garza.

Gruber beugt sich über ihn. »Sprich nicht, Michele ... sei still.«

Garzas Hand tastet nach seinen Händen. Er drückt sie schwach. »Ich ... ich verstehe dich jetzt«, lallt er. »Ich bin ...«

In diesem Augenblick dröhnen rasch hintereinander zwei schwere Detonationen. Die Männer springen auf und schauen zum Hafen hinüber. Dort wälzt sich eine rote Sprengwolke zum Himmel empor. Dann noch eine. Garzas Gesicht ist zur Seite gerollt. Mit seltsam starrem Blick schaut er zum lodernden Hafen. Gruber beugt sich über ihn. Garza ist tot.

Die Männer stehen stumm um den Gefallenen.

Dann ertönt Brandons gelassene Stimme: »Er war tapfer, er war ein guter Italiener. – Begraben wir ihn, Kameraden. Hier, an dieser Stelle.«

Sie haben keine Werkzeuge und nehmen deshalb ihre Dolche. So entsteht eine flache Grube, in die man Sotto-Tenente Michele Garza bettet. Mit den Händen häufen sie die steinige Erde darüber, zu einem flachen Hügel. Bertani bricht einen kreuzförmig gewachsenen Olivenast und stößt ihn in das Grab. Dann beten sie halblaut und enden mit einem feierlichen Amen ...

Wenige Augenblicke später holpert der kleine Lastwagen auf die Straße zurück und fährt in Richtung Sorrent weiter.

Im gleichen Augenblick geschieht es, dass der Kommandant des italienischen U-Bootes CF 232 an den LI den Befehl gibt:

»Klar zum Auftauchen! Geschützbedienung in den Turm! Ruder-Kommando fertig machen!«

Schritte scharren. Flurplatten scheppern. Halblaute Rufe, Gemurmel.

»Boot ist raus, Commandante!«, meldet der LI.

Kommandant Tenente Guido Pinelli drückt das Turmluk auf und entert auf die Brücke, gefolgt von seinem WO.

Die See ist bewegt und rollt. Die Sicht wird durch dünne Morgennebel beeinflusst. Zwei schwere Nachtgläser sind zum Ufer gerichtet, an dem das U-Boot entlangpirscht.

»Maschine – stopp!«, ruft der Kommandant in die Zentrale.

Das stampfende Geräusch verstummt. U CF 232 wiegt sich gemächlich auf der rollenden See. Es ist die Stunde zwischen aufsteigendem Tag und weichender Nacht.

An Deck trappeln Schritte. Die Geschützbedienung stellt sich an die 3,7-cm-Flak. Ein Ruderkommando zerrt zwei Schlauchboote aus dem Schott und schaut abwartend zur Brücke. Tenente Pinelli sucht, zusammen mit seinem WO, das in graue Nebelschleier gehüllte Ufer ab. Nur fünfhundert Meter ist es bis dorthin.

»Im Hafen hat es geklappt«, sagt Pinelli zu seinem Nebenmann. »Hoffentlich konnten sie sich absetzen und sind pünktlich zur Stelle. Wir können nicht lange warten.«

»Höchstens eine Stunde noch«, setzt der WO hinzu.

In diesem Augenblick blinkt am Ufer ein Grünlicht auf. Dreimal kurz, zweimal lang.

»Sie sind da«, sagt der Kommandant. »Gott sei Dank!« Und dann ruft er an Deck hinunter: »Ruderkommando klar machen zum Ablegen!«

Sechzehn waren es, als es anfing. Ein Verräter und neun Mann ließen ihr Leben, einer wurde verwundet, und nur fünf kehrten am Morgen eines regenschwangeren Tages zum Strand bei Sorrent zurück.

Sie kämpften im feindlichen Hinterland und taten es im Glauben, denen an der Front Erleichterung zu schaffen. Der Befehl trieb sie voran und viele von ihnen in den Tod. Sie rechneten mit dem Schicksal und zahlten den Blutzoll dafür, und das, was sie taten, nannten sie Pflicht.

Müde, abgekämpft, ohne zu triumphieren, dass das gelungen war, weshalb sie nach Neapel kamen, entstiegen sie dem Wagen und gingen zum Strand hinab.

Dort warteten ein Mann und zwei Frauen. Der Mann stützte sich auf einen Stock und kam Brandon entgegen.

»Ist das alles, was du zurückbringst?«, fragte Oberleutnant Stampas den Capitano.

»Ja – alles«, sagte Brandon und ging auf Renata zu.

»Und die andern? … Lorenzo – sag, ist das alles?«

Gruber nickte nur.

Am Strand warteten zwei Schlauchboote mit Matrosen an Bord.

»Beeilt euch!«, rief einer der Matrosen. »Presto, presto!«

Eine Gestalt hockte, in eine graue Decke gewickelt, am Strand und hob das Gesicht. Doris Thompson fror. Sie sah dem breitschultrigen Mann entgegen, der schleppenden Schrittes herankam, vor ihr stehen blieb und sie anblickte.

»Lorenzo …«, flüsterte sie und erhob sich.

Er half ihr und behielt ihre Hand in der seinen. »Frage nicht, Doris«, sagte er rau. »Lass mich schweigen.«

Sie ließ ihm ihre Hand. »Und jetzt … Lorenzo? Was geschieht jetzt? Muss ich mit euch gehen? – Wozu, Lorenzo? Es hat doch keinen Sinn!«

Sie sah ihn bittend an, sah sein vom Kampf gezeichnetes Gesicht, den müden Blick. Nein – so sah kein Sieger aus!

»Presto, presto!«, drängten die Matrosen, denn es wurde Tag. Ein grauer, trostloser Tag.

Gruber starrte zu den schaukelnden Schlauchbooten. Perugio, Bertani, die Ärztin und der verwundete Stampas saßen schon drinnen. Nur Brandon stand noch bis an die Knie im Wasser. Er ließ sich etwas von Renata Nazzari reichen. Ein Kleiderbündel. Mit diesem kam er auf Doris zu und reichte es ihr.

»Hier, nehmen Sie Ihre Uniform. Sie können gehen.«

Sie ließ die graue Decke von den Schultern fallen und nahm ihre Uniformjacke zurück.

Brandon hob die Decke auf und wandte sich an Gruber: »Mach's kurz, Lorenzo!«, und ging zu den Booten.

Gruber half Doris in die Jacke. Dann trat er einen Schritt zurück. Sie sahen sich in die Augen.

»Ich bin nur eine Frau«, sagte Doris Thompson, »und deshalb bin ich glücklich, dass du lebst.«

Sein zernarbtes Gesicht lächelte flüchtig. »Hier trennen sich unsere Wege. Jeder muss den seinen gehen, Doris.«

»So ist es«, nickte sie. »Leb wohl, Lorenzo.«

»Leb wohl, Cara mia«, erwiderte er.

Von den Booten her erscholl der drängende Ruf: »Presto!«

Da drehte sich Doris Thompson um und ging langsam den sandigen Weg hinan, der zur großen Straße führte. Ohne sich umzublicken, verschwand sie im grauen Licht des neuen Tages.

Wenige Minuten später war die Stelle, an der das U-Boot gewartet hatte, leer. Dort, wo es verschwunden war, schäumte das Wasser, und eine Schar Möwen segelte mit Geschrei über jener Stelle, wo ein weiteres Kapitel dieser Zeit in den Wogen des neapolitanischen Golfes versank.